U0529477

国家社会科学基金项目
"民国时期广州社会新闻与社会观念互动研究（1927—1937）"
（项目号：16BZS119）阶段性研究成果

无意识之力

1927—1937年 广州报纸社会新闻研究

胡雪莲 著

中国社会科学出版社

图书在版编目(CIP)数据

无意识之力：1927—1937年广州报纸社会新闻研究 / 胡雪莲著 . —北京：中国社会科学出版社，2017.9
ISBN 978 – 7 – 5203 – 0855 – 7

Ⅰ.①无… Ⅱ.①胡… Ⅲ.①新闻事业史—研究—广州—1927 – 1937 Ⅳ.①G219.296

中国版本图书馆 CIP 数据核字(2017)第 209234 号

出 版 人	赵剑英
责任编辑	吴丽平
责任校对	王佳玉
责任印制	李寡寡

出　　版	中国社会科学出版社
社　　址	北京鼓楼西大街甲 158 号
邮　　编	100720
网　　址	http://www.csspw.cn
发 行 部	010 – 84083685
门 市 部	010 – 84029450
经　　销	新华书店及其他书店
印　　刷	北京明恒达印务有限公司
装　　订	廊坊市广阳区广增装订厂
版　　次	2017 年 9 月第 1 版
印　　次	2017 年 9 月第 1 次印刷
开　　本	710×1000　1/16
印　　张	19
字　　数	283 千字
定　　价	79.00 元

凡购买中国社会科学出版社图书，如有质量问题请与本社营销中心联系调换
电话：010 – 84083683
版权所有　侵权必究

序

邱 捷

胡雪莲的专著《无意识之力：1927—1937年广州报纸社会新闻研究》即将出版，我感到十分欣喜。

以往，学生请我写序，我多数都谢绝了。一则因为我很不善于写这类文字；二则学生的著作多数是学位论文修改而成，我作为指导教师很难措辞。然而，胡雪莲当年读博，我不是唯一的指导教师，还有另一位程美宝教授。在研究理论、方法以及关注国内外学术动态等方面，她更多听取程美宝教授的意见，我自己对她论文的指导，主要是同她讨论民国史事以及近代广东政治、经济、社会背景等问题。另外，《无意识之力：1927—1937年广州报纸社会新闻研究》这部书，同她10年前的博士学位论文《1927—1937年广州报纸婚姻案件报道反映的法律观念》比较，已经是一部新的著作。尽管本书同博士论文一样，民国时期的广州报纸是主要资料来源，但是本书所讨论的问题和展现的内容已经不是法律观念的社会存在状况，而是报纸社会新闻如何参与不同社会观念的互动。本书也不再是把报纸报道当作反映法律观念的史料来引用，而是把报纸报道当作组织化制作并且参与社会互动的独立文本来分析。这种从研究视角到研究方法，从研究内容到研究目标的彻底转变，既让我看到了她本人过去十年间不断否定自我、上下求索的艰辛历程，也让我看到了程美宝教授新颖而严谨的学术理念对她产生的深刻影响，令我耳目一新。

这本书以广州1927—1937年间繁盛一时的社会新闻为研究对象，

分析南京国民政府成立之初的十年间，在国家法律较前发生重大变化的背景下，社会新闻在复杂多变的社会观念结构中扮演的角色。社会新闻因为不标榜监督政府、向导国民的所谓"天职"而被报业提倡者、新闻研究者视为"无意识"的新闻。本书揭示这种"无意识"新闻具有一种"无意识"力量：以"社会一般人士"的代言人自居，在新旧、上下、中西价值分歧之间扮演着求"和"的角色，以防止中国社会在急剧变化中断裂与离散。读罢此书，我能感受到：求"和"正是社会新闻深深扎根于中国社会历史传统而产生的"无意识"之力，尽管"和"的内涵正在变化，而求"和"的原则在不同的时期仍以不同形式持续存在。以往我们研究近代史，很偏重于关注"变化"的一面，对"延续"、"维持"等面相往往会有意无意忽略，例如，过去新闻史研究较多展现中国近现代报纸致力于鼓动革新的一面，现在看来，这种取向无疑是有道理、有必要的，但恐怕不够全面。本书对社会新闻的研究则展示了中国近现代报纸于"无意识"状态中倾向于维"和"的另一面，丰富了中国新闻史研究对报纸所扮演角色的认识，从相关的观念史、法律史研究角度来看，也有新颖之处。我相信，研究近代中国的其他问题，这种思路和方法都值得肯定。

我觉得《无意识之力：1927—1937年广州报纸社会新闻研究》是一部花了很大功夫写成、在视角和方法都有创新的著作，但仍留下了许多值得进一步探讨的重要问题，比如报纸的传播途径，印刷技术的变化及其影响，都市报纸与小地方报纸在经营社会新闻方面的比较等等，尤其是对报纸读者的研究，还有很大的拓展空间。这些问题不可能在一部著作中都解决好，不过，我相信，胡雪莲以及其他对这个领域有兴趣的中青年学人，会不断努力，不断以新的视野、新的方法解决已经提出的问题，并寻找新的学术问题进行更深入的研究。

我同胡雪莲有二十多年的师生之谊，从1994年她入读中山大学历史系开始就看着她成长。她是一位很尊重老师的好学生，但在学术问题上她有自己的思考、追求和坚持；无论做什么事都是努力耕耘，在困境中坚持不懈、勤勉自强，虽然不是一帆风顺，却也一步一个脚印不断前进。像胡雪莲这样的中青年学人，我遇到不止一位，在他们身上可以看到学术界的未来和希望。《无意识之力：1927—1937年广州报纸社会新闻研究》的出版，可以视作胡雪莲一个阶段的总结和收获。但我知道她不会停止脚步，我期待她今后继续努力，也期待她在学术研究和其他方面取得更大成绩。

目 录

导论 研究"无意识"的社会新闻 …………………………… (1)

第一章 法律剧变下的"社会"代言人 ……………………… (34)
  第一节 社会新闻带来的销量优势 ………………………… (34)
  第二节 社会新闻运行的相关社会规范 …………………… (42)
  第三节 家族主义:挥之不去的传统 ………………………… (58)
  第四节 社会新闻的角色定位 ……………………………… (75)
  本章小结 ……………………………………………………… (90)

第二章 新旧之杂糅:社会议题与社会诉求的表达 ………… (92)
  第一节 表达婚姻家庭关系的词语 ………………………… (92)
  第二节 表达社会焦虑情绪的议题 ………………………… (119)
  第三节 重建社会伦理秩序的诉求 ………………………… (150)
  本章小结 ……………………………………………………… (177)

第三章 平等之纷扰:社会新闻视阈下的家庭成员平等 …… (179)
  第一节 血亲之间:财产纷争 ………………………………… (179)
  第二节 夫妇之间:妻妾纷争 ………………………………… (201)
  本章小结 ……………………………………………………… (231)

第四章　自由之恶果：社会新闻视阈下的婚恋自由 …………（234）
　　第一节　"自由女"报道 …………………………………（234）
　　第二节　女子三角恋血案报道 …………………………（245）
　　第三节　自由与学界 ……………………………………（261）
　　本章小结 …………………………………………………（271）

结语　求"和"：社会新闻的无意识力量 ……………………（277）

征引文献 ………………………………………………………（283）

后记 ……………………………………………………………（294）

导论　研究"无意识"的社会新闻

　　2013年的一天，我的母亲，一个出生于1956年的女性，在闲聊中向我讲述她已经离开了15年的村子里，曾经出现过一个恶男：他本是县里粮食局的干部，为了和县城一个漂亮女人相好，回村骗走了妻子的全部家当，却把两儿两女留给妻子一人抚养，直至多年以后，他们其中的一个女儿夭亡，这个男人刚巧路遇自己的妻儿和乡亲抬尸下葬，也没有上前过问一句。他自己因作风问题被开除了公职，妻子又坚决不办离婚，没法跟城里的相好结婚，一遇公安人员查夜就得东躲西藏，后来城里的相好还勾上其他多个男人，他只能独自带着跟相好生的四个孩子，赶驴谋生。母亲说，这个男人如果现在还活着的话，应该有八十几岁了，他的臭名声，整个乡都知道，他留在村里的妻子、儿女真是可怜。我津津有味地听着母亲唠叨，跟她一起感叹乡下那被抛弃的女人、孩子的不幸。两小时后，我在前往我的大学课堂的校车上，盘算着这次课的内容是新文化运动时期激进中国人倡导的新式婚姻家庭规范，猛然回想起母亲追述的乡间往事，发现这个故事其实就是我这个历史研究人员在各种学术论著中经常读到，在大学这个人际环境中经常谈到的"勇敢追求爱情自由"的故事。对于同类事情，当今中国社会中不同知识背景的人，在不同意识框架下进行的叙述竟会如此不同，而我身为研究人员，在听故事的时候也浑然未觉地对二者予以接受。

　　这个经历令我猛然意识到中国社会中不同主体的"无意识"叙述和"无意识"接收，正在"无意识"地容纳着如此不同却又共存的社会生活规范，这种状态最迟从五四新文化运动之后就已经开始了。这种猛醒，引出了本书试图通过"无意识"社会新闻的研究来揭示的问题：在五四新文化运动以来激进知识人士大力鼓吹甚至践行外来婚姻家庭观念，并且这套观念的主体内容被1927年成立的南京国民政府以施政承诺、法律制度等形式确认下来，而社会大众仍然习惯于固有婚姻家庭观念习俗的背景下，既要观照上层意识形态又要迎合下层大众口味的社会新闻，是如何有意无意地表达它最青睐的婚姻家庭纠纷的？它是否以及如何在受众的不知不觉之间进行着两套规范体系的整合？它在社会空间结构里究竟扮演着怎样的角色、发挥着哪些方面的力量？

一 中国报刊史研究的革新模式

21世纪到来之前，中国学者研究中国报刊史的主要取向、方法，是和19世纪晚期激进的中国人开始推介、提倡办报时的理念密切相关的。

（一）革新模式主导的报刊史研究

众所周知，尽管近代第一份面向大众的中文报刊《察世俗每月统计传》由英国传教士米怜于1815年创刊于马六甲，[①] 但中国人自办报刊的第一次高潮是迟至19世纪末深受甲午战败刺激的特殊历史情境下才涌现的，这使中国人关于办报的理论深深打上了革新、求强、救亡等目标的烙印。梁启超分别于1896年发表的《论报馆有益于国事》、1901年发表的《清议报一百册祝辞并论报馆之责任及本馆之经历》、1902年发表的《敬告我同业诸君》三篇文章，可说是为中国人的办报理念确立了基调：第一篇文章因为发表于戊戌变法之前，目的是说服清廷允许办报，其中心意思是从信息畅通的角度论述报纸可以充当政治当局的"耳目"和"喉舌"；[②] 后两篇文章因为发表于戊戌

[①] 程美宝、何文平、胡雪莲、黄健敏、赵立彬：《把世界带进中国：从澳门出发的中国近代史》，社会科学文献出版社2013年版，第219页。

[②] 梁启超：《论报馆有益于国事》，《梁启超全集》第1卷，北京出版社1999年版，第66—67页。

政变之后，寄望清廷的设想已经破灭，其中心意思是从民间力量的角度论述报纸应承担两大天职："一曰对于政府而为其监督者，二曰对于国民而为其向导者是也"；① 为达此目的，报纸需要有"思想自由，言论自由，出版自由"；良报自身则需具备四个条件："一曰宗旨定而高，二曰思想新而正，三曰材料富而当，四曰报事确而速。"② 以后不管报业实际状况如何，报业提倡者大多以此为蓝本来论述这个行业的必要性和正当性，报刊研究者则大多以此为标准评价这个行业的是非优劣。

在梁启超等人做了有人称为"前新闻学"③阶段的诸多零散总结之后，第一部堪称中国报刊史研究典范的专著——戈公振的《中国报学史》于1927年面世。在这之前的1917年，上海商务印书馆出版了姚公鹤著的《上海报业小史》，是当今不少新闻史学者认为的第一本中国新闻史专著，但该书属笔记类作品，学术性不强。④ 与民国时期其他新闻史著作相比较，戈公振先生的开拓性贡献，主要在于以下三点。

一是定义何为现代报纸的起点，为近代报刊史研究界定了范围。戈公振首先从报纸的众多定义中提炼出他自己的定义："报纸者，报告新闻，揭载评论，定期为公众而刊行者也"，具有"公告性、定期性、时宜性、一般性"四大构成要素。⑤ 接着，他从中国报纸演化的历史脉络

---

① 梁启超：《敬告我同业诸君》，《梁启超全集》第4卷，北京出版社1999年版，第969页。

② 梁启超：《清议报一百册祝辞并论报馆之责任及本馆之经历》，《梁启超全集》第2卷，北京出版社1999年版，第476页。

③ 李秀云认为，新闻学建立的一个重要标志是新闻学作为一门独立学科在高等教育当中占据一席之地，因此她以1918年北京大学新闻学研究会成立作为新闻学建立的标志，将在这之前零散的报业回顾、总结归入"前新闻学阶段"。李秀云：《中国新闻学术史（1834—1949）》，北京新华出版社2004年版，第14页。

④ 事实上，这个所谓"专著"是姚公鹤《上海闲话》总共249页内容当中的22页，更确切地说应该算是这本书中的专门一章。类似的专门章节，在梁启超发表于1901年的长文《清议报一百册祝辞并论报馆之责任及本馆之经历》中亦有，其标题为"中国报馆之沿革及其价值"。所以姚公鹤文为中国新闻史"第一"专著的说法，似难成立。姚公鹤：《上海闲话》，上海商务印书馆1917年版；梁启超：《清议报一百册祝辞并论报馆之责任及本馆之经历》，《梁启超全集》第2卷，北京出版社1999年版，第476页。

⑤ 戈公振：《中国报学史》，上海古籍出版社2003年版，第8、17页。

中分析出中国"现代报纸"在时间上的起点和性质上的特点:"自基督教新教东来,米怜(William Milne)创《察世俗每月统计传》,其内容有言论,有新闻之纪(记)载,是为我国有现代报纸之始。"① 他所谓"现代报纸"是区别于汉唐以来出现的邸报而言的。邸报为官报,仅仅记载官方政令,没有其他消息和评论,它在现代报纸兴起之后继续存在,即"政府公报","现代报纸"与邸报相比的现代性在于前者"报告新闻、揭载评论"。尽管他在书中并没有明确说过没有新闻或者没有评论都不能算是"现代报纸",但后来许多新闻研究者确是以此为标准来选择、评判报纸是否为"(现代)报纸"的。

二是以办报主体为标准,以时间为线索,来界定报纸的几个发展阶段及其特点。戈公振将报纸分为四个时期分别进行研究:一为官报独占时期,即汉唐至清末以邸报为中心的时期;二为外报创始时期,即米怜创《察世俗每月统计传》开始的"现代报纸"时期;三为民报勃兴时期,主要指中日甲午战争之后由《中外纪闻》开始的"人民论政"时期;四为报纸营业时期,即民国以后报纸不欲牵入政治旋涡、商业色彩大见浓厚的时期。在这四种报纸中,他认为邸报不属于现代报纸,而属现代报纸的后三个阶段当中,他对"报纸营业时期"深表失望:"夫自常理言之,报馆经济不独立,则言论罕难公而无私。但近观此种商业化之报纸则不然,依违两可,毫无生气,其指导舆论之精神,殆浸失矣。"② 这种分类法以及鄙视"依违两可"、毫无"指导舆论精神"之商业报纸的态度,也为后世新闻史研究者广泛采纳。

三是为中国报刊史提供了第一个系统完整的叙史框架。在详细考证古今各报的基础之上,构建了传统邸报—现代报纸(外国人办报、中国人为论政而办报、中国人为营业而办报)的新闻史框架,使中国历史上出现过为数如此众多的报刊,不再是杂乱无章的偶然事实与细节,

---

① 戈公振:《中国报学史》,上海古籍出版社2003年版,第29页。
② 同上书,第29—30页。

而是可连缀成体系的历史过程，研究者通过探寻这个过程，既可追根溯源，也可展望未来。此后新闻史著作，大多循此框架，或者细化描述全部或者部分历史，或者选取某一报、某一人、某一城、某一方面来进行描述。

跟梁启超那一代人相比，戈公振先生写中国新闻史的开拓性贡献主要表现在框架结构、史实编纂方面，但他的价值标准基本沿袭了梁启超那代人对报纸的看法与期待。梁启超强调，报纸的两大天职是要"监督政府""向导国民"，为履行这两大天职需要思想自由、言论自由、出版自由的外部环境，需要报纸宗旨坚定又有高度、思想新颖又走正道、材料丰富又要适当、信息详尽又要快速的自身素质。正是因为沿袭了上述价值标准，戈公振对报纸的定义强调要"揭载评论"，以保证又有高度又趋革新的监督力与向导力；对报史的分期则把不以三大自由为前提、不以评论为重点的邸报划分在"现代报纸"之外；对"现代报纸"中只求营利、不愿论政的那些列为"毫无生气"的异类，不予阐述，仅予批评；整个叙史框架专门选取那些他认为有精神追求的报纸作为阐述对象，但没有给著作出版前后正趋繁盛的商业报纸任何显眼的篇幅。

笔者把这种融合了梁启超之价值标准、戈公振之叙史框架的中国报刊史研究范式称为革新模式。它的特点是把报纸预设为本质上具有现代性的现代化引擎，假定只要排除了运行环境的各种阻力——主要是政治威权的阻挠与迫害，它就会把中国社会引向现代化革新之路。从这个预设前提出发，革新模式一方面致力于检视那些属于"现代报纸"的报纸，发掘其革新内容，阐发其革新思想，审视其政治环境；另一方面致力于检视那些参与开办"现代报纸"的报人，阐述他们的著述、思想、生平、交往、事迹、遭遇；第三方面致力于检视新闻行业组织、学术团体，检视这类组织与团体为争取"现代报纸"所需自由环境而作的抗争。

革新模式下的中国报刊史研究无疑取得了丰硕的成果。除了大量涌现的通史、①专项史、②个案史使大批新史料得以发掘、新史实得以廓清外，这个模式最重要的后续发展就是系统的革命报刊史叙述框架，作为1949年中华人民共和国成立后确立的革命史叙事的一部分，在1978年中国学术研究重上轨道之后，得以迅速地建立起来。革命报刊史叙述框架的最典型成果，当属方汉奇先生编著的《中国新闻事业通史》和《中国新闻事业编年史》。③ 这两大鸿篇巨制中的前一部是从公元前2世纪到20世纪90年代共2000余年的中国新闻事业通史，后一部是从公元713年到1997年共1284年的中国新闻事业编年史，内容均涉及报纸、期刊、通讯社、广播、电视、新闻摄影、新闻纪录电影、新闻漫画、新闻法制、新闻教育、新闻思想、广告、副刊、发行、经营管理，以及各时期的名记者、名报人活动等新闻事业的各个方面，在内容丰富、考订翔实方面，当今学界无出其右。在理论原则方面，正如《中国新闻事业通史》一书在序言中所宣称的，是"运用马克思主义的立场、观点、方法，对新闻史上的事实和他所研究的对象进行详细的调查研究，充分地占有第一手材料，并对它进行由表及里，由此及彼，去伪存真，去芜存菁的分析，从而得出正确的符合实际的结论"。④ 以中国革命史语境下的马克思主义原则为指导，这两部著作系统完备地构建了中国报刊史的革命史叙事框架：它们在戈公振先生"古代—现代（外

---

① 例如方汉奇《中国近代报刊史》，山西教育出版社1991年版；方汉奇主编《中国新闻事业通史》，中国人民大学出版社1996年（第一、二卷）版、1999年（第三卷）版；方汉奇主编《中国新闻事业编年史》，福建人民出版社2000年版；袁军、哈艳秋《中国新闻事业史教程》，中国广播电视出版社2001年版；杨师群《中国新闻传播史》，北京大学出版社2007年版；白润生主编《中国新闻传播史新编》，郑州大学出版社2008年版。

② 例如李良荣《中国报纸文体发展概要》，福建人民出版社1985年版；胡太春《中国近代新闻思想史》，山西人民出版社1987年版；戴元光、童兵、金冠军《20世纪中国新闻学与传播学》，复旦大学出版社2002年版；胡太春《中国报业经营管理史》，山西教育出版社1998年版；黄瑚《中国近代新闻法制史论》，复旦大学出版社1999年版；李秀云《中国新闻学术史（1834—1949）》，新华出版社2004年版。

③ 由于这两部著作是追溯20世纪结束前的中国新闻事业史，而20世纪以前中国绝大多数时间的"新闻史"都是印刷媒体的历史，所以这两部著作名为"新闻史"，其主体内容仍是报刊史。方汉奇：《中国新闻事业通史（三卷本）》，中国人民大学出版社1992年、1996年、1999年版；方汉奇：《中国新闻事业编年史（三卷本）》，福建人民出版社2000年版。

④ 方汉奇：《中国新闻事业通史》第一卷，中国人民大学出版社1992年版，第3页。

国人办报—中国人自办政论报刊—中国人自办经营报刊)"的叙史框架中,植入了近现代中国人因受西方侵略而寻求出路的革命史主线索,沿着这条主线索,这两部著作将中国新闻史按古代邸报时期、外国人开始在华办报时期、中国人自办报刊时期(初始时期、维新时期、民主革命时期、中国共产党各时期)逐步递进的思路进行分期、分类描述,体系完整、清晰明了。由于革命报刊史的叙史框架贯穿着"报刊引导革命"的价值标准,而革命属于革新的暴力形态,所以我将革命报刊史视为革新模式的发展形态,而非另外一种模式。

(二) 革新模式的僵化与不足

步入21世纪第一个十年,中国报刊史研究的革新模式开始显露问题。这一方面是因为20世纪90年代以来中国经济迅速发展,文化投入日增,各级各地的图书馆、档案馆和流散于地方的报刊史料得到全面搜集、整理、出版,再加上计算机网络技术的应用,许多报刊史料以电子化的方式放在网络上供研究者共享,原来一纸难求的报刊史料变得唾手可得,经过一段时间的发掘之后,新史料的数量渐减、魅力渐消,原本可用史料更新来掩盖的研究范式僵化问题日益显露。另一方面是因为经济与社会的多元化发展,前一段时期占据主导地位的革命史话语变冷,回到更宽广的革新模式仍无法解释大众传媒在追求营利的现实状况,这促使研究者重新看待历史上多种多样的报刊,重新思考报刊史研究范式多元化的可能性和必要性,不满革新模式之僵化与不足的思考遂应时而起。在笔者看来,革新模式下中国报刊史研究存在的问题包括以下几方面。

1. 态度的疏离

革新模式在价值标准上预设报纸本质上是要把中国引向革新之路的现代化引擎,这意味着把报纸视为中国社会之外的引导者,而非中国社会内部的参与者。具体而言,它隐含着以下三层意思:第一层意思是报纸作为引导者,是"外来的",有别于"中国的",所以革新模式下的研究,往往先把报纸与中国社会默认为两个互相独立的历史存在物,再论述二者之间的关系。第二层意思是报纸作为引导者,是更先进、更现代的，中国社会则是更落后、更传统、等待改变的。这决定了革新模式下的研究，往往站在报纸的角度，以居高临下的态度看待中国社会，抱怨中国社会从上到下各个层面给报纸带来的阻力，尽管这些阻力其实可能是没有经过小心论证的。第三层意思是报纸作为引导者，是主动的，而中国社会是被动的、不值一提的。这决定了革新模式下的研究，大多是单向地论述报纸如何如何，却不是双向地考察报纸与中国社会其他组成部分之间的互动关系，所谓"监督政府""向导国民"的两大天职说，就是报纸单向作用的典型说法。这种把报纸从中国社会中抽离出来、高高在上的态度，使得这类研究极易脱离社会情境，成为"报刊史在中国"，而非"中国的报刊史"。

2. 视野的局限

革新模式在价值上预设报纸为现代化引擎，担当着"监督政府"与"向导国民"两大天职，这决定了研究者在选择作为研究对象的报纸、报人时，倾向于选择那些论政的、趋新的、反当局的报纸与人物来证明报纸的现代化引擎性质，在选择作为研究对象的报业环境时，倾向于选择政治环境来证明其阻碍了报纸发挥现代化引擎作用。这其实是陷入了循环论证之怪圈。那些不论政、不趋新、不反当局的报纸，因为算不上具有"现代"精神，不管拥有多少读者，都被认为是报业的耻辱，被研究者排除、忽略或者轻视。这一方面大大局限了中国报刊史研究者的视野；另一方面给丰富多彩的中国报刊历史留下了大片待研究的区域。

3. 深度的欠缺

长期固定的价值标准和叙史框架，使革新模式在经历了早期创造性的构建和后来革命史的发展之后，逐渐变得僵化。许多因循这个模式的报刊史研究者，满足于做简单的描述性研究，少有分析的深度、理论的构建，这使得李金铨所指"流水账"式的报刊史论著[①]层出不穷。如果说专项研究的成果还能通过变换角度来获得新意，通史类著作则是局限在这个既定框架中最难取得创新的，尹韵公发表于1998年的文章就对

---

① 李金铨：《新闻史研究："问题"与"理论"》，《国际新闻界》2009年第4期。

通史类著作的重复性建设提出过尖锐的批评："翻开这些著作（指新闻通史类著作），你就会发现，它们惊人地相似，开头相似，结尾相似，其中篇章结构也相似，连引用的史料也大体差不离。就谋篇布局而言，你的排列组合是一二三四五，我的排列组合是五四三二一，他的排列组合是三二一四五，除此再也看不出还有什么大的不同。"①

4. 结论的轻率

由于革新模式在价值标准上先入为主，许多研究者未经小心论证，就直接把报纸内容、报人思想当作中国近代化的效果。这在一些以"某报（或某报人）与中国近代化变迁"为主题的著述当中表现得尤为突出，作者常常是在铺陈某人、某报的思想内容之后即宣称"这就推动了中国的近代化过程"，至于这些内容如何或者在何种意义上影响着中国的近代化过程，作者往往不做深究。事实上，梁启超那个时候宣称报纸可以承担"监督政府、向导国民"之责任，只是一种理想化表述，在以后中国报刊演化的实际历史过程中，这种理想是否实现、在什么情况下、在多大程度上实现过，都是有待检验的，研究者不应把它当作理所当然的既定前提来开展报刊史研究。

正是因为革新模式存在上述偏向——倾向于选取论政的、趋新的、反当局的报刊或报人为研究对象，把它（他）们孤立地外置于中国社会之上，用记流水账式的线性方式叙述它（他）们的思想内容，有失轻率地批评其政治与社会环境，过于武断地颂扬其革新贡献，因循革新模式的研究者未能注重研究社会新闻这类不符合革新标准的新闻类别，尽管社会新闻在民国成立以后迅速成为多数报刊成功吸引读者的撒手锏。如果研究者不以引导革新为审视报刊的前提标准，让晚清以来各种各样的报纸、报道、报人都归位于它们在中国社会历史脉络中的实际境况，则晚清以来中国报刊史必将呈现出另一番图景，包括社会新闻在内的各种"非革新"成分，不仅具有与革新成分同等重要的研究价值，还将成为

---

① 尹韵公：《新闻传播史，不是什么？——改革开放 20 年新闻传播史研究的回顾与展望》，《新闻与传播研究》1998 年第 4 期。

中国报刊史研究深入中国社会空间结构与时间脉络的突破点之一。

这是本书跳出革新模式的局限，专门研究所谓"无意识"的社会新闻的原因。但这决不意味着笔者否认中国报刊史中革新成分的存在及其作用，也不意味着否认革新模式下的研究成就。相反，革新模式已为本书所做的社会新闻研究提供了全面的史料背景与研究参照，揭示了报刊在中国社会历史上力图引导改变的一面；并且，革新模式对社会新闻的轻视态度本身，正是社会新闻在社会历史中真实境遇的写照，是研究社会新闻始终不能忽略的历史情境。社会新闻正是在这种受轻视乃至排挤的历史情境下参与了中国社会的历史，在中国社会历史内部与其他组成成分互相影响、相辅相成。作为一种形式独立的文本，它容纳了这个社会在相应时期、相应议题上的主观冲突、妥协与焦虑情绪。本书重点分析它在社会空间的主观层面上，如何表达这些焦虑、冲突与妥协，以揭示报刊在中国历史上的另一面——力图维系社会传统延续、社会秩序稳定的一面，使报刊在中国近现代历史中扮演的角色更加全面地呈现出来。

（三）新闻社会史的提倡与尝试

最近不到十年的时间内，试图在革新模式之外寻求新路径的努力，已在研究中国报刊史的中国研究者之中渐成气候，提出了一个新的"新闻社会史"研究视角。

顾名思义，新闻社会史是针对革新模式下新闻史研究脱离历史情境的弊端，要求把新闻或新闻事业放在中国社会历史情境中进行研究的路径，它强调新闻事业与中国社会各组成成分的相互关系。早在民国时期，赵君豪在著作中就针对时人对报纸视之过高的态度，指出"报纸固可指导舆论，而同时亦当受舆论之指导者也"，[①] 强调报纸与舆论之间关系的相互性，但他只是就报业状况谈谈自己的体会，尚未有意识地论述这种相互关系对于学术研究取向的重要意义。近年来，较早提出并尝试新闻社会史研究视角的专著，是陈昌凤先生出版于2007年的《中国新闻传播史：媒介社会学的视角》以十分清晰的层次结构论证说：

[①] 赵君豪：《中国近代之报业·序言》，商务印书馆1940年版，第4页。

作为一门科学的新闻传播史,应当从她所称"描述性研究"转向"解释性研究",为此她从媒介与社会的关系出发,从媒介社会功能角度考察中国新闻媒介的变迁,又从现代化视角考察传媒的社会功能。① 由于该著作最后的落脚点是从"现代化视角考察传媒的社会功能",所以全书仍是在固有革新模式新闻通史的基础上,依据"媒介社会学"理论进行史料取舍和论述,让人觉得该著在论证过程中的更新少于理论阐述中的更新。2008年,李彬先生正式提出名为"新闻社会史"的研究新路径,他以讲义为基础集结而成的专著标题是"中国新闻社会史",并定义这种名为"新闻社会史"的"新新闻史"研究路径是属于历史学中的社会史研究范式的:

> 那么,究竟何谓"新新闻史"呢?大略说来,就是立足当下,面向历史,然后以社会史的范式和叙事学的方法,综合考察并书写新闻传播的历史衍变与现实关联。所谓社会史的范式,就是将新闻传播作为社会运动的一个有机环节,既关注新闻本体的内在关系,更探究新闻与社会的外在关联,如政治经济、文化思想、社会生活、风俗习惯、时代心理等,而不是就新闻谈新闻,就媒体谈媒体,就人物谈人物。②

以此为指导,这本著作率先示范了如何把中国报刊史放在中国社会历史脉络中去叙述。最令人耳目一新的是,它在叙史方法上把每个对象都结合其具体社会情境来叙述,在分类方法上把不同时期报刊按办报主体进行事实分类,而非按革新与否进行价值分类。

李彬先生基于上课讲义的新闻社会史示范性研究是初步的,但在此前后可归类为"新闻社会史"研究成果的著述渐次出现,显现出一系列可操作的具体研究取向。概括来说,这种"新闻社会史"的研究取

---

① 陈昌凤:《中国新闻传播史:媒介社会学的视角》,北京大学出版社2007年版。
② 李彬:《中国新闻社会史·代序》,清华大学出版社2008年版,第4页。

向包括如下：

一是基于历史事实而非价值判断来选择研究对象，使研究对象大大拓展。革新模式下，被选作专题研究对象的报纸、报人，必然是被认为有志于引导革新的报纸、报人，而不论其是否在中国社会历史中占据事实上的重要地位。新闻社会史路径下，凡在中国社会历史中因各种原因具有突出意义的报纸、报人均可作为专题研究对象，比如专门选择报纸中的"小型报"为研究对象，① 或者专门选择报纸内容中的社会新闻、② 地方新闻、③ 体育新闻、④ 广告⑤等为研究对象，或者选择文化转型、⑥ 社会思潮、⑦ 形

---

① 李时新：《上海〈立报〉史研究（1935—1937）》，暨南大学出版社2012年版。
② 拙文（胡雪莲：《以"社会"之名：陈济棠治粤时期的社会新闻》，《新闻与传播研究》2012年第2期）通过1927—1937年广州报纸社会新闻的起落兴衰，阐释社会新闻自身遭遇的身份定位之争；刘影通过阐述不同时期《申报》社会新闻分别对杨乃武案、黄慧如案和阮玲玉案的报道，揭示社会新闻展现出来的"申报"品格之演进（刘影：《社会新闻报道演进与"申报"品格的形成》，《华东师范大学学报》2009年第6期）。除此之外，目前有关社会新闻史的专论主要为再现史实的描述类，更进一步的类型是在描述社会新闻历史进程的基础上总结其价值取向或经验教训，如王润泽《近代中国社会新闻的演进与价值取向》，《国际新闻界》2006年第1期；周玉华《论美查时期〈申报〉社会新闻编辑猎奇性》，《编辑之友》2014年第9期。总之，超越描述与总结，对社会新闻进行深入分析而成的有分量的论著，目前还极少见。
③ 例如蒋建国《广东〈述报〉与地方新闻报道（1884—1885）》，《国际新闻界》2011年第4期。
④ 例如张宏伟《中国体育新闻史研究》，博士学位论文，苏州大学，2008年。
⑤ 例如庞菊爱《跨文化广告与市民文化的变迁——1910—1930年〈申报〉跨文化广告研究》，上海交通大学出版社2011年版；孙会《〈大公报〉广告与近代社会（1902—1936）》，中国传媒大学出版社2011年版。
⑥ 祝兴平认为，中国近代大众传播媒介的大众化、世俗化、社会化的发展方向，使得文化传播从特权阶层解放出来，出现了民间化的特点。文本创造者身份的普泛化、传播机制的市场化、文化接受的大众化，是前所未有的变革。祝兴平：《近代媒介与文化转型》，《湖北师范学院学报》2002年第2期。凌硕为认为，近代中国新闻传播促成了中国小说从传统向现代的转型，包括小说观念的变化、生产方式的变化、传播方式的变化、读者的变化。凌硕为：《新闻传播与近代小说之转型》，浙江大学出版社2013年版。
⑦ 宫京城认为，中国近代史上的三次办报高潮与中国近代社会思潮传播的高潮叠加涌现：中国近代报刊造就了中国近代最早的公共领域，为社会思潮的传播提供了公共空间；中国近代报刊促进了中国传统知识分子的身份转型，客观上为近代社会思潮的传播扩充了新型传播主体；中国近代报刊的副刊对通俗文艺作品的传播为社会思潮的传播提供了"第二空间"。宫京城：《浅论中国近代报刊对社会思潮的传播与影响》，《新闻与传播研究》2015年第2期。

象塑造、①话语传播②等报纸与社会关系的具体方面为研究对象,还有人提出要进行阅读史研究。③由于尚在初试阶段,这些论著中的大多数在选题与内容方面的创新多于视角与结论的创新,其视角与结论大多回到革新模式,或者停留在史实描述和简单评论,或者倾向于审视并探求研究对象的革新性。

二是尊重中国历史情境的态度与方法。在革新模式下,报刊本身被视为外来的现代化机制之一;新闻社会史路径下,报刊既来源于中国自己的历史也来源于自外引入的历史,无论其来源如何,都已内化为中国社会内部的有机组成部分,研究者对它的分析与理解不能脱离特定的中国社会历史情境。2010年,李彬先生等人再次撰文针对"新闻"与"历史"分离的局面,呼吁在新闻史研究中注重新闻与历史的融合,并指出"新闻社会史"正是二者融合的可能出路。④2015年,拙文通过分析民国时期广州报纸对女子王文舒杀人案的新闻表达,初步揭示社会新闻在"新""旧"婚姻家庭生活规范并存的社会情境之中,并非一味扮演现代化引擎角色,⑤自认是把"新闻"与"历史"结合起来研究的一次有效尝试。

---

① 例如高焕静《主流媒体中"榜样女性"形象的呈现与变迁——〈人民日报〉(1960—2013)》,《云南民族大学学报》2014年11月第31卷第6期;王仕勇、孙国徽《主流媒体对政府议程的宣传报道研究——以近30年〈人民日报〉头版塑造的农民个体形象为例》,《昆明理工大学学报》(社会科学版)2014年第1期。

② 刘学照阐述上海报刊舆论、话语转换与辛亥革命的关系,指出辛亥革命以前的十年间,上海革命舆论出现并传播了众多19世纪中国书刊中前所未见的新话题和新话语,如时代、革命主义、帝国主义、民族主义、民族帝国主义、民族建国主义、专制主义、君主专制、专制民贼、排满革命、种族革命、联合满蒙青藏、共和主义、民权革命、平等主义、民权主义、民生主义、生计革命、平均地权、平均人权、人道主义、自由主义、社会主义、共产主义、麦(马)克思主义、国粹主义、国学、君学、国粹、欧化、共和祖国,等等,它们传播、连接、辐射,改变着人们的观念,孕育着全国的政治气候。刘学照:《上海舆论、话语转换与辛亥革命》,《历史教学问题》2002年第2期。

③ 卞冬磊:《从报刊史到报刊阅读史:中国新闻史的另一种视角》,《国际新闻界》2015年第1期。

④ 李彬、刘宪阁:《新闻社会史:1949年以后中国新闻史研究的一种可能》,《国际新闻界》2010年第3期。

⑤ 胡雪莲:《在新旧之间:民国广州王文舒杀人案的新闻表达》,《新闻与传播研究》2015年第4期。

三是自下而上、由小见大的研究视角。革新模式下，报刊被认为肩负着引导或鼓动中国走向现代化革新的使命，因此研究视角往往是自上而下、大而化之的；新闻社会史路径下，报刊是大众社会的有机组成部分之一，深层分析社会中的报刊，可以透视中国社会历史的多种宏观问题，比如田中初通过阮玲玉自杀事件引发的新闻记者操守之争，透视中国新闻记者在读书人文化身份变化的历史脉络中，在国民党中央推行"党化"管理的时代背景下，职业意识与职业规范形成的起步；①再如拙文通过细致考究晚清《知新报》在澳门的诞生过程，透视以19世纪晚期澳门华人绅商为联结点，覆盖珠江三角洲等广东内陆地区，辐射清朝朝廷和南洋美洲等地的华人交际网络。②

截至目前，新闻社会史研究尚在各种尝试当中，尚未形成成熟、完善的研究体系，只能算是一种研究视角，而且是从社会史研究落实到报刊史研究的一种视角，要当心社会史研究已经显现出来的种种问题，其中最核心的问题将是问题意识的缺乏。如果缺乏源自中国自身的问题意识，新闻社会史研究将重新落入革新模式下描述性研究的窠臼，陷于对各种琐碎内容的互不相干的平面铺陈，成为"碎片化"③的新闻社会史；如若硬套外来理论框架，比如近年来备受关注的公共空间理论（下文将有详述），④则易落入强行以中国史实佐证外来理论的歧途，二者皆不可取。事实上，不论革新模式还是新闻社会史视角，一旦陷于僵化，固守成说，都将呈现同样的问题，这正是目前尚处初尝阶段的新闻

---

① 田中初：《规范协商与职业认同——以阮玲玉事件中的新闻记者为视点》，《新闻与传播研究》2010年第2期。

② 胡雪莲：《何廷光与〈知新报〉的诞生——兼及19世纪末澳门华商的交往》，《新闻与传播研究》2011年第2期。

③ 关于"新史学"路径下历史学本身的"碎片化"倾向，详见弗朗索瓦·多斯（Francois Dosse）《碎片化的历史学：从〈年鉴〉到新史学》，北京大学出版社2008年版。

④ 中国学界将西方公共空间理论应用于中国报刊史研究不算普遍，目前除了推介这一理论的论文外，具体研究仅有谢晶从法律讨论角度分析《申报》对伶人杨月楼迎娶良家女韦阿宝一案的报道与评论，认为这种报道与评论构成了所谓"近代中国'公共领域'萌芽"。谢晶：《近代中国的"公共领域"萌芽——以〈申报〉对杨月楼案之报道讨论为例》，《清华法律论衡》2014年第1期。

社会史研究较成型以后的革新模式更具探索魅力的原因。

基于以上讨论，本书对1927—1937年广州报纸吸引读者最多却又为以往报刊史研究者忽视的社会新闻进行专门的系统性阐述，是一项出自新闻社会史视角的研究。在书中，社会新闻首先是一种具有独立形态的文本，其次才是能在有限程度上提供历史证据的史料。本书虽然阐述这时期广州报纸社会新闻本体的兴衰起落，但这只是起点，而非终点。本书努力追索的终点是揭示社会新闻在中国社会历史演变的脉络中与当时社会意识之间的外在关联，从中发现"无意识"的社会新闻的力量。

二 社会新闻的"无意识"

本书力图跳出革新模式的线性思维，到社会空间的立体思维当中去观察社会新闻的力量，探讨社会新闻作为社会空间内在组成部分如何发挥作用，这一研究视角所涉及的"社会空间"概念，是来源于近二十年来西方学者研究中国报刊史的理论启示。

（一）哈贝马斯公共空间的启示

率先把"公共空间"概念运用于中国报刊史研究的是西方中国学者，这个概念本身则是源于德国学者尤尔根·哈贝马斯（Jürgen Habermas）初版于1962年的著作《公共空间的结构转型》（*Strukturwandel der Öffentlichkeit. Untersuchungen zu einer Kategorie der bürgerlichen Gesellschaft*）。这部重要著作于1989年翻译成英文出版，又于1999年翻译成中文出版（中译本标题译作"公共领域的结构转型"）。[①] 在这本书中，哈贝马斯阐述18—19世纪初欧洲兴起的公共空间，是在英、法、德三国资产阶级兴起的历史语境下，资产阶级为对抗封建势力的压制、封建国家的管制而进行公开、理性批判的资产阶级公共空间，报纸、沙龙、咖啡馆的公开批判均属这个公共空间的机制，它根植于作为国家对立面而存在的市民社会，却又跨越个人家庭的局限关注公共事务，因而有别

---

① ［德］哈贝马斯：《公共领域的结构转型》，曹卫东等译，学林出版社2004年版。

于"私人空间"。①

哈贝马斯意指"公共空间"的德语原文"Offentlichkeit"一词，如果直接译成中文，仅有"公众""公开""社会"等含义，并不具有英文版"sphere"和中文版"领域"一词隐含的排斥他人任意进入的"势力范围"之义，而且哈贝马斯在整部著作当中也没有表示这个"Offentlichkeit"具有"势力范围"的意义。在这一点上，本书回到哈贝马斯的原意，把"Offentlichkeit"解读为"公共空间"而非"公共领域"，并且在这个非势力范围的意义上使用"空间"一词。

尽管哈贝马斯本人在初版序言中说"不能把它（指'资产阶级公共空间'）和源自欧洲中世纪的'市民社会'的独特发展历史隔离开来，使之成为一种理想类型，随意应用到具有相似形态的历史语境当中"，②但"公共空间"这个概念对于研究中国报刊史的学者来说具有强大吸引力。有关西方学者根据"公共空间"理论开展中国报刊史研究的成果与局限，美国学者林郁沁（Eugenia Lean）在她的著作中做过回顾。她总结道，哈贝马斯原著译成英文之后的20世纪80年代末90年代初，一些西方学者开始试图解释市民社会在中国"失败"的原因，这一阶段的讨论范围较为狭窄，倾向于在中国历史经验中突出或者否认存在类似于哈贝马斯理论框架内的资产阶级公共空间，其中罗威廉（William Rowe）和玛丽·兰金（Mary Rankin）是中国存在公共空间的支持者，而黄宗智（Philip Huang）和魏斐德（Frederic Wakeman）则否认中国存在过这样的公共空间。之后，学者们从公共空间是否实际存在于近代中国这个深受批评的主题，转向更为理智地探究帝国晚期和20世纪中国具有特定历史含义的"公共性"（public），他们旨在了解刚刚成型的城市机制（比如大众传媒、民间组织、工会组织和推动司法自治的职业），在国家持续努力地试图达成中央集权的同时，如何对现代国家与社会之间的关系施加独特影响，还检验"公共"一词更多

---

① ［德］哈贝马斯：《公共领域的结构转型》，曹卫东等译，学林出版社2004年版，第22—23页。
② 同上书，初版序言第1页。

地体现在过程与行动而非地域当中的观点。另外，学者们还越来越意识到"公共"不应只被放到制度与社会中去理解，还可以被放在规范当中去理解，他们关注"公共"作为规范力量时如何比作为社会实体时更加有力。① 本书正是在西方学者上述探讨的基础上，提取"空间"作为规范存在而非实体存在的"公共"意义，来探讨作为"空间"机制之一的社会新闻。这个"空间"的含义既起源于哈贝马斯的"公共空间"，又不同于哈贝马斯基于西欧历史语境而提出的"资产阶级公共空间"，不预定其具备理性、批判、市民社会、对抗国家这些哈贝马斯"资产阶级公共空间"的要素。

不仅如此，本书所谓的"空间"，还不预设有西方中国学者普遍关注的现代性要素。哈贝马斯的"资产阶级公共空间"是"现代"的、反封建的。他写道，"封建社会里不存在古典（或现代）意义上的'公共领域'和'私人领域'的对立模式"，② 所以，他的公共空间理论本质上属于将资产阶级兴起后的西欧历史定义为"现代史"的现代化理论。哈贝马斯公共空间的现代性本质，常被西方中国研究者运用于中国近代报刊史研究，但由于哈贝马斯的现代性是源于西欧历史语境的，中国研究者们如果不加辨析地把它用于中国历史，就很难避免以西欧历史为模板来观照中国历史够或者不够"现代性"的偏向。③ 比如前述美国学者林郁沁，她研究"1935年施剑翘刺杀孙传芳案"中传媒与司法之间的关系，表示要超越哈贝马斯的"理性批判"，研究"以情感为基础的大众"的"情感批判"，检视20世纪30年代感性化大众传媒如何推动或鼓动现代公众的形成，新形成的现代公众又如何在国家强化中央集

---

① Eugenia Lean, *Public Passions: The Trial of Shi Jianqiao and the Rise of Popular Sympathy in Republican China*. Berkeley, Los Angeles and London: University of California Press, 2007, pp. 6-8.

② ［德］哈贝马斯：《公共领域的结构转型》，曹卫东等译，学林出版社2004年版，第5页。

③ 关于西方中国近代史研究中的"传统—近代"模式及其相关问题，详见美国学者柯文（Paul Cohen）的著作。［美］柯文：《在中国发现历史：中国中心观在美国的兴起》，林同奇译，中华书局2002年版。

权之时表达自己的强力批判。她在结论中声称,施剑翘为父复仇的孝顺之情,使媒体受众因为对她的同情而联结在一起,形成一个批判的、闲话性质的"公众同情"———一种实为情感消费者的另类公众。① 鉴于施剑翘枪杀孙传芳不符合"现代"法制精神,受众对她却予以同情,同情的原因又是她"封建"的孝心,由此联结而成的"公众"竟还被作者定性为"现代公众"(虽然作者强调是情感型的"另类"公众),实在是太过牵强,是硬把这个历史事实塞进"现代性"的做法。再如德国学者梅嘉乐(Barbara Mittler)研究上海《申报》来检验报纸的力量,结论是"没有发现报纸传播的自我恐惧症(idiophobia)与街头的仇外行动(xenophobia)有直接联系","所谓报纸的力量来源于对报纸力量的想象",仅对错误相信其有力量的人发挥作用。② 她仅因没有证据证明报纸观点与激进行动有直接影响关系,就得出这样一个结论,是因为她把中国近代史上的报纸视为外来者,报纸本身刊载的激进内容、发生的激进事件都不算是"中国的";她还把"报纸的力量"等同于"报纸的现代化革新力量",只要没有证明报纸具有推动中国激进事件的影响力,就认为报纸不具有任何影响力。

  西方学者从西欧现代性的立场出发研究中国近代报刊史,存在的问题与中国学者沿袭革新模式研究中国报刊史存在的问题是相通的。因为,在中国历史传统延续的时间脉络中,引入中国的任何西方元素都会发生难以预知的复杂变化,使中国社会呈现出既不完全"传统"也不完全"现代"的复杂面貌。那些从西方现代性立场出发研究复杂中国社会的努力,就难以逃脱以下两种结果:或者过于牵强地附会中国社会某些方面具有"现代性";或者过于轻率地否认中国社会某些方面具有"现代性"。西方学者与中国学者的不同主要在于,前者注重目标的现

---

① Eugenia Lean, *Public Passions: The Trial of Shi Jianqiao and the Rise of Popular Sympathy in Republican China*. Berkeley, Los Angeles and London: University of California Press, 2007, pp. 9, 207.

② Barbara Mittler, *A Newspaper for China? Power, Identity and Change in Shanghai's News Media (1872–1912)*, Cambridge: Harvard University Press, 2004, pp. 146, 420.

代性，后者注重过程的革新性；前者注重理论构建，容易出现削足适履过度解释的弊端；后者注重史料考证，容易出现固守成说平面描述的弊端。

总的来说，本书研究1927—1937年广州报纸社会新闻的力量，是把社会新闻放在立体的、公共的、具有复杂内部关系的"空间"内部来观察。从哈贝马斯那里借来的"空间"一词，在本书中仅指作为规范而非实体存在的广州社会，它具有公共性，却不一定具有理性批判、市民社会、对抗国家等西欧资产阶级公共空间的特性，也不一定具有反封建、反传统、反专制等西欧现代性。在广州，1927—1937年是一个多种婚姻家庭生活规范并存的空间，和此前相比最大变化就是不同规范的地位发生了重大变化：自晚清以来引自西方的主张婚姻自由、男女平等、一夫一妻的婚姻家庭基本原则，至此第一次写进南京国民政府正式颁行的法律正文，成为法庭内外有关婚姻家庭叙事的正式规范；与此同时，中国社会固有的主张父母主婚、男尊女卑、一夫一妻多妾的婚姻家庭基本原则，在社会大众的日常生活中得以沿袭，变成了社会大众婚姻家庭叙事的非正式规范。与日常生活如此广泛、直接相关的不同规范体系，正在发生如此重大的地位变化，造成了一个在规范层面相当复杂的社会空间。本书将揭示社会新闻在这个正式规范与非正式规范易位的复杂空间内，怎样在主观意识层面发挥既不单是"传统"又不单是"现代"的力量。

（二）"发现"社会新闻的力量

只有把社会新闻置于上述不同婚姻家庭叙事规范体系并存的复杂空间内，才可能开始揭示社会新闻在中国社会历史进程中发挥的力量和意义。

截取1927—1937年广州社会空间的横断面来观察，可以看到这个社会的上层精英与下层民众在包括婚姻家庭事务在内的多种议题上都是难以直接对话的。1927年成立的南京国民政府新颁法律所采纳的"西化"规范体系，为这个社会空间中的上层政治、文化精英所确认；而本土历史沿袭下来的传统规范体系，才是这个社会空间中下层大众所熟悉的。这种上层精英思想脱离中国社会大众的状态，可以追溯到1905年9月清政府正式废除在中国延续千年的科举制度之时。关晓红认为，科举制度到明清时期具有以下六个方面的功能：（1）选拔统治者所需的做官人才；（2）推动建立以科举为导向，儒家经典为学习内容、个人自学为主要形式的各级各类传统教育模式；（3）应试士子可以举业为职业生存方式；（4）价值规范与价值判断单一化与标准化；（5）道德教化；（6）文化传承。① 通过这些功能，科举制度在政治文化上层精英与下层大众之间充当着桥梁与纽带作用，使社会精英与大众共享同一价值规范体系。科举制度立废，就打破了这种同一性。正如罗志田所说，"在相当长的一段时间里，全国实已形成两个不同的'世界'"，② 传统中国社会结构中居"士农工商"四民之首的士，不仅失去了向上的社会阶梯，更失去了赖以谋生的制度环境，社会地位从重心走向边缘，也就谈不上为社会作表率，中国成了"一个没有共同接受的榜样的社会"。③

在这样的局面下，不仅像山西乡绅刘大鹏这种传统儒士因为跟不上上层政治文化的急剧转向而深感彷徨，④ 而且新式知识分子也因为跟社会大众的疏离而深感焦虑。黄庆林论述道："在近代中国这样一个由传统向近代转型的特殊社会环境下，知识分子在寻求社会发展方向、国家前途、个人价值和理想实现的过程中，所展现出的与现实社会的隔膜，造就了他们深深的文化失落感。"⑤ 这种极深的思想隔阂导致一些新式知识分子厌世甚至自杀。到1927年以后，随着南京国民政府在形式上

---

① 关晓红：《科举停废与近代中国社会》，社会科学文献出版社2013年版，第336页。
② 罗志田：《权势转移：近代中国的思想与社会》（修订版），北京师范大学出版社2014年版，第68页。
③ 同上书，第71页。
④ 山西乡绅刘大鹏的《退想斋日记》反映出中国最后一代传统士子的失落人生，相关的详细分析，参见沈艾娣（Henrietta Harrison）的著作《梦醒子：一位华北村庄士绅的生平（1857—1942）》。Henrietta Harrison, *The Man Awakened from Dreams: One Man's Life in a North China Village, 1857–1942*, Stanford: Stanford University Press, 2005.
⑤ 黄庆林：《近代中国知识分子的文化失落心态》，《山西师大学报》（社会科学版）2005年第4期。

重新统一中国,中央政权和地方军事实力派各自在不同层面强化党政权力对社会的控制,西式价值规范体系不同程度地进入法律体系,得到了日渐加强的国家权力支持,这意味着"西化"知识分子有了获取社会权势的正式渠道,比上一个十年更没有争取社会大众理解和支持的必要了。所以,在这个十年,尽管国家权力迫使社会大众遇到纠纷时更加主动地向西化的正式规范寻求可能的支持,但那些已经获取社会权势的西化知识分子主动寻求社会大众理解和支持的动力更少了。罗志田所谓两个不同"世界"的现象持续保持下来,只是变得更少体现在地区差异方面,更多体现在社会层级差异方面了。为弥合或斡旋这种差异,这个时期的中国社会比以往更需要社会层级之间的中介机制。

正是在这个意义上,在报纸中处于"边缘"地位的社会新闻之力量值得重新审视。在中国,社会新闻并不是本书论述年代才出现的。尹韵公爬梳史料发现,早在明代邸报当中,就已经有他定性为"社会新闻"的记载。① 又有人认为,1875—1877年上海《申报》对晚清四大奇案之一——杨乃武与小白菜案的追踪报道,就是后来报纸"社会新闻"的"先导"。② 到20世纪20年代,"社会新闻"一词出现在新闻论说之中,主要是指与"国家事件"相对的"社会事件"报道;③ 步入30年代,"社会新闻"作为新闻栏目名称出现在报纸版面。此时一位报业研究者张静庐给它下了一个定义:"所谓社会新闻者,是专记盗贼、奸拐、婚姻以及家庭等等的琐事,以示别于国际、政治新闻

---

① 尹韵公:《中国明代新闻传播史》,重庆出版社1990年版,第67页。
② 徐载平:《申报关于杨乃武案的报道始末》,载中国社会科学院新闻研究所《新闻研究资料》第1辑,新华出版社1981年版。
③ 1922年,左派作家孙伏园在《晨报》专刊《一星期之余力》第16期发表《论社会新闻》一文,批评"无论怎样大的新闻家,遇见社会新闻难免卷铜,因为写社会新闻有文字、采访、发表上的困难,从前的《国民公报》就不要社会新闻一栏",他认为社会新闻比政治新闻更重要,特别要多发表各项社会事业或事件的调查。方汉奇主编:《中国新闻事业编年史》,福建人民出版社2000年版,第957页;1923年出版的邵飘萍著作也写道:"(欧美日本各国)近年以来……政治以外之社会新闻,其价值与政治外交等新闻并重,有时且超越……我国则相差尚远,试观各处报纸之本地社会新闻,即可见其幼稚,恐尚不逮欧美日本十年前。"邵振青(邵飘萍):《实际应用新闻学》,京报馆1923年版,第69页。

而言。社会新闻名称是否确当，固尚有讨论的余地，但这名词差不多已为一般人所惯用，且别无相当替代的名词。"① 除"社会新闻"之外，这类新闻有时还被称为"大众新闻""黄色新闻"。只刊载这类新闻的报纸则被定义为"小报""小型报"，与刊载时政新闻、时政评论的"大报"相对而言，但后者也常常效仿小报，开辟刊载社会新闻的版面。

社会新闻为报纸吸引了数量上前所未有的读者，以致时人无法忽视它的存在，甚至连"大报"也纷纷效法。赵君豪出版于1937年的著作写道："吾人述近代之报业，不得不连类及于小报，盖小报在近十年来于社会间亦有相当势力，为世人所重视也。"② 黄天鹏出版于1930年著作写道："小报者，以篇幅小而得名，在社会亦具相当之势力，不可以小而忽之也。"③ 管翼贤出版于1943年著作则写道："现代有所谓大众新闻，这一类的报纸出现，发刊不论男女贤愚，皆能阅读的记事，颇受大众欢迎，已大成功。"④

社会新闻吸引读者的秘诀在于努力迎合中下层读者的趣味，其经验则取自美国《便士报》。20世纪20年代，一些新闻论说针对报纸脱离社会大众的问题，提倡以美国报纸迎合中下层读者的方法来增加销量。胡愈之写道："新闻纸之要义，在迎合读者之心理；何项材料当为读者所欢迎，此最须斟酌者也……此在美国尤然。美国报纸，凡城市所发生之事件，虽极琐细，亦必张皇其词，以动阅者之听闻。每有人命事件发生，必连篇累牍，详述靡遗。若政治上之重大事务，则寥寥数行而已。"⑤ 赵君豪亦写道："《上海生活》刊行有日，余以宗旨告诸汪君英宾。汪君曰，美哉！是深合乎人生兴趣者也。余因叩以美国报纸之情

---

① 张静庐：《中国的新闻记者与新闻纸》，现代书局1932年版，1928年初版，第61—61页。
② 赵君豪：《中国近代之报业》，商务印书馆1940年版，第101页。
③ 黄天鹏：《中国新闻事业》，上海联合书店1930年版，第98—103页。
④ 管翼贤：《新闻学集成》第1辑，中华新闻学院，1943年，第141页。
⑤ 胡愈之编：《欧美新闻事业概况》，载徐宝璜、胡愈之合著《新闻事业》，商务印书馆1924年版，第71—72页。

况。汪君乃以人生兴趣与新闻之关系告我，颇有深意……纽约日报（*New York Daily News*）创办七年，仅在纽约一地，销路激增至一百万。其报纸之内容，深合人生兴趣而尤以文字为多，其读者多为中下阶级。或讥其卑鄙，其实乃大不谬然。盖社会组织本极复杂，既实有其事，又何妨秉笔直书？且报纸惟恐不能普遍，今既普遍矣，而且以中下阶级之读者为多，则其深合人生举也明甚。"①

不过，社会新闻在新闻业界的地位和成绩并不匹配，它被认为"无意识"或者"无意义"。社会新闻不受尊重的原因，除了"种类既多，流品亦杂，或捏造事实，或攻讦阴私，或自堕报格，诲淫诲盗"②之外，更因其"无非描写社会间有趣味之事件，以供各级人士之消遣"，③放弃了报纸引导中国社会走向革新的"天职"。罗志田认为，近代中国社会中原本作为四民之首的"士"向社会边缘游离，其中一部分转化为新型的知识分子（如教师、学者、报人等），这些知识分子在无意中传承了士以天下为己任的精神及其对国是的当下关怀。④ 出于这种关怀，如前所述，梁启超和他在报纸论说方面的后继者们均主张报纸的天职是"监督政府""向导国民"，有时也把前一项职能分述为"公共机关""舆论代表"，把后一项职能表述为"社会教育"，总共变成三项。⑤ 他们认为，履行天职的主要手段就是评论："新闻纸为国民之喉

---

① 赵君豪：《新闻与人生兴趣》，载黄天鹏编《新闻学名论集》，上海联合书店1930年版。
② 黄天鹏：《中国新闻事业》，上海联合书店1930年版，第98—103页。
③ 赵君豪：《中国近代之报业》，上海商务印书馆1940年版，第101页。
④ 罗志田：《权势转移：近代中国的思想与社会》（修订版），北京师范大学出版社2014年版，第122页。
⑤ 曹用先：《新闻学》，上海商务印书馆1931年版，第5—8页。但在20世纪30年代国家主义盛行的背景下，报纸的上述社会职能也常被冠以国家主义，在政要人物的议论中尤其如此。1930年蒋介石在对"中央政治学校"新闻专修科第一期毕业生的讲话中说："总理有言，宣传即教育，故新闻记者应为国家意志所有表现之喉舌，亦即为社会民众启迪之导师。"在南京时期国民党推行"党化"政策的前提下，这种要求报纸做"国家之喉舌"的概念，实质上是要求报纸做自称代表"国民""国家""民族"利益的国民党的喉舌，与20年代中后期以来新闻论者要求报纸言论独立于任何党派的主张背道而驰。蒋介石：《蒋公训词——龟勉新闻界战士》，1930年3月23日，载赖光临《七十年中国报业史》，"中央日报"社1981年版。

舌。世人有正当之意见与公允之评论，非假新闻无从表现。其负评论时事责任之重要，可想而知也"；① "世人为甚么都叫报纸为舆论的代表、社会的导师？这种无上的荣誉、至高的威权，不是凭空而来的，实因有评论一栏，担负这个重责。照这样说，报纸的精神，报纸的灵魂，完全寄托在评论中了。"② 据此，他们以报纸是否有评论内容，是否有履行上述天职的志向为标准来评价报纸，"无意识"主要是指无评论来表达主见，"无意义"主要是指无意履行天职来发挥作用。不作评论、仅供消遣的社会新闻正是不符合上述标准的报纸内容，常被讥讽为"迎合社会的下流兴趣"③"只图渔利不顾文化前途"。④ 这是文化精英从报纸文化职能出发对社会新闻表示的蔑视。

政治精英则从报纸政治职能出发对社会新闻表示同样的蔑视。在本书所论的十年，正是国民党政权力图强化国家权力、推行党化教育的时期，清末梁启超所倡报纸为政治当局"耳目""喉舌"的职能，在同时期西方世界极力推崇报纸"宣传"功能、技巧、效果的氛围下，⑤ 已经在政治当局那里演变成国民党政权提倡的为巩固国民党统治的国家而宣传的"国家喉舌""民众导师"。1930年，蒋介石在对"中央政治学校"新闻专修科第一期毕业生训话时说："总理有言，宣传即教育，故新闻记者应为国家意志所有表现之喉舌，亦即为社会民众启迪之导师。"以此为标准，政治精英也对不作评论、仅供消遣的社会新闻表示蔑视，蒋介石在上述训词中称为"无意义之社会新闻"。⑥

---

① 徐宝璜：《新闻学概论》，1927年，载黄天鹏编《新闻学刊全集》，光新书局1930年版。
② 郭步陶：《编辑与评论》，上海商务印书馆1938年版，第83—85页。
③ 《社会学硕士谢哲邦演说新闻学》，《广州民国日报》1929年1月8日，第6页。
④ 何昶旭：《广州市新闻报纸的总检阅》，《报学季刊》第1卷第4期，上海申时电讯社1935年版，第73页。
⑤ 正是在这种推崇的氛围下，诞生了拉斯韦尔概括与思辨"宣传"的名作《世界大战中的宣传技巧》。［美］哈罗德·D.拉斯韦尔：《世界大战中的宣传技巧》，张洁、田青译，展江校，中国人民大学出版社2003年版。
⑥ 蒋介石：《蒋公训词——龟勉新闻界战士》，1930年3月23日，载赖光临《七十年中国报业史》，"中央日报"社1981年版。

在本书作者看来，社会新闻的力量正好隐藏在它不试图监督政府、向导国民的"无意识"之中。在代表国家意志的法律体系等正式规范已不同程度地"西化"的环境下，社会新闻一方面作为一种文化产物，试图关怀已在原则上写进正式法律的"西化"规范体系，以竭力跟上政治风气的转向，同时勉强维持自己的文化身份——尽管文化精英与政治精英都对社会新闻嗤之以鼻；另一方面作为赚钱利器，力求迎合社会大众习以为常但现已总体上变为非正式规范的传统伦理秩序——这方面它达到了预期的目标。在这种上下逢迎的过程中，社会新闻无意中担当起科举制度废除后在中国社会上层精英与下层大众之间融合知识与价值差异的熔炉作用。作为知识产物当中最乐意贴近社会大众，也最为社会大众广泛知悉的阅读文本之一，社会新闻虽不足以向上层文化精英炫耀充斥其间的一知半解的"西化"知识，却足以在大众化成效方面向寂寞失意的上层文化精英宣示自己不是空谈，前述新闻论说者纷纷表示不能忽视社会新闻已有相当势力等表述，就能证明社会新闻这种事实胜于雄辩的说服力。本书亦是从尊重这个事实出发，来揭示社会新闻在当时社会精英与下层大众之间发挥的融合知识与价值差异的力量。

三　社会新闻与社会意识

既然本书的目的是审视社会新闻在社会意识重构方面表现出来的力量，就必然在研究方法上面临一连串的问题：社会新闻是否真的推动了社会意识重构？如何证明这二者之间有因果关系，或者在多大程度上有因果关系？即使证明了二者之间有因果关系，又该如何证明社会新闻才是影响者，而不是被影响者？即使证明了社会新闻是影响者而不是被影响者，又该如何证明它是多大程度的影响者？这一连串问题，问的都是大众传播的实际效果以及如何证明这种实际效果的问题。

大众传播对受众和由受众组成的社会意识具有实际效果，这个判断是经得起检验的。大众传播学研究者在探索传播效果方面，已经做了许多卓越的研究，阐述过诸多著名的理论。仅是美国学者沃纳·赛佛林和小詹姆斯·坦卡德出版于1997年的传播学理论教科书里，就列举了有关数字媒体到来前大众传播效果研究的诸多阐释理论：侧重从受众所受客观影响角度阐释的知识沟假说，侧重从受众个体所受主观影响角度阐释的子弹理论、有限效果模式、教养理论、媒介决定论、沉默的螺旋、第三者效果、电视暴力的效果、社会学习理论、强大效果模式等，侧重从社会整体角度阐释的议程设置理论、媒介霸权理论、对社会真实的建构理论、媒介塑造理论。① 这些理论，有的是用经验总结的方法进行定性，有的是用诠释批判的方法进行分析，有的是用量化研究的方法加以检验。正如本书作者在介绍这些理论之后总结说：这些理论当中，"每一个理论均试图解释大众传播的某一个特别方面"，但"传播学者至今尚未得出一个统一的理论，足以解释大众传播的各种效果"。② 尽管上述理论无法就大众传播效果的大小、程度和作用机制达成一致，却在大众传播具有效果这个基本点上存在共识：使用经验总结、诠释批判方法的理论为它提供阐释，使用量化分析方法的理论则为它提供不同侧面的实证支持。

但在方法上，大众传播的实际效果又是很难测量的。2010年，韦路、鲍立泉、吴廷俊三位学者共同发表的论文，在总结媒介技术演化与传播理论范式变化之间关系时，概述了20世纪初期以来欧美学术界研究传播效果的基本看法与基本方法，以及二者之间的动态关联。这篇论文认为，19世纪末以来，传播研究以三种不同媒介技术催生的不同媒介群为对象，相应的可以大致分为三个阶段，在此转述与本书研究对象、方法密切相关的前两个阶段。

一是"印刷传播技术与现代传播理论的开端——大众社会理论"，大约在20世纪30年代达到顶峰。这种理论认为媒介对社会大众的影响是恶性的、有害的，同时也是直接的、有效的。它采用经验总结法进行研究，"基本上是理论家们根据自己的知识和经历对媒介的社会影响所

---

① [美]沃纳·赛佛林、小詹姆斯·坦卡德：《传播理论：起源、方法与应用》，郭镇之等译，华夏出版社2000年版，第243—319页。
② 同上书，第314页。

进行的推论，所以它是一种主观的、能动的且带有价值偏向的研究范式，即科学的理论范式"。

二是"电子传播技术与现代传播理论的发展——有限效果范式和传播文化理论"，大约在20世纪60年代确立。这种理论的最早践行者之一保尔·拉扎斯菲尔德认为，对于媒介的社会影响仅仅进行推测是不够的，还必须通过周密设计的实地调查来观察和测量媒介的影响及其程度。他据此开始的研究表明媒介并不像人们想象中的那么有力；人们不仅有许多抵制媒介影响的方法，还会受到许多其他因素的影响；媒介更多的是强化与巩固现有的社会秩序和趋势，而不是去破坏它。这是以定量研究得出媒介有限效果结论的开始。

但是，定量研究方法很快也受到了怀疑。一些学者认为，尽管它对传播效果的测量是准确而令人信服的，可它过于简化，"忽视了人类传播活动的另外两个重要问题：意义和价值"。从这两个问题出发，传播学研究者分别发展出了"注重寻求传播现象在个体生活中的意义并对其加以解释"的"微观文化理论"和"从宏观的角度对媒介如何影响社会整体秩序进行价值批判"的"宏观文化理论"，前者在方法上大致属于诠释研究，后者在方法上属于批判研究，而不再拘泥于定量研究。[①]

从推论到定量，再到诠释与批判——大众传播效果研究方法曾经历过的上述变化，一方面说明大众传播效果的复杂性值得使用多种方法、多种角度去探究；另一方面也给本书研究1927—1937年广州报纸的社会新闻提供了多重启示。

第一，本书将从价值角度阐述广州报纸社会新闻的力量。探讨1927—1937年广州报纸社会新闻的力量，并不应当把社会新闻看成是社会之外的影响者，而应当把社会新闻看成是社会之中的参与者。只有当研究者把社会新闻看成是社会之外的影响者来考察它的力量，才

---

① 韦路、鲍立泉、吴廷俊：《媒介技术演化与传播理论的范式转移》，《新闻与传播研究》2010年第1期。

需要考察它和"社会"之间是否真的发挥了作用、谁对谁发挥了作用的问题。但这个前提本身是过于武断的。社会新闻属于印刷媒介的一部分，尽管有自成体系的媒介组织、传播手法、获利目的，但它的制造者来源于普通民众，报道内容取材于普通民众，传播对象定位于普通民众，实际受众也是普通民众，它更应该被看作社会之中的组成部分和社会之中的其他组成部分——包括个人、群体、机构、机制发生着复杂、多层、难分彼此的相互关系。正是基于这点认识，本书研究的主旨"社会新闻的力量"，将被限定在社会新闻作为一种社会机制与社会意识整体发生相互作用的宏观价值层面上，而不去纠结于社会新闻与社会中的其他个人、群体、机构、机制之间发生了怎样具体而微的相互影响。

第二，本书将阐释而非测量广州报纸社会新闻的力量。这一方面是因为时间过去多年，当时社会无法再现，定量研究无从做起。本书的研究对象是大约八十年前一个城市中的社会新闻，当时作为受众的普通民众只有极少数人尚还活在人世，就连保存最好的报纸报道本身也存在缺损，因而没可能再用精确的统计数据来对报纸报道或者受众反应进行定量分析。另一方面是因为文本解读方法能避免定量分析方法的短处。阐释法常常因为无法避免对因果关系的主观推测，被认为不如定量方法那么客观、准确，但是笔者以为，用"科学"的定量方法研究大众传播效果，同样不能穷尽人际影响的错综复杂，常常只能测量出传播行为与受众反应之间的相关关系，却难以测量出确定的因果关系，所以也不能完全避免主观推测因果关系的缺陷。但和阐释法相比，定量方法也存在重大缺陷，除了如前所述存在过于简化、忽视传播意义和价值等短处之外，另外一个短处就是常常受限于数据的即时性，使研究缺乏时间深度，难以从历史纵深的角度对研究对象进行长时段阐释。由于本书主旨是把社会新闻置于社会意识变迁的历史情境中进行分析，基于文本解读的阐释法将更有利于这一主旨。

为了充分阐释这时期广州报纸社会新闻的力量，最大可能地搜集并运用文献资料是首要工作。在资料搜集方面，本书以1927—1937年广州报纸中读者数量最多的《越华报》《国华报》为核心资料，同时大量使用这个时期前后中国内外的其他报刊、档案、论著、回忆录、小说漫画等来拓展研究的广度；由于社会新闻的主体内容是报道婚姻家庭方面的纠纷，本书还尽可能多地使用民国以来婚姻家庭方面的法庭档案、调查报告、时人论说等来加深研究的深度；又由于本书要将社会新闻置于制度与意识变迁的历史脉络中进行阐释，晚清、民国以来中国法制尤其是婚姻家庭法的法律档案、判例汇编，记载立法考虑与争议的论著、文集，记录地方习俗的方志、笔记等，也都予以充分运用，以强化研究的针对性。在资料运用方面，本书将特别注意把大量报刊资料作为文本而非史实来进行解读，在书中，为数众多的社会新闻报道是研究对象，而非史料来源。

为弥补文献资料的不足，本书还在文献资料以外运用收集到的口述访谈资料。出生于1916年的梁俨然先生，在本书所述的年代经历了他青少年时期的11—20岁，大多数时候是作为受众当中的一个，听过报纸报道的许多轰动性事件。到他接近20岁的那几年，他曾在广州的报馆做实习记者，对当时广州报馆的运作有亲身体验。笔者通过对他和其他老广州人的访谈，获知了许多报道者不愿记述、阅读者未能记述的有关社会新闻的事实与感受，以补文献资料之不足。

为从空间角度理解社会新闻的制作与传播，本书作者还实地探寻了当时广州报馆茶楼的空间位置。当时广州的报馆大多聚集于广州城西一条街道上，在这条街的附近有不少店铺、茶楼，读者从那些代销报纸的店铺那里购得报纸，或者从茶楼门前的摊档那里租得报纸，许多人聚集在茶楼里面阅读与谈论它们刊载的消息。对这个从报馆到店铺茶楼的空间布局的了解，使本书的社会新闻不仅被置于时间脉络里面，还被置于空间结构里面来加以阐释。

第三，本书将通过1927—1937年广州报纸社会新闻去折射当时的社会意识，也就是从微观透视宏观。从宏观层面讲，社会意识是存在的，它是一个社会中客观存在、普遍接受的主观意识。但是，通过何种途径去捕捉并精确描述那逝去时光里客观存在于主观世界的社会意识，是一个极大的难题。

在中国，自20世纪90年代中国近代社会文化史研究兴起①以来，已经有许多卓越的研究成果是通过研究各种各样的社会意识载体取得的，总体而言包括以下几类：（1）文字；（2）信仰、仪式与风俗习惯；（3）口述史料；（4）建筑与摆设；（5）图画、音乐、戏剧；（6）身体行为。由于历史文献是历史研究最传统的史料来源，从文字中追寻社会意识是较早的尝试，作为本书研究对象的社会新闻即是文字。

但社会新闻不是文字当中传统的个人文字，而是组织化制作的大众文字。在以往通过文字来追寻社会意识的众多研究成果中，大多是把个人文字当作书写者思想观念的载体来研究，而个人文字的个人专属性，使这类研究的对象大多局限于上层文化精英的个人思想观念，而非普通社会大众的一般意识。社会新闻作为报纸报道的一种，则是不同于个人文字的大众文字，它是组织化制作、印刷，旨在面向社会大众传播的文字，所以它在性质上不具有个人专属性，而具有社会普遍性，可以视为一种社会系统内部的一个建置，较个人文字的内容更能代表社会大众的一般意识。

社会新闻也不是大众文字当中旨在改变大众的文字，而是迎合大众的文字。在19世纪六七十年代以来中国一批又一批知识精英极力推介西方知识、思想、观念的历史情境中应运而生的中文报纸，在办报理念上长期传承着传播西学、改变中国的强烈愿望，这使许多报纸文字——言论、译介、报道站在中国社会之"外"的立场劝导中国社会进行改变。这类大众文字对于研究不同时期激进群体或政治当局的思想意识是有效的——事实上以往有许多报刊史研究是取径于此的，但对于研究普罗大众的社会意识，则不如社会新闻有效。在1927—1937年的广州，社会新闻是社会中传播最为广泛的大众文字，它的制作者是下层文人，一方面为了宣示自身文化人的地位，要观照上层政治精英、文化精英的意识和现行制度的既定规则；另一方面为了最大限度地吸引读者，要迎

---

① 左玉河：《30年来的中国近代思想文化史研究》，《安徽史学》2009年第1期。

合下层民众的口味。所以,它尽管不是当时全部社会意识的载体,但在上层精英与下层社会之间充当着桥梁和纽带作用,是在最广泛意义上承载当时社会意识的一种载体。

综上所述,本书把社会新闻视为最具广泛意义的社会意识载体,置于1927—1937年广州社会内在组成部分的位置上,从价值建构的角度剖析其所具有的力量。在这样一个社会整体之中,社会新闻是一个影响与被影响的社会存在,它既吸纳又呈现客观存在着的整体社会意识。

四 本书的结构与内容

本书导论论证研究社会新闻的必要性和可行性。在中国近现代新闻史研究的革新模式下,社会新闻研究是容易被忽视的,但在新兴的新闻社会史视角之下,社会新闻的研究价值值得重视。而社会新闻本身注重琐屑之事的风格,容易使研究重落描述性研究的窠臼。为免于此,本书主要把社会新闻视为一种独立形式的文本,置于规范的时间脉络和空间网络中,考察它对社会意识的重构作用,揭示这种从政治理想与文化理想的高度看起来"无意识"的社会新闻的真正力量。为此,本书首先在第一章阐明1927—1937年广州报纸社会新闻的兴衰历程、社会情境及其身份定位;接着,在第二章阐述新旧掺杂、标准不定的社会空间中,社会新闻主要表达了哪些凝聚社会焦虑情绪的议题,用哪些词语表达,其本质意义上的社会诉求是什么;在第三章阐述社会新闻如何在报道中表达"平等"这个新颁法律规范已在总体上认可的原则;在第四章阐述社会新闻如何在报道中表达"自由"这个被中国报业视为自身生存必备的原则。基于以上几方面的分析,结论将揭示社会新闻自身并不独立的地位,正是在这种不独立状态下,在新旧规范易位又不彻底的社会空间中,社会新闻以迎合而非引导的姿态,发挥着妥协、缓冲、融合社会上层精英与下层大众观念差异的意识重构作用,成为科举制度被废除以后中国社会上下层之间沟通与联结的重要机制之一。

具体来说,本书第一章的主旨是还原1927—1937年广州报纸社会新闻兴衰起落的历史过程、空间环境及其定位之争。从南京国民政府成立后国民党中央到广东地方各自强化统治权的政治背景出发，揭示这时期广州商办报纸为何把经营重心放在貌似无关政局的社会新闻，社会新闻又给商办报纸带来了怎样的经营业绩。接着在更广阔的历史视野中，观察社会新闻主要内容——婚姻家庭纠纷所依据的是非标准，在这个阶段刚刚发生正式规范与非正式规范易位的重大变化，以及这个变化背后文化人士、立法者、执政者之间的微妙态度与实际目的，揭示这对于社会新闻而言是一个没有固定标准可循但有广阔空间可为的社会情境。当然，社会新闻自身也饱受争议，本章展现了这种以营利为目的、旨在迎合社会大众趣味的新闻类别，虽然以"社会代言人"的身份自居，却不符合新闻论说者的期待，也不容于1936年两广政变后重掌广东大权的南京当局。广州报界发起一场抗争失败之后，社会新闻最终归于平淡。究其本质，围绕着无意干预政治的社会新闻，学界与报界展开了报纸是一门专业还是一门生意的争议，官方与报界展开了报纸是宣传者还是监督者的争议，报界、学界、政界之间的争议都是在"社会"名义下进行的，这是一场竞逐"社会"代言权的角力。

　　第二章的主旨是阐述新旧掺杂、标准不定的社会空间中，社会新闻用哪些词语表达作为其主体内容的婚姻家庭纠纷，聚焦哪些表达社会焦虑情绪的社会议题，其立场不一的各种表态背后隐藏着重建社会伦理秩序的根本社会诉求，揭示社会新闻在新旧规范之间展现的包容性与灵活性。

　　第三章阐述社会新闻如何在报道中表达"平等"这个新规范已在总体上认可的原则，涉及亲子平等、男女平等、女女平等三个方面，揭示社会新闻如此表达"平等"原则的根本出发点是对重建有序社会的渴求。

　　第四章阐述社会新闻如何在报道中表达"自由"这个中国报业视为自身生存必备的原则，主要分析社会新闻对婚姻自由的表达、对新闻自由的表达、对自由与"新式"学界关系的表达，揭示在社会尚未对婚恋"自由"的边界达成共识的社会环境中，在报道之外力争舆论自由权并在实际上争得了社会舆论自由权的社会新闻在报道之内并不褒扬婚恋自由，崇尚自由的新式知识界被社会新闻描绘成社会乱源。

基于以上几方面的分析，本书结论将揭示社会新闻基于自身并不独立的地位，在新旧规范易位又不彻底的社会空间中，以迎合而非引导社会大众的"和"的姿态，用"和"的方法融合新旧、包容中西、缓解冲突、沟通上下，用传统规范的求"和"理念重构源自中西的不同社会意识，在观念差异巨大的社会上层精英与下层大众之间发挥着妥协、缓冲、融合的意识重构作用，成为科举制度被废除后中国社会上下层之间沟通与联结的重要机制之一。这就是社会新闻既不倡导革新也不反对革新的"无意识"之力。

第一章 法律剧变下的"社会"代言人

在广州，1927—1937 年社会新闻在学界与业界、官方与报纸之间的争议之中，达到了极度繁盛状态。置身这些争议之中的社会新闻，或者用行动，或者用文字宣示自己理当存在的社会身份，与主张文化角色的新闻论说界、主张政治角色的执政当局有复杂多样的相互关系。

第一节 社会新闻带来的销量优势

社会新闻的兴盛与商业报纸关系密切。创办商业报纸，以南粤一地历史最为悠久。戈公振认为中国最早的"现代日报"——《中外新报》，① 即于 19 世纪 50 年代末创办于香港，② 重视商业信息和广告，纯粹以营利为目的。民国初年该报最为兴盛时，其投资者是由绅商组成的股东。不过，到了晚清时期，商业报纸这种营利传统，在中国激进的文化精英、政治精英倡导不同程度地西化革新的氛围下，开始逐渐转向以介绍西方知识和发表革新言论为主，其根本目的仍为营利，因为在晚清一些地方的特殊政治环境下，论政既不太冒险，又因吸引

---

① 戈公振：《中国报学史》，上海古籍出版社 2003 年版，第 84—85 页。
② 目前其初创时间与创办者尚无确论，创办时间有 1857 年、1858 年两种说法，创办人亦有伍廷芳、黄胜两种说法。邓毅、李祖勃：《岭南近代报刊史》，广东人民出版社 1998 年版，第 106—118 页。

读者而能赚钱。① 这种转向相当符合罗志田所称士以天下为己任的精神及其对国是的当下关怀，② 能体现办报者作为读书人的文化身份，经过梁启超等人的凝练形成包括报纸"监督政府""向导国民"的天职观，报纸论政遂被当成报纸主流，各种不同政治派别也纷纷独立出资或由个人捐资、商人出资开办政论报刊。此时无论是否商业报纸都倾向于既能体现读书人文化身份又能吸引读者的革新消息与言论，社会新闻依然存在，但有了新兴的"主流"并与之作对比，就成了"非主流"。

20世纪二三十年代多位报人根据亲身了解所做的著述表明，中国商业报纸开始转向致力于"非主流"的社会新闻，始于1911年辛亥革命爆发后几年内中国陷入朱宗震所谓既缺乏民主也缺乏权威的混乱政治局面。③ 在军阀割据与混战的状态下，执掌各地方的军阀朝夕易人，报纸论政无论持何立场，均易招来杀身之祸。所以，政治派别办报难以开展，而商业报纸却数量众多。商办报纸为求自保，第一种生存策略是见风使舵，攀附现时执掌本地方的军阀，如前述香港《中外新报》在1913年最兴盛时销数逾万，本是得益于其言论抨击当时广东都督龙济光，但1914年以后该报又接受龙济光津贴而成为拥护龙济光的报纸。④ 1920年桂系陆荣廷军队败走广州时，一度投向桂系的粤系军官魏邦平、李福林在广州河南宣布独立，前清翰林江孔殷创办的广州《广东日报》，就凭着江孔殷与李福林的私交，连续发表交战方的内情，几天内创造了销数过万的奇迹。⑤ 但因执掌各地方的军阀频繁更迭，商办报纸

---

① 比如甲午战争后在澳门诞生的著名的《知新报》，就是以澳门商人为主，依托当时澳门特殊政治格局造成的宽松环境，为商业利益而开办的传播西方知识、观念的报纸。详见胡雪莲《何廷光与〈知新报〉的诞生——兼及19世纪末澳门华商的交往》，《新闻与传播研究》2011年第2期。

② 罗志田：《权势转移：近代中国的思想与社会》（修订版），北京师范大学出版社2014年版，第122页。

③ 朱宗震：《真假共和》（下），山西出版集团2008年版，第306页。

④ 戈公振：《中国报学史》，上海古籍出版社2003年版，第84—85页。

⑤ 沈琼楼、陆邌翁：《从清末到抗战前的广州报业》，载广东省政协文史资料研究委员会编《广东文史资料》第18辑，1965年，第24—26页。

攀附军阀论政也冒极大风险，例如仅就1912—1927年的广州而言，1913年龙济光入据广州时"一天而封八家报馆"，并枪毙《震旦日报》主笔康仲荦；1915年上半年，《七十二行商报》因为发表黎元洪的电文而吃官司；《时敏报》则因曾经公开鼓吹帝制，在1916年袁世凯帝制失败后停刊。① 其余派系色彩浓厚的军政报纸，在民国成立至1927年政局频变、战事不断的广州，② 被查禁的更多。在此境况下，更为安全的生存策略就是第二种，即不干政、不论政，专载与政治无关的社会新闻。在广州，20世纪20年代曾为多家报纸撰述的沈琼楼回忆道："自癸丑二次革命失败，龙济光入粤，一天而封八家报馆以后，办报的趋向便由政治而转为商业化了……甚至有被讥为只有记载而没有言论的'名副其实的新闻纸'。"③ 1935年一篇批评广州报纸的文章也说道："至是（指民国成立后的时期）广州的新闻纸已到了最腾盛的时期，而质的空虚也是不可掩盖的事实。"④ 这种策略不仅限于广州，全国大抵如此，戈公振抱怨道：

> 民国初元，报纸之论调，虽以事杂言庞为病，然朝气甚盛，上足以监督政府，下足以指导人民。乃洪宪以后，钳口结舌，相率标榜不谈时政，惟以迎合社会心理为事。其故或以营业为宗旨，不欲开罪于人；或有党派与金钱之关系，不敢自作主张。⑤

---

① 沈琼楼、陆遯翁：《从清末到抗战前的广州报业》，载广东省政协文史资料研究委员会编《广东文史资料》第18辑，1965年，第1—4页。
② 民国元年至1927年广州经历的军事事件有：1913年粤军将领龙济光入据广州；1916年桂军将领陆荣廷驱逐龙济光占据广州；20世纪20年代孙中山倚借粤军将领陈炯明之军力驱逐旧桂系主政广州；1922年陈炯明炮轰孙中山总统府，孙中山离开广州；1923年陈炯明败走惠州，孙中山重返广州；1925年广州发生刘震寰、杨希闵叛乱，随即平息；1927年中国共产党发动广州起义，随即转战潮梅等地；1927年11月张发奎、黄琪翔率军回粤，随即失败。
③ 沈琼楼、陆遯翁：《从清末到抗战前的广州报业》，载广东省政协文史资料研究委员会编《广东文史资料》第18辑，1965年，第1页。
④ 该文所指"质的空虚"，是批评报纸不表达政治观点。何昶旭：《广州市新闻报纸的总检阅》，《报学季刊》第1卷第4期，申时电讯社1935年版，第75页。
⑤ 戈公振：《中国报学史》，中国新闻出版社1985年版，第284页。

民国初年以后商办报纸数量居多，却又纷纷转向经营社会新闻，这个状况令戈公振先生等推崇报纸天职说的新闻论说者始料未及。从戊戌至民初，中国政治派别办报风气极浓，常常挟私攻讦，缺乏超越政治派系的公正之心，使不少新闻论说者心怀不满，遂寄希望于商业办报来达致报纸的经济独立，再由报纸经济独立来支撑其公正立场。1927年蒋国珍出版的著作写道："我国报纸不能充分发达的原因，则因现在报纸尚未成营业化，加之机关报色彩太浓厚……欲知其个人或党派的意见，是极便利。……凡报纸如仍为政治上的机关报，而少营业上的倾向，则其报纸仍必在幼稚时代。"① 1928年初版的张静庐著作亦写道："从戊戌变政开始……以迄于辛亥革命前后……的办报者，真正是以新闻纸为营业的很少很少，他的用意也不过是在假此以宣传其一党一系的政见罢了。"② 但实际情况是，民初以后商业报纸确实多了，但它们转向经营社会新闻以牟利，不但不敢"监督政府"，也无心"向导国民"，令论说者失望至极。戈公振先生表达这种失望时写道："夫自常理言之，报馆经济不独立，则言论罕难公而无私。但近观此种商业化之报纸则不然，依违两可，毫无生气，其指导舆论之精神，殆浸失矣。"③ 总而言之，报纸从清末民初的私见立场，变为民初之后的没有立场，就是未能出现论说者心目中的"公器"气象，令他们深感沮丧。

1927年以后的十年间，中国的政治局面发生了变化，社会新闻更加繁盛。1927年南京国民政府成立后逐步强化国民党中央的威权，推行国民党"党化"政策，在全国建立以《中央日报》、各地《民国日报》为核心的党营报刊体系，力图统一政治口径。在此形势下，商人开办的报纸，不属政治当局的嫡系报刊。如果它们以论政为主，除了藏身于外国租界内的上海《申报》《大公报》等可以打打政治擦边

---

① 参见蒋国珍《中国新闻发达史》，世界书局1927年版，第61、62、71页。
② 张静庐：《中国的新闻记者与新闻纸》上编，现代书局1932年、1928年初版，第22—23页。
③ 戈公振：《中国报学史》，上海古籍出版社2003年版，第29—30页。

球之外,① 身处国统区内的多数地方的多数报纸只能在政治上跟从执政当局的意志。而作为跟从者,其政治权威性又不如党营报刊系统,和党营报刊相比不具竞争力。因此,这类报纸的经营者只能收起刊政、论政的雄心,比上一段时期更加专心地经营社会新闻了。商办报纸的这种处境,在南京政权并不能完全控制的一些地方,比如广东,也是一样。因为在当时的广东,地方军事势力相对于南京政权是处于半独立的分离状态,但在本地方内部却是处于军政权力走向集中的过程中,以陈济棠为首的军人在这个十年间日益严格地控制了广东军政大权,商办报纸同样没有论政空间,只能走专心经营社会新闻的路径。所以,这个十年社会新闻的繁盛不同于前一时期,民初以后十几年间社会新闻是在缺乏基本政治与社会秩序的环境下任意蔓生、毫无规范可言的,这个十年却是在政治与社会秩序强化的环境下疏离政治、迎合社会秩序的。

由于档案资料缺失,今天我们已经无法确知1927—1937年广州在不同年份有多少家报纸。根据报业人士何昶旭发表于1935年的文章记载,当年全市共有日报(早刊)22家,晚报3家,共25家之多,本书将何昶旭文中所述各报概况列于表1-1。

表1-1　　广州市的报纸及其概况(1935年3月5日)②

报纸名称	概况	社长	总编辑	日出纸额
广州民国日报	创办于1922年,隶属国民党广东省党部宣传部,社长多由省党部委员或政府要员兼任。	陈玉昆(一集团总司令部秘书长)	梁明志	八千强

---

① 这段时期租界内的商业报纸,虽然社址藏身租界,但因大量的读者并不限于租界内的华人,需向租界外的读者邮递、发行才能有足够大的销量,而租界外的邮递、发行受制于国民党执政当局,例如,《申报》就曾几次被蒋介石下令禁止在租界范围之外邮递发行。因此,租界内商业报纸论政空间虽大于国统区内报纸,但并不敢毫无忌惮地冒犯国民党当局,只能"小骂大帮忙"。

② 何昶旭:《广州市新闻报纸的总检阅》,《报学季刊》第1卷第4期,申时电讯社1935年版,第75—79页。

第一章 法律剧变下的"社会"代言人

续表

报纸名称	概况	社长	总编辑	日出纸额
民国日报快刊	创办于1934年10月,为《民国日报》增刊,"此报盖欲以迎合低级阅报分子故也"。	陈玉昆	梁明志	约二千
广州日报	创办于1930年,由广州市党部宣传部长浦良柱主办。其性质和《民国日报》没有多大差别。	由市党部派员管理		约三千
广州市民日报	为《市政日报》的变相出版号数,为广州市政府直接办理的报纸,其性质与前两报大同小异。	黄欣		二千余
宏道日报	为提倡读经以挽救世道的机关报,创自1933年。	詹慕禅		千余
国华报	为1922年间所创设,内容组织颇完备。与《越华报》同为粤中销数最巨者。	刘劫余	周琦	二万有奇
越华报	乃1926年间所设立。今春改用轮转印刷,其组织亦颇完备。	陈柱廷(亭)		二万强
公评报	此报组织足与民国日报相肩望,近且筹改卷筒机,报务殊有蒸蒸日上之势。	(馆长)钟超群	钟任德	八千以上
群声报	创自1935年1月10日,为香港《循环日报》股东筹资开办,其规模较各报为大。		温伯陶	五千余
现象报	此报在百粤报界中有一个泯灭不去的史绩,即该报总编辑郭唯灭遭军阀惨杀也。	(司理)陈柱廷	陈式锐	五千余
诚报	创自1933年,规模不甚完备。	(馆长)钟任德	刘衡仲	五千有奇
七十二行商报	为粤现存各报之报龄最高者。1906年由黄诏平、罗啸璈主办,黄逝世后由罗个人主持。罗子政以有历史及稳健见称于世,近年来颇锐意于刷新。	罗啸璈	罗子政	四千余
共和报	此报与《七十二行商报》《新国华报》同为硕果仅存的老报,亦素以稳健著称。《七十二行商报》盛行于市内,此报则畅销于各县。商办性质。		徐文甫	四千余
新国华报	约1921年创办。以刊行小说一栏见重于时,主其事者为卢博浪。年来营业一蹶不振。	(总经理)骆天一	骆侠挺	不过一千

续表

报纸名称	概况	社长	总编辑	日出纸额
环球报	设备不完备，规模较小，而销额亦很低，尤以民生、国民新闻、持平为甚。			
公道报				
持平日报				
民生报				
国民新闻报				
妇女日报	创办于1935年。粤之有妇女日报者，以此为嚆矢。	卢慕贞	杨孙茜	
司法日刊	纯属刊载司法界消息及判决案，不与社会直接发生关系。			范围很窄
财政日刊	不与社会直接发生关系。			范围很窄
大华晚报	创于1933年。	（主任）许可因	林真甫	一万四千
西南晚报	创自1935年，原名《西南民报》，为西南五省对外协会主办。	张蕴良	黄培才	千余
大陆早报晚刊	（现刚刚停版）			

根据何昶旭的介绍，表1-1所列25家报纸的性质，前5家为"宣传性质"，后面20家均为"营业性质"。① 从每日印行数量来看：官办报纸只有《广州民国日报》达到8000份，其余均为3000份以下；而商业报纸中超过8000份的有《越华报》《国华报》《大华晚报》《公评报》，超过4000份的还有《群声报》《现象报》《群报》《七十二行商报》《诚报》。在所有报纸中，日销数最多的《越华报》《国华报》，分别是官办报纸《广州民国日报》日销数的两倍多，两者相加则占全部日报总销数的近半数。尽管表1-1中的数字当非确数，但是各报发行数额的对比还是具有相当的参考价值。而且，表格所列《越华报》的日销数额，还远低于某些其他从业者的估计数字，比如沈琼楼等回忆《越华报》的日销量在1931年已经达到三万余份，1932年就达到五万

---

① 何昶旭：《广州市新闻报纸的总检阅》，《报学季刊》第1卷第4期，申时电讯社1935年版，第79—81页。

余份了，而且1932—1938年间从未跌落。① 无论具体数额如何，《越华报》作为当时广州销数最多的报纸，当无疑义。

社会新闻是《越华报》《国华报》等商办报纸赢得更多读者的制胜法宝。根据1937年广东绥靖公署一份要求整治广州报纸社会新闻的文件，这个阶段广州的"社会新闻"具体是指记载奸淫、逆伦、诱拐、离婚、迷信、烟赌、自杀、谋杀、盗匪等事件的新闻报道。② 早在1927年，《越华报》已把后来被称为社会新闻的消息集中放置在第6页，到1934年初正式采用"社会新闻"一词作为第6页新闻的栏目名称，1936年起又把"社会新闻"栏目移到第9页。《越华报》设置"社会新闻"专版之初，每日保证一个整版的篇幅，极少刊登广告，而且一改此前第6页琐闻简单、刻板的编排方式，代之以图文并茂的编排手法和精心制作的醒目大标题，使"社会新闻"成为《越华报》最引人注目的新闻品牌。《国华报》则在1932年起开设"社会一角"专栏，但始终不如稍后创办的《越华报》社会新闻丰富详确，所以该报销量略逊于《越华报》。由于商办报纸靠重视社会新闻获得了销量剧增的效果，最后连党营报纸也无法坐视，当时广东最大的党营报纸——国民党广东省党部机关报《广州民国日报》，亦于1934年10月开始单独出版其增刊《民国日报快刊》，侧重刊载社会新闻。③

为了在竞争中取胜，各报展开对社会新闻来源的争夺，力求新颖独到、丰富详确。民国前期，广州许多经营不善的报馆根本无力雇用专用的访员，本埠普通访员往往要兼任几家报馆才能挣得10—30元不等的月薪，④ 这样访员就会把同样消息提供给不同报纸，致使各报报道

---

① 沈琼楼、陆逊翁：《从清末到抗战前的广州报业》，载广东省政协文史资料研究委员会编《广东文史资料》第18辑，1965年，第17页。
② 广东绥靖公署：《修订检查及改善社会新闻办法》，广东省档案馆2/1/74-2，1937年，第233—237页。
③ 何昶旭：《广州市新闻报纸的总检阅》，《报学季刊》第1卷第4期，第75页。
④ 参见1930年黄天鹏对京津粤沪汉几大城市新闻记者待遇的概述。黄天鹏：《中国新闻事业》，上海联合书店1930年版，第97页。

雷同，无法在激烈竞争中取胜，报纸遂以争聘主笔并刊载其政论文章来争夺读者。到本书所论时期之前，政论文章的竞争空间已受压制，报纸间的竞争转移到新闻报道上面来。但是，没有专用访员就没有独家新闻，没有独家新闻就没有竞争力。为了在新的竞争局势中取胜，一些报纸较早雇用专门访员，例如，现存最早的1925年《国华报》、1927年《越华报》都刊载有"专访"所得的琐闻。到了本书所论时期，《越华报》《国华报》持续加强对社会新闻来源的竞争，其中又以《越华报》的社会新闻采集途径最具优势。从1929年起，《越华报》邀请手握社会新闻检查大权的广东省会公安局行政科长钟午云入股并担任董事长，凭着这个关系，《越华报》每天派三人分早午晚进入公安局采访社会新闻，消息最为快捷详确，①其他各报难以望其项背。正是凭借这一得天独厚的社会新闻来源，《越华报》赢得了长期高居榜首的经营业绩。

可以说，陈济棠治粤时期广州报业的竞争就是社会新闻的竞争，社会新闻的竞争态势又取决于各报在版面编排、新闻来源、取材角度等方面迎合受众的程度。商办报纸在社会新闻板块展开的激烈竞争，造成这一时期广州报纸社会新闻盛极一时的现象，同时也使商办报纸在经营获利方面彻底超过党营报纸，成为这个时期广州报业的主角。

第二节 社会新闻运行的相关社会规范

上文述及，1927—1937年广州报纸的社会新闻是在政治与社会秩序强化的环境下疏离政治、迎合社会的，则当时的规范体系是约束社会新闻运行的重要条件。这一时期的规范体系，相对于前前后后的其他时期而言，最重要的特点就是此前中国的正式规范在很大程度上变成了非

---

① 梁群球主编：《广州报业（1927—1990）》，中山大学出版社1992年版，第114—115页。

正式规范,而此前中国政治文化精英从西方引入、仅为极少数中国人践行的非正式规范,此时在很大程度上变成正式规范。二者共存于社会,形成正式规范、非正式规范互相作用的复杂体系。由于社会新闻是专门记载奸淫、逆伦、诱拐、离婚、迷信、烟赌、自杀、谋杀、盗匪等即时性事件的新闻报道,婚姻家庭纠纷是其中最核心的组成部分,也是最贴近社会大众日常生活的组成部分,所以有必要先就婚姻家庭事件的正式、非正式规范发生了哪些根本变化进行阐述。

一 南京时期:两套规范正式易位

1927—1937年广州社会正式规范与非正式规范地位互换的过程,可追溯到晚清政府于1902—1911年谕令沈家本等大臣主持修纂的一系列新式法律草案,史称"清末修律",中国法律史上的一次重大变革由此拉开帷幕。"清末修律"采纳的是来自日本等外国法律的,完全不同于以往中国法律的一套理念和框架。尽管当时制定的法律草案大多未能付诸实施,但它所采纳的立法理念和框架一直支配着此后不断的法律修纂活动,直至1927年成立的南京国民政府设立专门机构将这套法律全面修订并付诸实施。在这个持续超过25年的过程中,法律文本和立法理念的变革过程都不是一次性完成的,而是逐项逐步过渡,并且充满着争议和反复的。

首先,就法律文本的形式而言,清末修律之前的中国法律,包括同等约束力的"法"和"礼"。瞿同祖研究表明,中国在汉代以后清代以前,礼与法都是行为规范,同为社会约束,其分别不在形式上,也不在强制力大小。礼所容许的,认为对的,也就是法所容许的,认为合法的。礼所不容许的,禁为的,也就是法所禁为的,所制裁的。①到晚清时期,作为正式社会规范的文本,在"礼"的方面有《礼记》;②在

---

① 瞿同祖:《中国法律与中国社会》,中华书局1981年版,第303—327页。
② 《礼记》,辽宁教育出版社1997年版,该书以《十三经注疏》为底本,用上海商务印书馆《四部丛刊初编》所收宋刊本通校。

"法"的方面则有《大清律例》。① 也就是说，清末修律之前，"礼"和"法"同为中国社会的正式规范。

南京国民政府成立后于1929年颁行的《中华民国民法·总则》，正式采用西式法律概念，区分"法律"与"习惯"，确定"习惯"的效力次于"法律"。清末修律针对的主要对象是《大清律例》而非《礼记》，清宣统二年（1910）四月颁行的《钦定大清现行新律例》②（通常简称为"现行律"），是《大清律例》的最后修订版，被称为中国"最后而最进步之旧式法典"，③实施仅一年多清朝就灭亡了。民国成立后，该法的刑事部分即行废止；而民事部分则继续有效，直到1929年以后才被《中华民国民法》各编陆续取代。1929年的《中华民国民法·总则》规定："民事法律所未规定者依习惯，无习惯者依法理"；"民事所适用之习惯，以不背于公共秩序或善良风俗者为限"，④确立了法律、习惯、法理之间的效力等级。依此效力等级，过去由《礼记》规定的各种社会规范均可视为"习惯"，仅对民事法律未作规定的事项具有有限的法律效力。总体而言，到1929—1931年《中华民国民法》各编陆续生效时止，由传统礼法规定并为社会大众熟悉的大多数固有社会规范已经成为不具法律效力的非正式规范。

第二，就法律部门而言，清末以前中国法律没有民法、刑法的部门划分，是民刑一体的。清末以前中国礼法的分类方法，一方面由《礼记》正面规定上至君主，下至庶民在典礼、节庆与日常生活中的等级

---

① 张荣铮、刘勇强、金懋初点校：《大清律例》，天津古籍出版社1993年版。《大清律例》自雍正三年（1725）的《大清律集解》以后，律文便成为定本，但附例自乾隆十一年（1746）定为五年一小修、十年一大修后，各种版本的条例和条例数都各不相同。该书以道光六年（1826）的《大清律例》本为底本，以上海古籍出版社影印的文渊阁四库全书中的《大清律例》本，同治十一年湖北瀛局的《大清律例汇辑便览》本，道光十年京都宣武门外、桥西上斜街路南第七所官司房发卖的《大清律例重订统纂集成》本三种为校本。

② （清）沈家本等编订：《钦定大清现行新律例》，载《续修四库全书·史部·政书类》，上海古籍出版社2002年版。此版本是影印清宣统元年（1909）法律馆铅印本。

③ 谢振民编著，张知本校订：《中华民国立法史》（上册），中国政法大学出版社2000年版，第28页。

④ 郭卫、元觉辑：《六法全书》，法学编译社1932年版。

关系和行为规范，另一方面由《大清律例》等法典从负面评价的角度规定如何惩罚妨害这些等级关系与规范的行为，这些惩罚措施是按照吏、户、礼、兵、刑、工六个职能部门的框架分类罗列的。① 直到民国成立之初，立法者从清末法律当中区分出"刑事""民事"的内容来，用新《刑法》代替其中刑事部分，留下其中的民事部分继续有效。这种做法是用西式法律框架分析与取舍传统礼法内容的结果。

先看刑法的沿革。清末修律编纂的《大清新刑律》于1911年1月25日颁行，未几清王朝即告终结。民国成立之初，即将《大清新刑律》略作修改为《暂行新刑律》，于1912年3月10日公布施行（后文称为"暂行律"）。暂行律实施期间，不同时间名称各异的立法机构继续对刑法草案进行修订，于1915年完成《修正刑法草案》，1918年完成《刑法第二次修正案》，但直到南京国民政府司法部在前两次草案基础上修订完成《中华民国刑法》，才于1928年7月1日起正式施行（后文称为"1928年《刑法》"），取代施行了16年的暂行律。1935年7月1日起，南京国民政府将再次修订的《中华民国刑法》付诸实施（后文称为"1935年《刑法》"），取代实施了7年的1928年《刑法》。

再看民法的沿革。清末修律所编纂的《大清民律草案》五编，是中国第一次民律草案，未及颁行清朝就灭亡了；民国成立后，不同时期名称各异的立法机构继续编订《民律第二次草案》；南京国民政府成立之初，法制局又纂拟《亲属法草案》《继承法草案》，这是中国民法第三次草案，但这些草案长期未能付诸实施。自民国成立之初到南京国民政府成立之前，实际有效的民事法律如下。

第一，"清代现行律的民事有效部分"，是这段时期内生效的民法实体法。民国初立，参议院于1912年4月3日开会决议："嗣后凡关于民事案件，应仍照前清现行律中规定各条办理。"② 1914年，大理院上

---

① 参见张荣铮、刘勇强、金懋初点校《大清律例》，天津古籍出版社1993年版。
② 《法律馆、宪政编查会馆奏呈进现行刑律黄册定本请旨颁行折》，载台湾地区"司法行政部"编《中华民国民法制定史料汇编》上册，1976年，转引自张生《民国初期民法的近代化》，中国政法大学出版社2002年版，第37页。

字第304号判例再次确认:"民国民法法典尚未颁布,前清之现行律除制裁部分及与国体有抵触者外,当然继续有效。至前清现行律虽名为现行刑律,除刑事部分外,关于民商事之规定,仍属不少,自不能以名称为刑律之故,即误会其为已废。"①

第二,民国大理院的解释例、判决例是这段时期中国民法的另一主要渊源。大理院于1912年改制、1927年闭院,是民国前期的最高审判机构,兼行民事法律的创制职能。在大理院作出的共两千余件民事判决中,有1757则判决或者明确解释了某一现行法的内容,或对某一现行法进行扩张解释,或在现行法之外创制了新的民事法律规则。大理院民事审判庭将这些判决著为判例,不但对本案当事人有拘束力,而且对同类法律关系有普遍的规范效力。② 具体而言,大理院民事判决例的判案依据,既有现行律的条文,也有民法草案的条文,还有西方法律原则与中国固有民事习惯。③

第三,在国民党建立的广州国民政府所在地——广东,还有国民党《第二次全国代表大会妇女运动决定案》作为民法渊源。该决定案要求国民党应督促国民政府从速依据党纲,在法律方面实施以下各项:"一、制定男女平等的法律。二、规定女子有财产继承权。三、从严禁止买卖人口。四、根据结婚、离婚绝对自由的原则制定婚姻法。五、保护被压迫而逃婚的妇女。六、根据同工同酬、保护母性及童工的原则制定妇女劳动法。"④ 南京国民政府成立后,开始正式修订颁行新式民法,于1929年10月10日起实施《中华民国民法·总则》,1930年5月5日起实施《中华民国民法·债编》《中华民国民法·物权》,1931年5月5日起实施《中华民国民法·亲属》《中华民国民法·继承》。⑤ 至

---

① 郭卫编辑:《大理院判决例全书》,成文出版社1972年版。
② 张生:《民国初期民法的近代化》,中国政法大学出版社2002年版,第65页。
③ 郭卫编辑:《大理院判决例全书》《大理院解释例全文》,成文出版社1972年版。
④ 《第二次全国代表大会妇女运动决定案》,《妇女之声》第6期,1926年1月21日。载广东省档案馆、广东妇女运动历史史料编纂委员会编《广东妇女运动史料》,1983年,第107页。
⑤ 《中华民国法规大全》第1册,商务印书馆1936年版。

此，清代现行律的民事部分才被《中华民国民法》所取代。

表1-2　　　　1927—1937年中国的民、刑法律

时间＼法律	1912年3月10日起	1928年7月1日起			1935年7月1日起
刑法	暂行律	1928年《刑法》			1935年《刑法》
时间＼法律	1912年4月3日起	1929年10月10日起	1930年5月5日起	1931年5月5日起	
民法	1. 现行律民事有效部分 2. 大理院解释例、判决例 3. 国民党"二大"妇女运动决定案	中华民国民法			
		总则	物权编 债编	亲属编 继承编	

　　从上述法律沿革可以看出，在民国成立后的前十六年内，清朝礼法一直是中国社会这段支离破碎的历史中实际运行的正式规范，新式法律原则在很大程度上只是通过司法判例、政党决议等形式发挥有限作用，直到1927年南京政府成立以后才真正登堂入室成为正式规范。对于社会新闻的主体——婚姻家庭报道所涉及的婚姻家庭生活规范来说，南京政府时期的开始，尤其是个重要的转折点。民国成立后一直作为民事实体法存在的清朝"现行律民事有效部分"，具体内容大部分是规范婚姻家庭关系的。现行律中的"服制图""服制""婚姻""犯奸""名例"中的"称期亲祖父条"，"户役"中的"立嫡子违法条""收留迷失子女条""卑幼擅用私财条"，"斗殴"中的"妻妾殴夫条""殴父母祖父母条"，以及《户部则例》中"户口"之"民人继嗣"项，① 均属民国成立后继续沿用的规范婚姻家庭关系的法律，直到1929年《中华民国民法》各编陆续实施才被正式取代。

　　就广东地方而言，1927—1937年广东虽然半独立于南京政权，但这里适用的民、刑法律与南京政府统辖的其他地方并无分别。1931年4

---

① 谢振民编著，张知本校订：《中华民国立法史》（下册），中国政法大学出版社2000年版，第742—743页。

月,执掌广东军政大权的陈济棠公开宣布反蒋,接着联合广西李宗仁、白崇禧于1932年元旦宣布成立半独立于南京政权的西南政权,没有影响南京政府制定的民、刑法律在广东实施。1931年7月,陈济棠控制下的广东省政府,训令各机构适用南京国民政府于1931年5月28日以前颁行的法律。① 即使颁布于1931年5月28日之后的1935年《刑法》,实际上也未被广东排除在外。1935年3月18日广州的《国华报》报道了"国府颁布《中华民国刑法》,业经广东省政府明令转颁"的消息,并详细刊载了该刑法中妨害婚姻与家庭罪法。② 所以,就法统的角度来看,无须把这十年广州社会的正式规范与全国其他地方区别对待。

二 从家族到个人:正式规范的宗旨变化

上文谈到南京政府成立之初的几年内,清末修律开启的一次中国社会正式规范变换至此基本完成,那么这两套互换地位的规范究竟有什么根本的不同之处呢?

中国传统礼法的根本特征是家族主义,以家族为本位,家族是中国传统法律所着重维护的制度与秩序。这一点已是法律史学界普遍的共识,瞿同祖、③ 程树德、④ 丁元普、⑤ 陈顾远、⑥ 滋贺秀三⑦等著名中国法律史学者都在其著作中对这个特征进行过专门论述。

为了维护家族秩序,中国传统礼法建立了家庭内严格的身份等级

---

① 广东省政府:《令知国府成立前法令之有效范围》,《广东省政府公报》1931年第158期。
② 《妨害婚姻及家庭罪法》,《国华报》1935年3月18日,第2张第3页。
③ 参见《中国法律与中国社会》第一章"家族"、第二章"婚姻"。瞿同祖:《中国法律与中国社会》,中华书局1981年版。
④ 参见《中国法制史》第四篇第八章"旧律与家族制度"。程树德:《中国法制史》,华通书局1931年版,第186—189页。
⑤ 参见《中国法制史》第四章"家族社会制度"。丁元普:《中国法制史》,文堂新记书局1933年版。
⑥ 参见《中国法制史》第三章"中国法制与家族制度"。陈顾远:《中国法制史》,商务印书馆1934年版。
⑦ 《中国家族法原理》通过分析满铁调查资料,展示当时的家族生活规范。[日]滋贺秀三:《中国家族法原理》,法律出版社2003年版。

制，对每个个人在家庭生活中的地位以法律的形式确定下来。正如日本学者仁井田陞写道："在中国古代的法律里面，我们可以在本质上看到财产法和与之相应的身份法的影子。当然，后者是规范了身份性的结合关系的法律，它把统率、保护、服从、扶养、互助共存等关系以及共同意识等作为了核心问题。"仁井田陞还认为，中国传统法律详尽规定个人在家族中的身份等级地位，并把这种身份制度从"家"推演到"国"，"国"成为"家"的延伸。① 罗敦伟、易家钺在1920年的书中写道："中国人所谓父慈、子孝、兄友、弟悌、夫和妇顺，决不是用来巩固家庭的，不过被几个帝王野心家利用来做政治上的政策。所谓'家齐而后国治'，齐家不过是手段，治国则为目的。"② 从这个意义上说，美国学者布迪（Derk Bodde）和莫里斯（Clarence Morris）的观点是有道理的："任何严肃的对中国社会的研究都应当从家庭开始，或者以家庭终结。中国的家庭制度一直是社会稳定、历史延续和个人安全的根源。同时它也是导致紧张、挫折和痛苦的原因。"③

"服制图"是中国传统法律为维护家族秩序而绘制的家族身份等级图表。家庭成员之间的地位对比、亲疏之别，通过一个人去世时，另一人应当为之服丧的级别高低来体现，服制等级越高，服丧人相对于被服丧人的关系越亲、依附性越强。《大清律例》开篇即有服制图，包括丧服总图、本宗九族五服正服之图、妻为夫族服图、妾为家长族服图、出嫁女为本宗降服之图、外亲服图、妻亲服图、三父八母图。④ 从服制图可以看出，家庭关系的中轴线是男性子嗣的上承下续，以这条线为中心，每个家庭成员在服制图中都有自己的固定位置，该位置就确定了他在家庭中的地位。妇女则依附于不同的男性成员，他们是她的父亲或

---

① [日] 仁井田陞：《中国身分法史》，1942年初版，东京大学出版会1983年版，第1—2页。
② 罗敦伟、易家钺：《中国家庭问题》，水牛出版社1978年再版，第136页。
③ [美] D. 布迪、C. 莫里斯：《中华帝国的法律》，朱勇译，江苏人民出版社2003年版，第137页。
④ 张荣铮、刘勇强、金懋初点校：《大清律例》，天津古籍出版社1993年版，第74—79页。

丈夫。

服制图所规定的家庭身份等级，不仅关系到每个家庭成员在家族生活中的身份地位及其相应的权利义务，还在法律上导致亲属案件中定罪与量刑的变化。概括说来，中国传统礼法中体现服制图之身份等级的内容，包括以下几方面。

第一，确认家长对子女、男性对女性的财产支配权。

礼制要求包括子女、妻妾在内的卑幼不得拥有私财。《礼记》有云："父母存……不有私财""父母在……不敢私其财""子妇无私货，无私畜，无私器，不敢私假，不敢私与。"① 对此，《大清律例》规定的相应惩罚措施有："凡祖父母、父母在，子孙别立户籍、分异财产者，杖一百。须祖父母、父母亲告，乃坐"，"祖父母、父母在者，子孙不许分财异居"；"凡同居卑幼，不由尊长，私擅用本家财物者，十两笞二十，每十两加一等，罪止杖一百。"②

第二，确认父母对子女、男性对女性的人身支配权。

不仅家财绝对属于男性家长，就连子女、妻妾在实质上也是他的财产。父母（其中母权是完全从属于父权的）是子女的所有者，丈夫是妻妾的所有者，在父亲、丈夫面前，子女、妻妾完全没有独立人格。《礼记》有"父母存，不许友以死""父母在，不敢有其身"等语句，③即是说子女的人身是属于父母而非属于自己的，因而也无权处置自己的行动与生命。夫妻虽然在名义上是平等的，但在《礼记》"家无二主"④的最高原则之下，女子被排除于家长之外；在法律上，夫的地位如尊长，而妻的地位如卑幼。⑤

传统礼法允许父母任意扑责、伤害甚至杀死子女。《礼记》要求，典型的孝子应该是："父母怒，不说，而挞之流血，不敢疾怨，起敬

---

① 《礼记》，辽宁教育出版社 1997 年版，第 2、160、81 页。
② 张荣铮、刘勇强、金懋初点校：《大清律例》，天津古籍出版社 1993 年版，第 200 页。
③ 《礼记》，辽宁教育出版社 1997 年版，第 2、160 页。
④ 同上书，第 158 页。
⑤ 瞿同祖：《中国法律与中国社会》，中华书局 1981 年版，第 102—105 页。

起孝。"① 而《大清律例》规定只有祖父母、父母蓄意"谋杀"子女，才会以处刑较轻的故杀罪对其进行惩罚，而"故杀"子女却只需杖六十、徒一年；即使这么轻的刑罚，还必须以被杀子女"无违犯教令"为前提。

传统礼法虽然不赞成丈夫任意伤害、杀死妻妾，但必须伤害到"折伤以上"的程度才会受到轻微的惩罚。《大清律例》规定："其夫殴妻非折伤以上，勿论。至折伤以上，减凡人二等。须妻自告，乃坐。……至死者，绞监候。故杀，亦绞。殴伤妾至折伤以上，减殴伤妻二等。至死者，杖一百，徒三年。"② 如果妻、妾殴骂丈夫的父母、祖父母，丈夫将她擅杀，就只处杖刑一百，还须"祖父母、父母亲告乃坐"。③

允许以孝道为名买卖子女，则是子女作为父母财产的最好象征。明清法律几乎不容人身典卖，屡屡命令履行禁律，但为孝养不得不卖却子女者却不受法律约束，并在道德上不受批判。尤其是在清代，明文规定为孝养卖却子女者不为违法。④

允许在特定情况下买卖妻妾，则是妻妾作为丈夫财产的最好象征。《大清律例》禁止典雇妻女、买休卖休的行为。但这同它对奸非罪的严厉处罚一样，不是为了维护妻、妾的人格独立，而是为了维护男系家族的伦理秩序与血统纯正。⑤ 所以，一旦妻、妾实施了侵犯男系家族伦理秩序的行为，法律就允许其夫卖掉她，《大清律例》规定"奸妇从夫嫁卖"⑥ 即属此种情形。

---

① 《礼记》，辽宁教育出版社1997年版，第80页。
② 张荣铮、刘勇强、金懋初点校：《大清律例》，天津古籍出版社1993年版，第489页。
③ 同上书，第463页。
④ ［日］仁井田陞：《明清时代的卖人及人质文书的研究》，载《史学杂志》1935年，第46—4、46—5号。转引自［日］可儿弘明《"猪花"——被贩往海外的妇女》，孙国群、赵宗颇译，河南人民出版社1990年版，第246页。
⑤ 对于这点，民国时期法学家程树德曾说过："为维持家庭制度起见，故旧律重孝而惩奸。"程树德：《中国法制史》，华通书局1931年版，第186页。
⑥ 张荣铮、刘勇强、金懋初点校：《大清律例》，天津古籍出版社1993年版，第552页。

子女、妻妾作为父母、丈夫的私产，还表现在法律不允许他们擅自脱离家庭，即不允许他们脱离家长的控制。《大清律例》规定："若和同相诱（取在己）及两相情愿买良人……为妻、妾、子、孙者，杖九十，徒二年半，被诱之人减一等。仍改正给亲。"① "若夫无愿离之情，妻辄背夫在逃者，杖一百，从夫嫁卖。其妻因逃而辄自改嫁者，绞监候。其因夫弃妻逃亡，三年之内，不告官司而逃去者，杖八十。擅自改嫁者，杖一百。妾各减二等。"②

子女、妻妾的婚姻完全听命于家长意志。《礼记》认为："昏礼者，将合二姓之好，上以事宗庙，而下以继后世也。"③ 所以，传统礼法下的婚姻是两姓的结合而非两个人的结合，是以男性家系的上承下续为最终目标，个人意志是不予考虑的。《大清律例》规定："嫁娶皆由祖父母、父母主婚，祖父母、父母俱无者，从余亲主婚"，④ 即在任何情况下都不许由自己决定成婚。妻妾的去留也以家长意志为转移。《礼记》要求："子甚宜其妻，父母不说，出。子不宜其妻，父母曰：'是善事我'。子行夫妇之礼焉，没身不衰。"⑤ 此外，孀妇改嫁则听命于翁姑。《大清律例》规定："孀妇自愿改嫁，翁姑人等主婚受财"，⑥ 其主婚、收受聘财的权利从她父祖手中转移到她丈夫的父祖手中。

第三，确认侵犯亲权加重的处刑原则。

传统法律以不孝为重罪，对于以卑犯尊采取加重主义。例如，骂詈常人，最高只笞十而已；如骂詈祖父母、父母则处绞刑；殴伤祖父母、父母者，除元律以伤论死外，其他朝代一概不问有伤无伤或伤之轻重，皆斩；若因殴致父母死者，按元明清律处以凌迟极刑；因子孙威逼或不

---

① 张荣铮、刘勇强、金懋初点校：《大清律例》，天津古籍出版社1993年版，第415页。
② 同上书，第225页。
③ 《礼记》，辽宁教育出版社1997年版，第200页。
④ 张荣铮、刘勇强、金懋初点校：《大清律例》，天津古籍出版社1993年版，第218页。
⑤ 《礼记》，辽宁教育出版社1997年版，第80页。
⑥ 张荣铮、刘勇强、金懋初点校：《大清律例》，天津古籍出版社1993年版，第219页。

孝以致祖父母、父母死亡者，斩决。对于直系以外的亲属间的伤害罪的处分，也不同于常人。凡属五服亲或九族范围以内亲属，皆以伦常关系而重于常人。按服制，血缘关系愈亲者处刑愈重，愈疏者处刑越轻。①

由于妻妾相对于丈夫、妾相对于妻也居于卑幼的地位，所以妻妾犯夫、妾犯妻也采取加重主义。《大清律例》规定："妾骂夫者，杖八十。妾骂妻者，罪亦如之。……律无妻骂夫之条者，以闺门敌体之义恕之也。若犯拟不应笞罪可也。""凡妻殴夫者，但殴即坐，杖一百。……至折伤以上，各加凡斗伤三等；至笃疾者，绞决；死者，斩决；故杀者，凌迟处死。……若妾殴夫及正妻者，又各加妻殴夫罪一等。"②

第四，确认"为孝屈法""为亲屈法"的原则。

传统法律提倡"为孝而屈法""为亲而屈法"。例如，亲属犯罪应当互相容隐，不仅隐匿无罪，还可以事先通递消息使之逃亡；子孙犯罪，亲老无人侍奉者，可以存留一人养亲；③ 卑幼控告尊长、妻妾控告丈夫，即使控告属实，也会被处以干犯名义之罪。《大清律例》规定："凡子孙告祖父母、父母，妻、妾告夫及告夫之祖父母、父母者，虽得实亦杖一百，徒三年。"④

总之，中国传统礼法的宗旨是维护家庭等级秩序的稳定，并把家庭等级秩序的稳定当作皇朝等级秩序稳定的起点，在这个宗旨之下，没有独立个人的概念；而取舍清末修律以来历次法律草案而成的南京国民政府新颁民刑法律，是把引自西方的个人主义作为基本理念。⑤ 又因为改变家族秩序就是改变传统礼法的基石，南京政府新颁法律不同于传统礼法的最显著变化，是体现在重构家庭关系的《中华民国民法》总则、

---

① 张晋藩：《中国法律的传统与近代转型》，法律出版社1997年版，第125—126页。
② 张荣铮、刘勇强、金懋初点校：《大清律例》，天津古籍出版社1993年版，第504、488页。
③ 张晋藩：《中国法律的传统与近代转型》，法律出版社1997年版，第127—128页。
④ 张荣铮、刘勇强、金懋初点校：《大清律例》，天津古籍出版社1993年版，第522页。
⑤ 20世纪30年代一些著名的法学著作也有类似观点的表达。例如胡长清在《中国民法亲属论》一书中宣称，《中华民国民法》的立法精神已经舍弃家族主义而采用个人主义。参见胡长清《中国民法亲属论》，商务印书馆1936年版，第6—7页。

亲属、继承各编当中。具体来说,《中华民国民法》在家庭关系方面的个人主义原则体现在以下方面。

第一,承认私权的存在,把规范个人与个人之间平等关系的民法分离出来,明确标榜民法的个人主义原则。

南京政府首任立法院院长胡汉民,在《中华民国民法》颁布前后的演讲中,反复承诺新民法是实行个人主义原则的法律:"固然,民法是私法,其目的在确定人的生活轨范,其间自然脱不了个人的关系。在我们的民法中,个人主义的原则也是不能绝对的消灭和铲除的……所谓个人主义的原则有三:一是个人意思自由,一是个人的责任,一是个人财产的保障。……在不妨及整个社会的公益之下,个人行为、责任、财产,当然受法律的保护。"① 从个人主义出发,新民法是以个人为民事主体的法律:"民法为我个人日常生活之准绳,即规定个人身分财产权之法规也。"从个人平等权利出发,胡汉民声称新民法是实行男女平等、意思自由的: "本法基于男女平等之原则,认为女子有行为能力……以契约为共同生活之方法,其意思自由,有一定之范畴,故义务之履行,以公平善意为标准。"② 从陆续颁行的《中华民国民法》各编文本来看,它总体上确实是贯彻了上述承诺的。

第二,否认家庭成员之间的身份依附关系,确认个人人格独立、成员平等。

《中华民国民法》取消了规定家庭成员身份等级关系的服制图,重新设置家庭成员关系如下文:

> 第一一二二条 称家者,谓以永久共同之生活为目的而同居之亲属团体。第一一二三条 家置家长。同家之人除家长外均为家属。虽非亲属而以永久共同生活为目的同居一家者,视为家属。第一一

---

① 胡汉民:《新民法的新精神》,载《胡汉民先生文集》,中国国民党中央委员会、党史委员会编辑出版1977年版,第849页。
② 胡汉民:《三民主义之立法精义与立法方针》,载吴曼君选《胡汉民文集》,帕米尔书店1959年版,第112页。

二四条 家长由亲属团体中推定之；无推定时以家中之最尊辈者为之；尊辈同者以年长者为之；最尊或最长者不能或不愿管理家务时，由其指定家属一人代理之。第一一二五条 家务由家长管理，但家长得以家务之一部委托家属处理。第一一二六条 家长管理家务应注意于家属全体之利益。第一一二七条 家属已成年或虽未成年而已结婚者得请求由家分离。第一一二八条 家长对于已成年或虽未成年而已结婚之家属，得令其由家分离，但以有正当理由时为限。①

根据上述条文，家长不再是家庭财产和家庭成员人身的所有者，而是家庭事务的管理者；家长由家属推定产生，不再是尊辈的天然权利；除家长外，其余家庭成员同为家属，家属之间不再有人身依附关系；成年或已婚的家属可以根据自己的意愿脱离家庭。这些条文否定了传统礼法下卑亲属对尊亲属的身份依附关系，为家庭中个人人格的独立提供了合法依据。

第三，承认子女、妇女的人身自主、意思自由。

传统礼法规定子女、妇女终其一生没有人身、财产、婚姻的自主权利，《中华民国民法》则完全承认子女、妻妾享有各方面的自主权利。

在人身方面，《中华民国民法》赋予子女、妻妾享有自主权利。1929年10月10日起生效的《民法·总则》用以下条文规定个人拥有不得抛弃的自由权利、终其一生的权利能力，以及无论男女只要成年以后结婚就享有的完全行为能力：

第一条 人之权利能力始于出生终于死亡。

第七条 满二十岁为成年。

第八条 ……未成年人已结婚者有行为能力。

---

① 《中华民国民法·亲属》，载《中华民国法规大全》第一册，商务印书馆1936年版，第1115页。

第十一条 权利能力及行为能力不得抛弃。

第十二条 自由不得抛弃。

第十三条 人格权受侵害时，得请求法院除去其侵害。①

在财产方面，《中华民国民法》赋予家属各自拥有私产的权利。1931年5月5日生效的《民法·亲属编》规定，妻子对其特有财产和原有财产拥有所有权，未成年子女对其特有财产也拥有所有权：

第一零一二条 左列财产为特有财产：

一、专供夫或妻个人使有之物。

二、夫或妻职业上必需之物。

三、妻因劳力所得之报酬。

第一零一七条 联合财产中妻于结婚时所有之财产，及婚姻关系存续中因继承或其他无偿取得之财产，为妻之原有财产，保有其所有权。

第一零八七条 未成年子女因继承、赠与或其他无偿取得之财产为其特有财产。②

在婚姻方面，《中华民国民法》要求结婚、离婚均由婚姻双方个人意志决定，并禁止以婚约为据强迫他人成婚：

第九七二条 婚约由男女当事人自行订定。

第九七三条 男未满十七岁，女未满十六岁者不得订定婚约。

第九七四条 未成年之男女订定婚约，应得法定代理人之同意。

第九七五条 婚约不得请求强迫履行。

第一零四九条 夫妻两愿离婚者得自行离婚，但未成年人应得

---

① 郭卫、元觉辑：《六法全书》，法学编译社1932年版。

② 《中华民国法规大全》，商务印书馆1936年版，第80、83页。

法定代理人之同意。①

第四，承认男女权利平等。

在遗产继承方面，赋予男女平等的继承权。《中华民国民法》把传统礼法中围绕男系家族传宗接代目标而设置的继嗣制度剔除，取消嗣子的法律地位，赋予女儿和儿子平等的遗产继承权。1931年5月5日生效的《民法·继承编》把财产继承与宗祧继承互相剥离，只作财产继承方面的规定，允许女儿继承父产、妻子继承夫产：

第一一三八条 遗产继承人除配偶外，依左列顺序定之：
一、直系血亲卑亲属。
二、父母。……②

在婚姻关系方面，《中华民国民法》一方面扩张女权，包括使妻子享有同等的诉求离婚、拥有私产的权利、与丈夫互继遗产的权利；另一方面限制男权，比如1935年《刑法》增加了对男子在婚姻关系中的性忠诚义务，把以往只适用于妇女的通奸罪扩展到男子，取消夫妻间片面的贞操义务："第二三九条 有配偶而与人通奸者，处一年以下有期徒刑，其相奸者亦同。"③

在亲属关系方面，改变传统礼法以男性为中心决定亲疏，将亲属划分为宗亲、外亲、妻亲的方法，代之以血缘为中心决定亲疏，血缘越近者越亲，与性别无关。

不过应当充分注意的是，本书所谓正式规范从家族本位到个人本位的转变，只是为了理解的方便，说明所论述时代社会正式规范相对于上一段时期正式规范的变化趋向，并不意味着作者认为这个时期社会正式规范已经完全不顾固有家族秩序、彻底走向个人主义的另一极。事实

---

① 《中华民国法规大全》，商务印书馆1936年版，第78页。
② 同上书，第85页。
③ 同上书，第149页。

上，南京国民政府时期的新颁法律在个人主义原则下贯彻人格独立、意思自由、男女平等诸原则，均在理念原则方面的彻底性多于在具体规定中的彻底性。它们在许多方面不同程度地保留了原有家族主义理念下维护亲权和男权、限制子女和妇女权利的一面，比如对男子纳妾问题的回避。对此，后文将就具体问题另有详述。

第三节　家族主义：挥之不去的传统

在南京国民政府陆续颁行新规范的前前后后，围绕传统家族主义之去留展开的争议从来没有停止过。

一　清末政界人士之间的争议

这个主题的争议可以追溯到1911年《大清新刑律》颁行前后。清末修律所制定的主要法律当中，只有《大清新刑律》于1911年1月颁行，其他都没有来得及实行。《大清新刑律》规定卑幼伤害尊亲属致死致残都不再处以死刑，且取消了亲属相奸、妻妾殴夫、卑幼殴杀尊长等专条，受到张之洞、劳乃宣、刘廷琛等人的强烈反对，认为这是对"父子之伦""夫妇之伦""男女之别""尊卑长幼之序"的否定。[①] 针对张之洞等人的"反对论"，参与编订《大清新刑律》的日本法学家冈田朝太郎，专门写了《论〈大清新刑律〉重视礼教》一文，辩称《大清新刑律》并没有否定礼教的规定。[②] 另外，清末修律者还在1911年修订完竣的《大清民律草案》所附理由书中说："此次编纂亲属法，其根本主义应取家属主义（即家族主义，笔者）不取个人主义……但虽取家属主义，须宗自为宗、家自为家。"[③] 从这些辩护可以看出，清末

---

①　李贵连：《沈家本与中国法律现代化》，光明日报出版社1989年版，第154—155页。
②　[日]冈田朝太郎：《论〈大清新刑律〉重视礼教》，《法学会杂志》第1卷第1期、第3期，宣统三年（1912）五月、闰六月，载王健编《西法东渐——外国人与中国法的近代变革》，中国政法大学出版社2001年版。
③　（清）修订法律馆：《大清民律草案第四编亲属附理由书》，1911年，载余绍棠编《法律草案汇编》，成文出版社1973年版。

民初的立法者不敢直接否认作为传统礼法宗旨的家族主义,这场争议也局限在参与立法活动的政治、法律精英之间。

二　20世纪二三十年代文化人士的争议

20世纪20年代,在五四新文化运动提倡民主、科学的思想潮流中,家族制度作为中国传统礼法的核心机制,受到一些激进主义者的强烈批判,针对家族主义的取舍之争由此进入文化视野。从1920年易家钺出版的《家庭问题》演讲录①开始,到抗日战争正式开始前的1936年,专门研究与谈论家庭问题的专著就包括罗敦伟等出版于1921年的《中国家庭问题》,②潘光旦出版于1926年的《中国之家庭问题》③,麦惠庭出版于1929年的《中国家庭改造问题》④,中华基督教女青年会全国协会编辑部出版于1927年的《家庭问题讨论集》,⑤梁绍文出版于1931年的《家庭问题新论》⑥等;专门研究妇女问题的专著则有章锡琛翻译出版于1924年的《妇女问题十讲》⑦,陈东原出版于1926年的《中国妇女生活史》,⑧赵凤喈初版于1927年的《中国妇女在法律上之地位》,⑨刘王立明出版于1933年的《中国妇女运动》,⑩谈社英出版于1936年的《中国妇女运动通史》,⑪等等;还有全国各级各地报馆、团体开办的报纸杂志,如《妇女杂志》的家庭问题专号与婚姻专号,家庭研究社出版的《家庭研究》,⑫1935年2月广州推出的《妇女日

---

① 易家钺:《家庭问题》,商务印书馆1920年版。
② 罗敦伟、易家钺:《中国家庭问题》,水牛出版社1978年版。
③ 潘光旦:《中国之家庭问题》,新月书店1929年版。
④ 麦惠庭:《中国家庭改造问题》,商务印书馆1935年版。
⑤ 中华基督教女青年会全国协会编辑部编纂:《家庭问题讨论集》,中华基督教女青年会全国协会编辑部1927年版。
⑥ 梁绍文:《家庭问题新论》,各埠大书局1931年版。
⑦ [日]本间久雄:《妇女问题十讲》,章锡琛译,开明书局1924年版。
⑧ 陈东原:《中国妇女生活史》,商务印书馆1937年版。
⑨ 赵凤喈:《中国妇女在法律上之地位》,食货出版社1977年版。
⑩ 刘王立明:《中国妇女运动》,商务印书馆1934年版。
⑪ 谈社英:《中国妇女运动通史》,妇女共鸣社1936年版。
⑫ 麦惠庭:《中国家庭改造问题》,商务印书馆1935年版,第13页。

报》，亦被妇女问题研究者谈社英推为此类出版物中最为"内容充实，篇幅宏大者"。① 最后，还产生了大量针对家庭、婚姻、妇女问题的社会调查报告。②

大多数论著作者从"个人"出发，对传统家族主义持强烈批判态度。其中最具代表性的比如麦惠庭，他在1935年出版的著作中，主要从个人幸福的角度出发，力陈中国传统大家族的六大弊端，基本上包含了南京政府成立后新颁法律在原则上确认的种种考虑：

> 甲：大家庭同居的弊害——大家庭是两代以上直系和横系家属同居的。从大家庭同居所生出来的弊端，至少也有下列几种：（1）增加家人无谓的冲突——在大家庭中，兄弟间、姊妹间、妯娌间、姑嫂间、姑媳间、伯叔间，因人多意见分歧，常有发生口角或其他的冲突，而失却了家庭中的和睦。（2）使家庭经济发生危险——因大家庭大多数的分子，都靠着家长一人去生产。于是食者多而生利者少，容易发生家庭经济的恐慌，或使全家破产、沦为乞丐，盗贼不等，这是最可惊异的事情。（3）不宜于教育——大家庭常有祖父母，有时过于溺爱子孙，有时命令不行，使儿童教育失当。（4）不宜于卫生——⋯⋯如空气污浊，疾病传染等是。（5）因为大家庭同居，男子一旦有事出门，不能携妻同行，以致内怨外旷，而发生许多不道德的行为。
>
> 乙：遗产的弊害——大家庭是共产的，家长死后遗产由子孙继承，如果没有子孙也要另立嗣子来继承这桩遗产。结果生出许多弊端：（1）养成家人的倚赖性——因为人人希望着享受这桩遗产，就不去工作，变成了家庭的寄生虫。（2）摧残个人的创造力——有许多人因为享有大桩遗产，就不去做生产事业，日中只游手好

---

① 谈社英：《中国妇女运动通史》，妇女共鸣社1936年版，第250页。
② 仅2005年汇编出版的《民国时期社会调查丛编·婚姻家庭卷》就收录有20世纪二三十年代关于婚姻、家庭问题的社会调查报告15篇。李文海主编，夏明芳、黄兴涛副主编：《民国时期社会调查丛编·婚姻家庭卷》，福建教育出版社2005年版。

闲，变成惰性，把本来天赋的创造力摧残去。……（3）启家人纷争——因争分遗产，以至于常常伤害了骨肉间的感情，甚至纷争不了，以致诉讼打起官司来，更有互相残杀的种种惨案。

丙：婚姻专制的弊害——在大家庭之下，子女的婚姻由父母操纵大权，当事人不得过问，因此发生许多弊害：（1）侵夺个人自由——婚姻为个人的终身大事，本人应有自主的权，而我国家庭竟以此权完全置于父母之手，父母未得子女同意，胡乱结缔婚约，这种举动实已侵夺了个人的人权的自由，蔑视个人的人格，这是在民主政治之下不许可的事情。（2）造成不适意的婚姻——专制婚姻就是由父母强迫而成的；所以对于本人的意见未必适合，因此造成许多怨偶。……（3）有志相爱的男女不得结合——……

丁：崇拜祖先的弊害——从崇拜祖先，生出许多毛病来：（1）家人因留恋于祖先坟墓，而消失了一种漂流海外的冒险性。（2）养成家族的观念、守旧思想、习惯、制度，使个人不得自由发展。（3）养成迷信的观念，阻碍科学思想的发达。

戊：立长和重后的弊害——分别起来约有下列几种：（1）立长的恶习，增加家人的纷争，如家产的纷争。同时使家人有阶级的分别，所以感情不能团结。（2）重后的恶果约有几种，如蓄妾、养螟蛉子、养媳的种种恶现象和实行多生主义，使人口过剩，消费愈大则生计愈难。

己：重男轻女的流弊——大家庭常以男性做中心，家庭吉一切大权都置于男子的手里，结果使男权过大，而女权消失。①

文化界在大力批判传统家族主义弊端的同时，也提出了取而代之的各种新式家庭设想，大体可分为三种。第一种是彻底否定任何形式的家庭，主张完全取消家庭与婚姻。鼓吹这一观点的代表著作是北京大学学者罗敦伟、易家钺，他们的演讲录激烈批评传统大家族的"家长问题"

---

① 麦惠庭：《中国家庭改造问题》，商务印书馆1935年版，第59—62页。

"婚姻问题""离婚问题""孝顺问题""蓄妾问题""贞操问题""再醮问题""居丧问题""祖先崇拜""儿童问题"与"遗产问题",提出要"打破男性中心观念";"打破婚姻制度","只承认男女结合是'恋爱的最高的典型'……一夫多妻、一妻多夫,固然是我们所反对的,而一夫一妻制也是我们所反对的";"反对家族制度","欧洲人士及中国新人物之所讴歌的小家庭制度,也同大家庭不过五十步与百步之差,一样不合理,一样要诅咒,一样的要打破他、推翻他,每人都做社会中的一员"。① 第二种是全面否定大家族,主张实施欧美的小家庭。鼓吹这一观点有前述麦惠庭,他设计的小家庭,是指"一夫一妻""只有夫妇和未婚或未成人的子女同居的""自由婚姻……小家庭的结合是根据两性互相的感情和经济能力的""个人储蓄""男女平等"② 五项特征。同时,麦氏也同意家庭终将发展成罗、易二人主张的个人结合时代:"现在是小家庭时代,将来也有一天进步到所谓个人结合时代。"③ 第三种是认为家族制度下之大家庭理想有值得保留的优点,主张实施既不同于原有大家庭、也不同于欧美小家庭的"折中家庭"。鼓吹这一观点有潘光旦,他不同意社会的单位是个人,认为社会的单位是家庭,④ 家庭有"为个人求发展,为社会谋秩序,为种族图久长保大"三大功用,对当时中国来说最后一种功用特别重要,因为家庭有利于子女之养护,使种族之幼体有优异的品性,进而促进种族之演进,总之是为中华民族择种留良的场所。⑤ 基于此,潘光旦提倡的"折中制家庭",就是"有大家庭之根干,而无其枝叶也",具体而言,即父母、夫妇、未成年或未婚子女三代同居,而无妯娌、兄弟、叔侄关系的家庭。⑥

上述三种新式家庭设想,在文化界本身很难说哪种支持者多、哪种支持者少。比如"吾人亦知结婚实为家庭成立之初步,而家庭之本身

---

① 罗敦伟、易家钺:《中国家庭问题》,水牛出版社1978年版,第143—144页。
② 麦惠庭:《中国家庭改造问题》,商务印书馆1935年版,第68—70页。
③ 同上书,第51页。
④ 潘光旦:《中国之家庭问题》,新月书店1929年版,"序"第2页。
⑤ 同上书,第110—112页。
⑥ 同上书,第116页。

价值又实为社会组合与演进之柱石"①"关于家庭者,认为家庭有相当之价值,但不无应纠正之处,而对于大家庭制,多有折中之意"② 等看法可以算是第三种设想的支持者;1930年4月18日,南京国民政府立法院专门就民法上的姓、婚姻、家庭等问题向全国教育会议代表征求意见时,以蔡元培、李石曾、蒋梦麟等为代表的教育家认为,有关姓、婚姻、家庭的存废,"在理论上多以为这些都可不要",③ 可以算是第一种设想的支持者。

文化界人士纵论传统家族主义之弊和新式家庭之主张,貌似家庭琐屑之事,与政治无关,实则与当时几种政治社会思潮——个人(社会)主义、民族(国家)主义密切相关。那些认为应当废除传统大家族制度,让个人直接作为社会组成单位的主张,可被归入个人主义或者当时常常被拿来跟个人主义相提并论的社会主义思潮。前述三种主张的代表人物中,主张彻底废除婚姻家庭制度的罗、易二人和主张实行欧美小家庭制的麦惠庭,均是从他们自认为个人主义与社会主义的角度出发,论证任何形式的家庭都将消亡:认为家族主义应废,个人主义当兴:

> 现在一般青年,知道中国的家庭也发生问题了!这是什么动机呢?一由于社会思想的发展,是从家庭到国家、到世界的大团结。一由于个人主义的勃兴,就是知道尊重个人的自由和人格。这两种思想,促成中国的家族改造,我们拭干净眼睛看看罢!④

> 个人主义和社会主义的思想,可直接破坏家庭制度,因为社会主义之发达,能把家庭组织的范围、功用都减轻,这时的家庭可说

---

① 甘南引:《中国青年婚姻问题调查》,中国社会学会《社会学杂志》第2卷第2、3期,1924年。载李文海主编,夏明芳、黄兴涛副主编《民国时期社会调查丛编·婚姻家庭卷》,福建教育出版社2005年版,第98页。

② 梁议生:《燕京大学60女生之婚姻调查》,北平燕京大学社会学会《社会问题》第1卷第2、3期,1930年。载李文海主编,夏明芳、黄兴涛副主编《民国时期社会调查丛编·婚姻家庭卷》,福建教育出版社2005年版,第68页。

③ 胡汉民:《民法上姓、婚姻、家庭三问题之讨论》,1930年。载中国国民党中央委员会、党史委员会编《胡汉民先生文集》,1977年,第870—871页。

④ 罗敦伟、易家钺:《中国家庭问题》,水牛出版社1978年版,第3页。

是"社会化"的家庭。所以家庭的制度，日后大概要消灭。①

在他们看来，个人主义、社会主义主张个人直接属于社会，就无须家庭这个中间单位，所以家庭解体是个人主义、社会主义兴起的必然结果，更不用说传统的大家族了。

那些认为应当部分保留大家族制度，仍让家族作为社会组成单位，使之服务于民族国家实现社会控制之需求的主张，可被归入民族主义和当时常被拿来跟民族主义相提并论的国家主义思潮。前述三种主张的代表人物中，主张"折中制"家庭的潘光旦属于这类。他批判个人主义与社会主义使得作为社会组织单位的家庭制度"无幸免之理"：

> 国人对于家庭问题，三四年前已有热烈与详细之讨论……有认社会组织之单位与社会生活之重心为社会全般者矣，或为独立之个人者矣；有认家庭改革之唯一目的为个人之自由与妇女之解放者矣；有认旧家庭制已绝对腐化，亟宜完全改弦更张者矣；有认任何家庭形式为迂腐，从而加以讪笑怒骂者矣……时人服膺西方之小家庭制度，除盲从外，大都惑于个人主义或社会主义之说。个人主义与社会主义之理论初若甚相径庭，然其不利于家庭之存在则一。近人易家钺君主张以社会主义替代家族主义，而其过程则为个人主义之发展；以个人主义为内应，以社会主义为外合，而家庭制度无幸免之理矣。②

他反对出于"个人之要求"的"浪漫生活"，因为这种态度会导致"男女滥情""婚姻儿戏"：

> 所可批评者，即浪漫生活一端，似太受重视。浪漫生活为个人

---

① 麦惠庭：《中国家庭改造问题》，商务印书馆1935年版，第87页。
② 潘光旦：《中国之家庭问题》，新月书店1929年版，"序"第1、6页，正文第119—120页。

第一章 法律剧变下的"社会"代言人

之要求，以彼为前提者必坚信个人主义之哲学。……以浪漫生活为重之社会，婚姻之成就难而解散易；然婚姻之形式虽衰，而男女滥情之结合日滋月盛，浸淫至以婚姻为儿戏，视家庭责任为畏途，此目下美国城市社会生活中甚普遍之现象也。①

他反对"着眼在个人"的恋爱，提倡以"种族之繁荣为中心"的性道德：

近年来国人对于性道德之讨论，不可谓不详审矣……章锡琛周建人诸君着眼在个人，故开口自由，闭口恋爱……换言之，凡属对己可以自由、对人可以不侵及人格、对社会可以不妨害治安，而人我之间能在真正的恋爱之行为，则无论一夫一妻、一夫多妻、或一妻多夫，皆不发生道德问题。此是一说……失之偏激……旧性道德以社会秩序为中心，近年来之趋势以个人幸福为中心，今而后则当以种族之繁荣为中心，此应为有志于民族之长久治安者所许可。②

他反对把梁启超称为"欧美政治思想之唯一原素"的权利义务观念应用于中国家庭，因为这种观念导致"阶级斗争等种种活动"，当然不适用于"最简单最密切者如父子夫妇相互关系"：

西人社会伦理之基本观念曰责任，故其视权利也亦重。权利义务之说，如适用之于一般社群生活，尚无大害；如行之于家庭分子之间，则颇有难堪者。……梁任公先生尝曰：权利观念，可谓为欧美政治思想之唯一原素。彼者所谓人权……所谓阶级斗争等种种活动，无一不导源于此，乃至社会组织中最简单最密切者如父子夫妇相互关系，皆以此观念行之。此种观念，入到我侪中国人脑中，直

---

① 潘光旦：《中国之家庭问题》，新月书店1929年版，第134页。
② 同上书，第208—211页。

是无从了解……①

潘光旦不是从传统家族主义出发为家族辩护,而是从近代以来西方列强用武力使中国人意识到的民族主义、国家主义出发为家族辩护。他的逻辑顺序是这样的:种族必须繁荣——家庭作为社会组织单位能使种族繁荣——必须保留家庭制度以确保家庭存在——反对不利于家庭稳定的行为——反对着眼于个人幸福的恋爱观、浪漫生活观、权利义务观。

综上可见,文化界围绕家族主义展开的家族存废与新式家庭设想之争,其实是以家庭问题为依托展开的个人(社会)主义与民族(国家)主义之争。前者从反家长专制的角度,着眼于把个人从家族秩序中解放出来,直接属于社会;后者从反自由散漫的角度,着眼于继续发挥家族维护秩序的功能,先让个人属于家族,再由家族效力于国家。在这场论争中,以家族存废问题为中介,个人(社会)主义与民族(国家)主义这两种引自海外的思潮进行着针锋相对的斗争,前者主张彻底废弃家族主义,让个人不受任何外在控制;后者主张用民族(国家)主义来改造家族主义,使之转变为国家政权实现社会控制的手段。在原则上共同批判传统家庭主义的前提下,文化精英内部的这场激烈争议,属于现代国家理论框架下国家与社会之间的控制与反控制之争,谁也不能代表实际生活在传统家族主义规范下的社会大众。他们对家庭问题的清谈,如非经过国家政权的采纳、确认,对社会大众来说就只是激进人士的奇思异想。南京国民政府成立后,这些奇思异想最终成为对大众日常生活具有广泛影响力的正式规范,是经过国家政权的取舍与确认的。

三　南京政权的考量与取舍

到了1927—1937年,在文化人士持续热论家族主义还是个人主义的氛围之下,南京政权从中央到地方在立法与执政过程中,也对这个主题进行了考量与取舍,使个人主义成为新政权的承诺、新颁法律的原

---

① 潘光旦:《中国之家庭问题》,新月书店1929年版,第118—121页。

则，家族主义却在许多具体问题上得以保留，或者未予明确废止。

南京国民政府成立于五四新文化运动激烈反专制、反传统的文化洗礼之后，一方面固然不能逆时势而动，在成立之初的立法活动中就公开宣称要保留家族主义；另一方面在强化中央集权、推行"党化政策"的路途中，需要限制个人（社会）主义。为此，南京政府立法院宣称新政权立法的最根本原则，既不是完全家族主义的，也不是完全个人主义的，而是"要开创一个立法的新趋势"，那就是所谓"三民主义的立法"。这个三民主义的立法既不立足于家族，也不立足于个人，而是立足于社会："中国向来的立法是家族的，欧美向来的立法是个人的，而我们现在三民主义的立法乃是社会的。……既然是社会的，换言之，既以社会的共同福利，或民族的共同福利为法律的目标。"① 立足社会的三民主义立法基调，使新政权获得了广阔的取舍空间。无论是属于固有家族主义规范体系还是外来个人主义规范体系的具体内容，均可借"共同福利"之名加以限制或者采纳。

出于维护政治统治秩序的需要，南京政府立法者对于个人自由的基本态度是予以限制。一方面，以孙中山"团体自由"的概念替代个人自由，要求个人自由服从团体自由。胡汉民演讲道："总理（指孙中山，笔者）说过：'把几千年以来的政治拿来看看，就晓得政治里头有两个力量：一个是自由的力量，一个是维持秩序的力量。'……政治里头的自由力太过，便成无政府；束缚力太过，便成专制；也总要两力平衡，才能够保持稳定发展的状态。……所以总理又说：'个人无自由，唯团体才有自由。'个人要把他的自由纳在团体之中，而求团体之自由，斯为保持自由的力量与维持秩序的力量于平衡发展的最适当的途径。推而言之，个人的聪明才力，亦须纳于团体之中，而求公共的福利，才能使个人与团体互相生存的意义发扬。"② 另一方面，引入美国社会法学派的观点作为支撑，宣布法律不应单为个人利益而制定，更应

---

① 胡汉民：《三民主义之立法精义与立法方针》，1928年，载吴曼君选《胡汉民选集》，帕米尔书店1959年版，第93、95页。
② 同上书，第93—94页。

关注社会共同利益。20世纪20年代末30年代初，正是以美国哈佛大学教授庞德（R. Pound）为代表的社会法学流派日趋盛行并且开始被介绍到中国的年代。简单来说，西方社会法学派是在对19世纪法律的极端个人主义导致资本主义社会不公平进行反思的基础上，主张法律不应只维护个人利益，而应维护社会共同利益。社会法学派并不主张废除个人主义，而是主张从社会共同利益出发对个人主义进行限制。所以，从本质而言，社会法学派的主张只是对极端个人主义的修正。20世纪30年代初，中国许多介绍社会法学说的著述，[①] 均称这一趋势为"个人本位"到"社会本位"，或者是"法律社会化"。尽管中国并未经历过个人主义泛滥的教训，但新成立的南京国民政府非常乐意援引社会法学说作为限制个人自由的法理依据，甚至于1946年聘请庞德本人担任国民政府司法行政部的顾问。[②]

到1944年，一本由国民政府教育部部定的大学教科书仍然保持这个限制个人主义以增进社会公共福利论调。该书写道："近代民法之编纂，既造端于十八世纪。时值个人主义思想风靡一时，故民法之基调，自不外为个人主义的法律理想，'个人人格之绝对的尊重'，遂为近世民法之最高指导原理。……然时至今日，资本主义的经济组织，既达烂熟之期，其弊害显著，日甚一日，亟待救济。于是近世之根本理论遂不得不从事修正，以适应社会之需要。……我国系以三民主义为建国之根本原则，民生主义又以'平均地权'、'节制资本'为目的，则我国民法之精神，在限制个人主义的思想，增进社会公共之福利，固不待

---

① 例如，郑保华：《法律社会化论》，《法学季刊》第4卷第7期，1930年；维华：《法理学与近代法律变迁之趋向》，《南大周刊》第110期，1931年；梅汝璈：《现代法学之趋势》，《法律评论》第435、436期，1932年；陈任生：《从个人法到社会法——法律哲学的新动向》，《东方杂志》第30卷第5号，1933年；燕树棠：《自由与法律》，《清华学报》第9卷第2期，1934年；陈进文：《法律的新生命》，《法轨期刊》第2卷第1期，1935年；萧承邦：《社会法律学派之形成及其发展》，《法轨期刊》第2卷第1期，1934年，均载在何勤华、李秀清编《民国法学论文精萃》第1卷，法律出版社2003年版。

② 《司法行政部顾问庞德博士抵来 谢部长昨晚欢宴》，《中央日报》1946年7月3日，第2版。

言。"① 可见，限制个人主义是南京国民政府一贯保持的基调。

同样是出于维护统治秩序的需要，南京政府立法者对于传统家族主义的态度是予以部分保留。前文已经述及，1930 年 4 月 18 日立法院组织的讨论当中，蔡元培、李石曾、蒋梦麟等教育会议代表主张不要保留姓、婚姻、家庭，但《中华民国民法》最终保留了有关姓、婚姻、家庭的规定，就此立法院院长胡汉民作了几次演说来加以解释。他在一篇演讲中说，立法对现存社会制度的取舍取决于这个制度是否符合社会需要："因为法律对于社会上各种制度的取舍，从来只注重一个需要，社会需要的便保障，不需要的便取缔；将来不要而目前仍要的，便不能立刻取缔，只好慢慢地促进它。"② 至于当时社会为什么仍需"正常"的家族制度，他在另一篇长达 7000 字的演讲中说，在《民法·亲属》与《民法·继承》两编中保留家族制度内容，目的是要"利用家族扩充至国族"，这和文化人士潘光旦的观点完全相同。

胡汉民解释说，中国原有家族的问题不在于家族主义本身，而在于家族主义的"畸形发展"。他说，"由家庭氏族之扩大为国家，这是各国共有的通例；由宗法之扩大成为政法，却是我国特有的现象"，后者即为中国家族的"畸形发展"。这种畸形发展导致了几项流弊，除"男女不平等"外，还有"家庭的专制""亲属的依赖""家庭的利己心"。他还批判那种迷信家族并为之牺牲个性的观点："如张公艺的九世同居，千古传为美谈。然而维系他们能九世同居，乃至成为美谈的，原来是百多个'忍'字。我们试想，这百多个'忍'字当中，到底包含了多少酸辛，多少惨痛呢！"③ 新民法就是要革去中国原有家族的上述流弊，而保留其有利的方面。

什么是要保留的有利方面呢？胡汉民解释说，那就是能把家族主义

---

① 李宜琛著，胡骏勘校：《民法总则》，中国方正出版社 2004 年版，第 25—28 页。
② 胡汉民：《民法上姓、婚姻、家庭三问题之讨论》，1930 年，载中国国民党中央委员会、党史委员会编《胡汉民先生文集》，1977 年，第 871 页。
③ 胡汉民：《民法亲属继承两编中家族制度规定之意义》，1930 年，载中国国民党中央委员会、党史委员会编《胡汉民先生文集》，1977 年，第 880—881、885 页。

扩充到国族主义的方面。这位国民党粤籍元老搬出已故孙中山先生的话来论证这条路径的可行性："总理……说……'譬如中国人在路上遇见了，交谈之后，请问贵姓大名，只要彼此知道是同宗，便是非常亲热，便认为同姓的伯叔兄弟。由这种好观念推广出来，便可由宗族主义扩充到国族主义。'"① 他最后的结论说："广东童话说'叔打我爷，帮我爷；人打我叔，帮我叔'，以由近及远的态度，作同仇敌忾的行动，这是民族主义的真精神。大家要认识：真实的良好的家族主义，是民族主义的缩影，所包含的是含于互助原则的、济弱扶贫的王道精神。中华民族，因将藉此精神以存续其悠远的生命，世界各族也必须靠此，才能巩固其生存的基础。"②

胡汉民的演讲，甚至还很清楚地说出了南京政权在新颁民法中保留家族主义内容的目的，就是针对它当时在国内最大的敌人——共产党。他说："共产党淆乱中国，第一个策略，便在破坏中国的家族组织，摧毁我们固有的亲亲之谊。"③ 这句话透露南京政权力图通过家族主义来达到的"国族主义"，其实是服务于国民党一党专政的"国族主义"。

正是基于上述限制个人主义、保留家族主义的暧昧态度，作为本书论述时期婚姻家庭正式规范的南京政权新颁法律，在个人主义的总体原则之下，保留了不少体现传统家族主义的具体规定，比如，对诱罪和奸非罪等旨在维护贞操的罪名（详见第二章的相关论述）、对加害直系尊亲属的加重刑罚（详见第三章的相关论述）和对明确禁止纳妾的回避（详见第二章的相关论述），等等。

四 广东地方当局对新颁法律的态度

前文已述，在正式规范制定之时，南京政权本身已是在个人主义的总体原则下保持着对家族主义的暧昧态度，那么这套规范到了地方政治

---

① 胡汉民：《民法亲属继承两编中家族制度规定之意义》，1930年，载中国国民党中央委员会、党史委员会编《胡汉民先生文集》，1977年，第873页。
② 同上书，第886页。
③ 同上书，第883页。

当局那里又被如何对待呢？

1927—1937年，控制广东时间最长的统治者是军人陈济棠。1927年4月蒋介石在南京成立国民政府之后的近两年内，广东陷于李济深、张发奎等军人互争控制权的混乱局面。1929年3月，陈济棠取代李济深成为广东的实际控制者，继而于1931年公开反蒋，于1932年元旦成立半独立于南京政权的西南政权，直至1936年9月陈济棠因再度反蒋不成而通电下野。① 也就是说，从1929年3月至1936年9月间实际统治广东的是陈济棠，这段时期正是本书所分析的《越华报》《国华报》家庭案件报道最为繁盛、现存又相对完善的时期，因而陈济棠对社会正式规范、非正式规范的态度本身，亦属社会新闻运行的重要环境要素。

陈济棠本人对南京政权新颁法律的态度相当复杂。陈济棠虽于1931年4月底公开反蒋，② 不再承认南京政府的多种政制，但仍然遵行南京政府颁行的法律。这一方面是因为，陈济棠仅仅宣称反蒋而不反中央，没有另立法统的必要；另一方面是因为，这些法律大多是在1928—1931年国民党粤籍要员胡汉民担任立法院院长期间主持完成的，胡汉民"是陈济棠政治上的恩人"，③ 陈济棠自称在法治与宪政方面与胡汉民早有共识："民国十六年余……与胡展堂〔汉民〕先生交换意见，余以为此后中国非经过法治、宪政，前途恐难成功，胡先生皆深以为然，遂决心就任立法院院长职。"④ 但陈济棠内心里对南京政府新颁法律很不以为然，1934年2月他对广东司法界的一次讲话中，抱怨"我国现时为着图谋收回领事裁判权，法律的条文往往迁就外国的习惯。又因制定法律的时候，或未熟审国情，只图抄袭外律，以致条文中多有不适合本国需要之处。这是事实上无可讳言的"。接着他批评法官判案拘泥法文："做法官的，如斤斤拘泥法文，忽略了本国民族的道德习惯，结果也会发生不合舆情的毛病，使人民备受痛苦。"

---

① 根据肖自力《陈济棠》，广东人民出版社2002年版。
② 同上书，第95—96页。
③ 同上书，第94页。
④ 陈济棠：《陈济棠自传稿》，传记文学杂志社1974年版，第41页。

最后他公开要求司法人员要注重伦理、活用法文："改善之法，兄弟全赖司法人员善于活用法文。我国民族道德，是注重伦理的。自古贤良循吏，遇有疑难讼案，往往于律文以外，特别另寻蹊径，务得事实之真相，以为判决的根据。今日的司法人员，似乎也要酌用此意，务于'情'、'理'、'法'三者兼顾，以资救济，才能够不失法律之平，而适合社会人民的需要；才能够保持应有的民族德性，而不致损害善良的风俗。"①

就个人观念是倾向个人主义还是家族主义而言，陈济棠明显倾向于后者。他在广东推行"读经尊孔"运动的时间，甚至稍早于1934年蒋介石在全国范围内推行以礼、义、廉、耻为主要内容的新生活运动的时间。1933年，陈济棠通过他控制的西南政务委员会，开始推行"读经尊孔"运动，先是规定各学校恢复读中国传统经典，之后又扩展到各军校；② 当年12月他又规定"恢复孔关岳祀典"。③

陈济棠对军政界"犯上作乱"的现象深恶痛绝，自陈"读经尊孔"的目的之一是"弭乱"。他在写给戴季陶的一封信中写道："丧乱以来，纲纪凌替、上埯下黩、国步斯频；忧国之士，日以团结精诚、挽救危亡相号召。然而乱象四伏，曾不少戢，且弥剧焉。若是者何也？……夫今日致乱之道，岂有他哉，一言蔽之，亦曰无公是非已尔。惟无公是非，故信义扫地以尽，而廉耻以亡；惟无公是非，故顺逆义利以界，胶扰而不分，称兵拘乱之事，且曾（层）出而未有已。"④ 因此，在广东"保持旧有道德，尊崇孔孟，以正人心，弭乱源，使天下民气得宁静专一"。⑤

---

① 陈济棠：《司法界的弊端和革除的方法——在广东司法会议上的讲话》，1934年2月，载广东省档案馆编《陈济棠研究史料（1928—1936）》，1985年，第230页。
② 《陈济棠重刊孝经序文》，《越华报》1933年9月20日，第5版。
③ 陈济棠：《请恢复孔关岳祀典案》，1933年12月，载广东省档案馆编《陈济棠研究史料（1928—1936）》，1985年。
④ 陈济棠：《陈济棠复戴季陶：论读经尊孔以正人心》，1934年1月，载广东省档案馆编《陈济棠研究史料（1928—1936）》，1985年，第216页。
⑤ 同上书，第215页。

陈济棠对社会上不受约束的个人主义、自由主义者也深恶痛绝，这是他发动"读经尊孔"的另一个目的。1934年7月，陈济棠在广东军事政治学校做了一场题为"心理改造"的长篇演讲，系统分析了社会各界存在的"心理问题"，直指"心理问题"存在的根源在于"个人的""功利的""浪漫的""苟安的""糊涂的"人生观。其中，他对学界的"荡检"行为尤其批评严厉，认为"号称社会先觉的学界分子"抛弃一切礼教，正是败坏社会风气的罪魁祸首："自从欧风东渐，一般男女青年，误解自由，把一切礼教放弃无余，道德沦胥，防闲尽溃……现在我国的社会，真是坏到不可思议。像家庭革命的怪剧，和离婚失恋、奸淫、骗盗案件，报纸腾载，几于充箱照轸，而号称社会先觉的学界分子更占了其中很多纪录。……本来我们要先学做人，才能够做事，若在学校里已把做人的基础弄坏，这就叫做'本实先拨'，尚安望他日出来社会做事呢？"①

他针对社会各界各种"心理问题"提出八大"心理改造"方法，大多出自传统伦理，或以传统伦理解释过的孙中山语录：

　　（一）孝弟。孝为子事亲之道，弟为弟事兄之道。孝经说："孝，天之经，地之义，民之行"。有子说："孝弟也者，其为仁之本与"。可见孝弟是人道之本，万古不可毁灭的恒德。……（二）忠信。尽己之谓忠，以实之谓信。孔子说："主忠信"。……可见人类行为不能一刻离却忠信。……若将信字打破，事事不讲诚实，翻云覆雨，那就连私人的交处还能相保，怎能够维持全个国家社会的秩序呢？（三）礼义。……根据义理构成的礼法，则足以范围天下，而为吾人一切行为举动应守的规则。故人人循循于礼法中，即社会秩序安宁，风俗畅美，一切背礼犯义之事，皆有所不敢为。这便是礼义的作用。（四）廉耻。……孔子说："行己有耻。"

---

① 陈济棠：《心理改造——在广东军事政治学校的演讲》，1934年7月，载广东省档案馆编《陈济棠研究史料（1928—1936）》，1985年，第251、252页。

孟子说:"人不可以无耻"……(五)仁爱。……孔子所谓"汛爱众",孟子所谓"仁民爱物",墨子所谓"兼爱",韩文公所谓"博爱之谓仁",皆是仁爱二字正确的理解。……兄弟平日主张以团体化的精神,来策进革命事业;而团体化的精神,则须有仁爱的道德以为贯输,才能够达到。……(六)和平。人类的群居生活,以互保安宁为目的,故社会上一切秩序,皆应以和平为基础。吾国社会,最重礼法。而"礼之用和为贵"一语,早经孔门标出,把"和"字来表彰"礼"的精神,是最吻合无间。先总理在民族主义演讲中说:"吾国人几千年酷爱和平,都是出于天性。论到个人,便重谦让;论到政治,便说不嗜杀人者能一之。这种特别的好道德,真是驾乎外人"……(七)公正。……总理以"天下为公"四字揭橥革命宗旨,与孔圣在礼运篇所说"大同"的道理完全符合。……(八)守法。法律,乃全国人民的公意所订立。全国人民的公意,自然包含个人的私意在内。故我们不守法律,即是违反全国人民的公意,同时也即是违反自己的私意……①

上述八项"心理改造的方法",前面七项都是以中国传统的古圣先贤之说为依据,极力宣扬其中对家族伦理秩序的要求,并且对孙中山语录中"酷爱和平""天下为公"等词竭力解释成传统伦理秩序的同义词;而第八项要求"守法",也通过对"公意""私意"关系的论述,竭力突出"私意"应当顺从"公意"的意旨。② 这十年间主政广东八年的陈济棠,对于刚刚在有限程度上进入社会正式规范的个人主义全无好感,却公开倾向于也是在有限程度上转为非正式规范的家族主义。

这是1927—1937年广州报纸社会新闻运行的相关社会规范自身的

---

① 陈济棠:《心理改造——在广东军事政治学校的演讲》,1934年7月,载广东省档案馆《陈济棠研究史料(1928—1936)》,1985年,第261—264页。
② 《心理改造》演讲力图与孙中山《建国方略》中的"心理建设"相对应,其框架结构、行文风格都竭力模仿《建国方略》,参见孙中山《建国方略》,华夏出版社2002年版。

复杂情势：尽管引自西方的个人主义此时已在原则上进入了以法律为主体的社会正式规范体系，但在法律文本之外，文化人士关于家族主义是否应被彻底取代的争议还在持续，国民党中央的立法者更希望限制个人主义、保留家族主义维护统治秩序的强大功能为己所用，执掌广东军政大权的"南天王"陈济棠更是公开地、完全地倾向家族主义，甚至要求司法界注重已在原则上变为非正式规范的传统伦理习惯，提示法官要活用律文或在律文之外寻求"情""理""法"的平衡。这种态度对于刚刚把个人主义引入法律文本、缺乏大众基础的社会正式规范来说，其原本脆弱的社会约束力变得更加不可靠，而原本具有强大社会约束力的家族主义规范，此时已在总体上不再是社会的正式规范。这就意味着，对于作为社会新闻主体内容的婚姻家庭纠纷而言，这是一个比前段时期更加没有可靠的是非标准的时代。这一切既是新的正式规范主体——法律文本制定与实施的社会情境，它使法律文本与司法体系本身标准不一、态度暧昧，也是以婚姻家庭纠纷为主体的社会新闻制作与运行的社会情境，它使社会新闻因是非标准不确定而没有亦步亦趋地跟随对象，却也因是非标准不确定而有广阔的创新空间。

第四节 社会新闻的角色定位

这十年间，为婚姻家庭纠纷提供是非标准的正式规范处于暧昧不可靠状态，以报道婚姻家庭纠纷为主体内容的社会新闻也处在争议之中。

一 社会新闻的自我角色定位

由于最大限度地吸引读者是社会新闻的唯一宗旨，这驱使社会新闻报道者避免摆出高高在上的"社会导师"姿态，而是尽力摆出贴近读者的低姿态。

广州报纸社会新闻的报道者常以"一般社会人士"的代表自居。那些对某宗案件长达几年的追踪报道，大多在开篇第一句提醒读者这是"一般社会人士"注意的案件，诸如"轰动一时之旧仓巷图强医院偷龙转凤嫌疑案，大为一般社会人士所注意"①"骇人听闻之妒杀分尸案破获后，社会人士咸极注意"②"轰传社会之罗家权枪杀唐飞虎命案"③等语句，都强调关注案件的是"社会人士"，而报道者只是应"社会人士"的需求提供案件报道。④既然这类报道是应"社会人士"的需求提供的，报道者就将他们的选材角度、叙事方法、价值取向都定位于尽量贴近日常生活，尤其注重用文学叙事的方法对家庭婚恋事件进行报道，以迎合"一般社会人士"的口味而不是试图改变它。

那么，究竟谁是"社会人士"？这些报道本身未作明确的解释，但1937年上半年广州新闻记者公会的一份文件为我们理解谁是当时广州报界人士心目中的"社会人士"提供了线索。这份文件向新闻检查官辩称，如果对社会新闻控制过于严格，将不但会堵塞"上级长官"之见闻、有负"痛痒在抱之贤明"，还会辜负"社会人士"对新闻界之期望。⑤这个行文清楚地区分了"社会人士"与"贤明""上级长官"，可见报界人士所称的"社会人士"，是泛指除"贤明""长官"之外的一般人。另外，新闻论者也描绘了那些爱好社会新闻的读者："粤省人士对于读报，十分之八九是认为读新闻纸是一种消遣的东西。早晨走上茶楼喝一杯茶，租看一份报纸，最先注目的不是国内外重要的电报及新闻，而是耐人寻味的奸淫案、离婚案以及社会新闻。⑥可见，社会新闻报道者设想中对社会新闻趋之若鹜的"社会人士"，主要是那些不知姓名、寻求消遣的围观男女和茶楼读者，当然还包括其他间接了解并注意所报道事件的人和事件当事人本身。

那么，这些自居为"一般社会人士"代表者的社会新闻报道者又

---

① 《侦查偷龙转凤案纪闻》，《越华报》1931年8月2日，第5页。
② 《妒杀分尸案之法律谈》，《越华报》1933年8月15日，第5页。
③ 《唐飞虎命案原告催讯》，《国华报》1933年6月11日，第2—3页。
④ 广州市新闻记者公会：《为抽检新闻超越中央所定标准工作无所适从恳予转令改善以重舆论事》，广东省档案馆2/1/74-1，1937年，第183页。
⑤ 同上书，第181、183页。
⑥ 何昶旭：《广州市新闻报纸的总检阅》，《报学季刊》第1卷第4期，第79—82页。

是些什么样的人呢？他们包括商办报纸的投资者、经营者和写作者。

在20世纪20年代后期至30年代的广州，商办报纸大多采用商人雇用职业报人办报的方式进行经营。据曾经担任《越华报》《公评报》《大华晚报》《总商会报》《新国华报》等撰述人的沈琼楼回忆，初创《国华报》《越华报》的王泽民是王宠惠的从兄弟，原在香港做西医，认识不少保皇党人；1928年接手《国华报》的刘荫孙原系总商会中人，在商会中为接近当权派的人物；1929年接手《越华报》的股东当中，除陈柱亭是职业办报者外，许修五、唐太平是西医师，麦少藜是陈柱亭的亲家，与另一股东钟午云于清末同在警察学堂毕业，两人一向在公安局工作，麦少藜由区警员升任区长，前文已述钟午云任公安局行政科长；《现象报》《大华晚报》是由《越华报》股东投资；《公评报》是南海大沥钟氏的独资营业，老东主钟常纬，北闱举人，1935年的社长钟超群、钟佐履分别为其长子、次子。① 这些资料显示，20世纪30年代在广州销数较大的商业报纸，其投资者早年多为清末绅商及其亲属，似乎很少有受过新式高等教育特别是西方新闻教育的人物。

实际经营报纸的则是那些受雇于投资商的职业报人，这个职业报人的圈子相当小。在本书所述的年代，有个名叫陈柱亭的人是两份销数大的商业报纸——《越华报》《现象报》的负责人。而这个陈柱亭还曾经是《国华报》的主办人，《国报》《人权报》《公评报》的主编人。根据沈琼楼等人回忆，最初投资创办《国华报》《越华报》的惠民公司老板王泽民，在原来《国报》的基础上组成《国华报》，请原《国报》副编辑陈柱亭主持编辑事务。1926年，经陈柱亭等人向王泽民主张，惠民公司利用原班人马、现成铺位、机器、铅字，另创一家新报——《越华报》，陈柱亭则从1928年起实际负责《越华报》的一切事务，并于1929年以13000元向王泽民买得《越华报》的招牌字号，自行实行

---

① 沈琼楼、陆遯翁：《从清末到抗战前的广州报业》，广东省政协文史资料研究委员会编《广东文史资料》第18辑，第11—19页。

集股经营。在这之前，陈柱亭曾应李祝多之聘主编《人权报》，应钟超群之聘主编《公评报》。① 总之，在成为《越华报》股东之前，陈柱亭是多家商业报纸老板雇用过的一名职业办报者，有时他甚至同时服务于几家报馆。从陈柱亭的个人经历可以看出，虽然商业报纸的投资人可能是任何有意办报牟利的人，但主持广州商业报纸经营、编辑的主要人员形成一个小圈子，他们专门以替人经营报纸谋生，还会同时或不同时地为多个报馆服务。

而社会新闻供稿者，只是受雇于报馆、赚取微薄薪水的底层文人。② 当时中国的新闻论者，一方面宣称新闻记者应当占据"无冕之王"的崇高地位；③ 另一方面众口一词地抱怨新闻记者实际地位低下、新闻人才缺乏。一本新闻学著作曾经抱怨道："办报的大人先生们，从来不尊重新闻记者的地位，和其独立的人格，所以从事于新闻事业的各记者，也都忘掉了他自身的尊严与所负的使命，像驯羊般的为一报馆（或通信社）的一雇佣者，终日碌碌替报馆的经理董事们作机械式的牛马，以换取其应得的最微薄的报酬。"④ 许多经营不善的报馆根本无力雇用专用的访员，本埠普通访员往往要兼任几家报馆才能挣得10—30元不等的月薪，广州报馆的情形也是如此。⑤ 不过，受雇于《越华报》《国华报》的社会新闻"专访"，显然比20年代前期社会新闻供稿者的

---

① 沈琼楼、陆邈翁：《从清末到抗战前的广州报业》，广东省政协文史资料研究委员会编《广东文史资料》第18辑，第11—19页。
② 现存1946—1949年广州报业公会会员名册显示，战后各商业报纸的编辑、记者绝大多数为男性、广东省内人、40岁左右，只有极个别的女性、外省人或者年龄不满30岁者。这虽不能直接说明20世纪二三十年代的情况，但亦可作为了解的借鉴。广州市新闻记者公会：《广州市新闻记者公会第八届委员会会员名册》，广州市档案馆10/2/1149，1946年；广州市新闻记者公会：《广州市新闻记者公会会员名册》，广州市档案馆资/资团，1947年，第234页。
③ 比如张静庐写道："向来的习语，对新闻记者有'无冕之帝王'的雅号。"张静庐：《中国的新闻记者与新闻纸》，现代书局1932年版，1928年初版，第10页；又如谢哲邦说道："我们知道新闻家的地位，是最高的，常常被人称赞为新闻家是无冠皇帝、社会师表。"《社会学硕士谢哲邦演说新闻学》，《广州民国日报》1929年1月8日，第6页。
④ 张静庐：《中国的新闻记者与新闻纸》，现代书局1932年版，第75页。
⑤ 黄天鹏：《中国新闻事业》，上海联合书店1930年版，第97页。

地位①高出许多。即便如此,"这里所投身报界任编辑及其他者,多为文士及有兴趣于报界者,多未受过新闻学锻炼的。"②他们离新闻论者理想中训练有素的"无冕之王"仍然相差极远。

可见,以"社会一般人士"代表者自居的社会新闻报道者,其实包括身为绅商、官僚的投资者和困于生计、只能俯首听命于投资者意旨的职业办报者与新闻供稿者,他们代表的是投资者的利益,而非"社会一般人士"的利益。而投资者斥资办报的主要目的是营利,听命于他们的职业办报者与新闻供稿者以社会新闻来吸引读者、提高销量,是为了替投资者达到营利目的。

二 学界与报界分歧:专业还是生意

就在社会新闻日益成为投资商赚钱的利器、因而日益受到经营者重视的过程中,新闻论说者对它的态度却发生了相反的变化。

从20世纪20年代最初几年开始,中国最早的新闻学者出于报纸对社会生活主导权的考虑,对社会新闻是积极提倡的。1922年,左派作家孙伏园在《晨报》专刊《一星期之余力》第16期发表《论社会新闻》一文,认为社会新闻比政治新闻更重要,特别要多发表各项社会事业或事件的调查。他批评"无论怎样大的新闻家,遇见社会新闻难免卷铜,因为写社会新闻有文字、采访、发表上的困难,从前的《国民公报》就不要社会新闻一栏"。③ 1923年出版的邵飘萍著作也写道:"(欧美日本各国)近年以来……政治以外之社会新闻,其价值与政治外交等新闻并重,有时且超越……我国则相差尚远,试观各

---

① 1923年邵飘萍指出当时新闻界之缺憾包括:"各报社……所载之本地之社会新闻……所征稿件大抵皆一般最无意识者之所为,每条新闻零星酬以一角或铜元数枚;社中之编辑社会新闻者,其地位亦似居于编辑记者之末席。……自命新闻记者之人,不屑深入社会之下层,虚荣心理与怠惰习惯,仍视采集社会新闻为新闻界中低级之职务。"邵振青(邵飘萍):《实际应用新闻学》,京报馆1923年版,第70页。
② 何昶旭:《广州市新闻报纸的总检阅》,《报学季刊》第1卷第4期,第82页。
③ 方汉奇主编:《中国新闻事业编年史》,福建人民出版社2000年版,第957页。

处报纸之本地社会新闻，即可见其幼稚，恐尚不逮欧美日本十年前。"① 1929 年，广东省新闻记者联合会执行委员谢哲邦在广州的一次演讲中说："中国的报纸，大多记载军事政治方面的事件，社会方面的事实反而忽略了，报纸和我们的实际生活，几乎有风马牛不相及的样子，真是可惜。"② 此时新闻学者提倡社会新闻的原意，并不想要报道者放弃社会精英的立场，而仅仅想要报纸内容贴近社会生活，走大众化道路，以增强报纸在普罗大众当中的影响力与引导力，矫正此前中国报纸专门注重发表军政消息与政治评论，因而同普罗大众实际生活相距太远的弊端。所以，他们心目中的"社会新闻"，是专指报道与政治、经济、军事等"国家事件"相对地记载"社会事件"的新闻。

但是 20 世纪 30 年代报纸版面盛极一时的所谓"社会新闻"却不是新闻论者提倡的那样。此时报纸报道的社会新闻，确实是有别于国家事件的社会事件，可是它们在追求猎奇、低俗、煽情的取向中放弃了舆论导师的角色。基于这种现实，新闻学者笔下的"社会新闻"一词意义变了：在内容方面，它在保留原来区别于政治新闻这层意义的前提下，逐渐转变为特指以奸淫、逆伦、诱拐、离婚、迷信、烟赌、自杀、谋杀、盗匪等社会阴暗事件为主要内容的报道；在写作方面，特指以猎奇、低俗、煽情手法写作的有别于纪律化新闻的报道。张静庐定义道："所谓社会新闻者，是专记盗贼、奸拐、婚姻以及家庭等等的琐事，以示有别于国际、政治新闻而言。社会新闻名称是否确当，固尚有讨论的余地，但这名词差不多已为一般人所惯用，且别无相当替代的名词。"③

当实际的社会新闻背离了新闻学者的期望，甚至连"社会新闻"的含义都发生了变化时，新闻学者对社会新闻的态度也从提倡转为批评。第一，他们认为报纸应当承担起公共机关、舆论代表、社会教育三

---

① 邵振青：《实际应用新闻学》，京报馆 1923 年版，第 69 页。
② 《社会学硕士谢哲邦演说新闻学》，《广州民国日报》1929 年 1 月 8 日，第 6 页。
③ 张静庐：《中国的新闻记者与新闻纸》，现代书局 1932 年版，第 61 页。

项职能,① 社会新闻却逃避承担这些职能,完全只为牟利而存在。在广州,1935年有篇文章批评注重社会新闻的报纸"只图渔利不顾文化前途",② 没有承担起报纸应尽的社会职责。第二,他们认为报纸要承担起上述职能,就应有舆论代表、社会导师的姿态,而社会新闻却对阅报者的低级趣味采取一味迎合的低姿态,没有导师的立场。广州报纸的社会新闻即被批评为"迎合社会的下流兴趣",③ "这里的报纸……大都整天在竞争着如何去迎合低级阅报分子的心理。编辑先生的眼光,多移向到如何能使报纸成趣味化,冀做成在彼辈心目中唯一'好'的报纸"。④ 第三,他们认为发表评论不仅是报纸的职责所在,也是报纸的力量所在,还是报人文化身份的体现,⑤ 社会新闻却与此项宏旨无关,只是供人消遣,毫无意义可言。当时曾在广州为多家报纸撰述的沈琼楼回忆说,这类报纸被时人讥笑为"只有记载而没有言论的'名副其实的新闻纸'"。⑥ 新闻学者为此忧心忡忡:"广州的新闻纸已到了最腾盛的时期,而质的空虚也是不可掩盖的事实。"⑦ 报业实践中社会新闻旨在牟利的目的、迎合读者低级趣味的姿态及其供人消遣的意义,都不符合这个时代新闻业界正在形成的专业理想,深受来自本行业理论界的诟病。

然而,对社会新闻作为一门生意已经取得的经营业绩,批评者只能

---

① 当时许多新闻论者都有强调这三项中的几项或者全部职能的表述,典型说法参见曹用先《新闻学》,商务印书馆1931年版,第5—8页。
② 何昶旭:《广州市新闻报纸的总检阅》,《报学季刊》第1卷第4期,申时电讯社1935年版,第73页。
③ 《社会学硕士谢哲邦演说新闻学》,《广州民国日报》1929年1月8日,第6页。
④ 何昶旭:《广州市新闻报纸的总检阅》,《报学季刊》第1卷第4期,申时电讯社1935年版,第79、82页。
⑤ 例如徐宝璜写道:"新闻纸为国民之喉舌。世人有正当之意见与公允之评论,非假新闻无从表现。其负评论时事责任之重要,可想而知也。"郭步陶写道:"世人为甚么都叫报纸为舆论的代表、社会的导师?这种无上的荣誉、至高的威权,不是凭空而来的,实因有评论一栏,担负这个重责。照这样说,报纸的精神,报纸的灵魂,完全寄托在评论中了。"徐宝璜:《新闻学概论》,载黄天鹏编《新闻学刊全集》,光新书局1930年版;郭步陶:《编辑与评论》,商务印书馆1938年版,第83—85页。
⑥ 沈琼楼、陆遜翁:《从清末到抗战前的广州报业》,载广东省政协文史资料研究委员会编《广东文史资料》第18辑,第1页。
⑦ 何昶旭:《广州市新闻报纸的总检阅》,《报学季刊》第1卷第4期,第82、75页。

是无可奈何。张静庐承认：在北京，注重社会新闻的报纸，以"《社会日报》为首创，其后北京各报相继仿行……为一般读者所欢迎"；在上海，"首先注重这类新闻者为《时报》，现在则各大报均辟专栏刊载，而《时事新报》尤为偏重"。① 何昶旭则抱怨道：在广州，茶楼男女租看报纸，最先注目的都是耐人寻味的奸淫案、离婚案以及社会新闻。无论新闻论者如何不情愿，社会新闻在报业实践领域风行一时并且深受读者欢迎的事实，确实使他们无可奈何。

在广州报纸社会新闻日益繁荣的过程中，新闻理论与报业实践之间的分歧一直没有停止，这是新闻行业内部语言与行动的分歧。在新闻论者口诛笔伐的攻势之下，办报者丝毫不为所动，纷纷背弃理论上报纸应做公共机关、舆论代表、社会导师的专业理想，不遗余力地向读者提供迎合他们口味的社会新闻来争取赢得读者数量。仅用语言表达的新闻理想，在受现实利益驱动的报业实践面前，显得无能为力。

三　官方与报界之争：宣传者还是监督者

在本书所论十年间，南京国民政府对报纸的管治制度包括两个方面，一方面是新闻出版法律法规；另一方面是新闻检查制度。这两套制度也是标榜与政治无关的社会新闻不得不与官方发生直接联系的地方。

从中华民国成立到1937年抗日战争全面爆发之前，中国实行过的报刊出版法，先后有1914年《民国暂行报律》（仅短暂实行过2年）、1930年《出版法》和1937年《出版法》。民国成立之初，即于1912年3月制定了《民国暂行报律》，但因全国报界反对而未实行。1914年4月2日北洋政府公布实施《民国暂行报律》，两年后即由段祺瑞政府于1916年7月17日宣布即行废止。1930年2月17日又由南京国民政府司法院对于巴县检察官"转请解释是否援用"《民国暂行报律》的疑问，明确答复"不能援用"。从该巴县检察官的疑问可知，此前中国除了《民国暂行报律》，没有其他相关法律可以援用。南京国民政府成立

---

① 张静庐：《中国的新闻记者与新闻纸》，第92页。

后，先后于 1930 年 12 月 16 日、1937 年 7 月 8 日两次公布实施经修订的《出版法》。①

上述三部法律对于报纸内容的限制性规定，均有涉及社会新闻。其中 1914 年《民国暂行报律》的相关规定如下：

> 第十条 下列各款，报纸不得登载：……三、败坏风俗者；……五、预审未经公判之案件，及诉讼之禁止旁听者；……七、煽动、曲庇、赞赏、救护犯罪人、刑事被告人，或陷害刑事被告人者；八、攻讦个人阴私损害其名誉者。
>
> 第二十三条 登载第十条第一款至第七款之事件者，停止其发行，科发行人、编辑人以五等有期徒刑。前项停止发行，日刊者，停止十日以上一月以下……②

1930 年《出版法》的相关规定如下：

> 第十九条 出版品不得为下列各款之记载：……三、意图破坏公共秩序者；四、妨害善良风俗者。
>
> 第二十条 出版品不得登载禁止公开诉讼事件之辩论。
>
> 第三十五条 违反第十条之规定者，处发行人、编辑人、著作人及印刷人一年以下有期徒刑、拘役或一千元以下之罚金。但其他法律规定有较重之处罚者，依其规定。③

1937 年《出版法》的相关规定如下：

---

① 据刘哲民编《近现代出版新闻法规汇编》，学林出版社 1992 年版。
② 《报纸条例》，1914 年 4 月 2 日教令第 43 号，载刘哲民编《近现代出版新闻法规汇编》，学林出版社 1992 年版，第 87—88 页。
③ 国民政府公布：《出版法》，1930 年 12 月 16 日公布实行，载刘哲民编《近现代出版新闻法规汇编》，学林出版社 1992 年版，第 107—108 页。

第二十一条 出版品不得为下列各款言论或宣传之记载：……三、意图破坏公共秩序者。

第二十二条 出版品不得为妨害善良风俗之记载。

第二十三条 出版品不得登载禁止公开诉讼事件之辩论。

第四十三条 违反第二十一条之规定者，处发行人编辑人及印刷人一年以下有期徒刑、拘役或一千元以下罚金。但其他法律规定有较重之处罚者，依其规定。

第四十四条 违反第二十二条或第二十三条之规定者，处编辑人或著作拘役或三百元以下罚金。①

由上述条文可见：第一，三部法律都禁止登载"妨害善良风俗"的内容。但是，何为"善良风俗"，法律均无明文规定，这给不同时期的审判人员留下了解释的空间；第二，后两部法律对于妨害名誉的内容未作规定，这是因为另有1928年《刑法》、1935年《刑法》的妨害名誉之罪名可作依据；② 第三，后面两部法律放松了对案件报道的限制。1914年《民国暂行报律》除了不准报道"禁止旁听"的案件外，未经判决的案件也在被禁之列，而且特别规定不准报纸偏向或陷害刑事案件被告人，1930年、1937年《出版法》都只有不准报道"禁止公开诉讼事件之辩论"，大大放宽了允许报道的案件范围。事实上，1935年国民政府立法院讨论修正1930年《出版法》时，曾经出台过一份《出版法》修正案，案内新增有"关于诉讼事件非候判决后不得批评""个人或家庭阴私事件不得登载"的条款，遭到新闻界的强烈反对，最终未

---

① 国民政府公布：《出版法》，1937年7月8日公布实行，载刘哲民编《近现代出版新闻法规汇编》，学林出版社1992年版，第137、139—140页。

② 1928年《刑法》相关条文有："第324条 公然侮辱人者处拘役或三百元以下罚金……""第327条 以善意发表言论而有左列情形之一者不罚：一、因自卫自辩或保护合法之利益者。……三、对于可受公评之事而为适当之评论者……"1937年《刑法》第309条、第311条有相同的表述。《中华民国法规大全》第1册，商务印书馆1936年版，第171、152页。

写入 1937 年《出版法》。①

从法律角度看，由于 1914 年《民国暂行报律》实施两年就被废止，1927—1937 年广州报纸社会新闻所受的限制比较宽泛。其中前三年是处于没有任何法律限制的状态，后七年只要不被认为"意图破坏公共秩序"、不为"妨害善良风俗"、不登载"禁止公开诉讼事件之辩论"就可以了。

但是，究竟怎样才算得上"破坏公共秩序""妨害善良风俗"，这就取决于国民政府在各地的检查执行机构——新闻检查机构的具体标准。不同地方、不同时期、不同政治派别主持的新闻检查机构可以定下不同标准，这个标准与法律规定相比，具有更大的随意性，也有更强的执行力，对社会新闻具有更大的实际约束力。在广东，1936 年 9 月主政广东八年的陈济棠因政变失败下野，南京国民政府执掌粤局，对广州报纸社会新闻进行严厉管治，直接使当地社会新闻由盛转衰。

陈济棠治粤期间的新闻检查政策比南京国民政府统辖下的中国其他地方宽松得多。南京政府主要通过设立于各地的新闻检查机构进行实时检查、监控与管制，而陈济棠主政期间广东的新闻检查职能多数时候是由记者公会来承担的。1933 年，国民党当局在平津沪汉等大都市设立新闻检查所②的时候，广州亦于当年 4 月组织起广州新闻电信检查所。该检查所隶属于西南政务委员会执行部，由第一集团军总司令部、广东省会公安局各派高级人员共同组成。仅仅一年多后，陈济棠就下令于 1934 年 10 月 16 日起撤销广州新闻电信检查所，将其职责转交给广州新闻记者公会。这种由新闻记者公会自行监督新闻的制度，具有强烈的行业自治性质，比其他城市另设新闻检查机构管制新闻的做法，显然要宽松得多。

不过，当时专门检查社会新闻的机构不是新闻记者公会，而是广东省会公安局。1930 年 2 月 22 日，《越华报》刊载了广东省会公安局训

---

① 祖澄：《新闻界请复议修正出版法汇辑》，《报学季刊》第 1 卷第 4 期，申时电讯社 1935 年版，第 91—99 页。
② 黄瑚：《中国近代新闻法制史论》，复旦大学出版社 1999 年版，第 161 页。

令各报"社会新闻仍须送检查"的消息,称公安局同意将各报呈送社会新闻稿件的时间从每日午前改到下午,但不同意各报提出的由公安局原来所派检查员进行检查的请求,社会新闻必须交由公安局行政课检查。① 这条消息表明,此前检查广州报纸社会新闻的权力虽属公安局,但不属公安局行政课,此时才由行政课强硬收归己有,不予他人插手的余地。行政课如此专权,《越华报》又如此积极,其实是大有原因的。前文已述,广东省会公安局行政课长钟午云,正是《越华报》的股东、董事长。现在由钟午云执掌的行政课独揽社会新闻检查权,就可为《越华报》肆意刊载社会新闻大开方便之门,又可凭借新闻检查权任意打击《越华报》的竞争对手。正是这个关键因素,造成了陈济棠治粤期间广州报纸社会新闻极度繁盛的局面,而这个繁盛局面又是由《越华报》占绝对主导地位的。

1936年陈济棠垮台打破了广州报纸社会新闻的既有格局。同年9月1日,蒋介石派黄铮到广东重设新闻检查机构——广东新闻检查所,由黄铮担任检查所主任,执掌新闻检查权,排除了广州新闻记者公会和广东省会公安局进行新闻检查的权力。接着,它以余汉谋控制的广东绥靖公署名义制定并颁行查扣"社会新闻"标准——《修订检查及改善社会新闻办法》,规定凡是涉及奸淫、逆伦、迷信、诱拐、离婚、盗匪、自杀、谋杀、烟赌、捏造、煽动的新闻,均在查扣之列;只有检查人员认为确有警示意义或启发作用,不会助长淫风、妨害风化、推动迷信、扰乱社会秩序、恶化国内外人士观感的,才准予刊登。"办法"主要条款如下:②

1. 奸淫:凡描写两性间色欲、奸恋情形,足以助长淫风者应严禁登载。
2. 逆伦:凡逆伦乱伦之记载,足以妨害风化者免登。

---

① 《社会新闻仍须送检查》,《越华报》1930年2月22日,第5页。
② 广东绥靖公署:《修订检查及改善社会新闻办法》,广东省档案馆2/1/74-2,1937年,第233—237页。

3. 迷信：凡道人迷信之神怪新闻，及一切违反科学原理之神话剑侠传奇小说，均应免登；惟揭破一切鬼诞说或神棍借神行骗、愚弄乡民等破除迷信之新闻，及关于记载因果之文字，寓有启发良善、创惩邪恶之作用者，得酌予登载。

4. 诱拐：一般之诱拐新闻应行检扣，惟间有堪为民众借鉴、用资警惕者得以删改或照登。

5. 离婚：除情形特殊、足以造成不良风化者应行检扣外，若一般适合于法律之离婚新闻应准登载。

6. 盗匪：凡比较大股之盗匪，其行为残酷足以引起国际人士不良观感者，应行检扣；其不关重要，且可引起旅行或居家人民注意警防之小盗匪行为，可准登载。

7. 自杀：除描写自杀原因足以引起社会人民不良观感者应予免登外，其一般之自杀可准登载，但须附以适当之批评。

8. 谋杀：凡谋杀之新闻，严禁登载，以免养成凶暴之风，致引起国际人士对我国人之不良印象。

9. 烟赌：凡一切足以妨碍烟赌之禁令、或有引诱人民酷嗜烟赌之作用者，均免登载。

10. 捏造：故作危言、捏造事实，扰乱国家金融、影响社会安宁与人民生活者均应取缔。

11. 煽动：煽动罢工、罢课、罢市风潮，破坏社会秩序之新闻均应严禁登载。

……

凡堪以记载之社会新闻，其用意虽善而文字欠妥者……应加以删改修正后准予登载，或加以批评予以谋改善。

为了确保该"办法"得到落实，广东绥靖公署还委派其参谋处科长吴遐龄督促办理，随时到新闻检查所发送各项指令，并亲自检阅新闻，圈出要扣留不发的报道："凡于社会无益之新闻及文字悉在检扣之列"。①《越华报》步入1937年后急转平淡的社会新闻版面,直接反映了他的工作成效。

这个变化对于靠社会新闻发家的广州商业报纸来说,无疑是灭顶之灾。此前与报纸社会新闻有着密切利益关联的公安局,率先于1937年5月14日向广东省政府抗议广东新闻检查所"滥扣社会新闻"的行为。②接着,广州15家商业报纸,③在多次"单独或联合请求改善",都得到"奉命办理,静候转请改善"的托词后,④采取了抵抗行动。5月21—30日,报界召开全市报馆联席会议和记者公会联席会议进行抗议,还分别向国民党中央宣传部和广东各上级机关请愿,并派出戴肃、黄深明等11名代表到新闻检查所交涉质问。同时,各报不顾新闻检查所的禁令,登载了《报业全体重要会议》《市记者公会联席会议及呈文》《报界请求改善检查呈文》《请愿改善新闻检查》《报界告读者书》等消息,向全社会公开广州报界的抗议和要求。

在这场冲突中,广州报界反复宣称自己拥有监督政府的天然权利,而社会新闻正是为行使这一权利而存在的。对于官方文件指责社会新闻专门刊载"社会病态",⑤记者公会亦不否认,但是他们辩称披露"社会病态"就是为了履行监督政府之天职:"报界有监督政府、指导社会之天职。社会既有病态,自当尽量披露,使当局之医国手得以审其病源,察其症状之演变,而施救治之方。倘讳疾忌医,使社会病态日深,使当局蔽聪塞明,而不知所救药,则同人等为有忝天职且无以对百粤之

---

① 广东新闻检查所:《为谨将关于〈社会新闻及副刊检查办法〉及经过情形连同绥署令发〈修订检查及改善社会新闻办法〉呈复鉴核由》,广东省档案馆2/1/74-2,1937年,第218—219页。
② 广东省会警察局:《为本省新闻检查所其检查标准及办法似有未善拟请密饬改善由》,广东省档案馆2/1/74-1,1937年,第127—129页。
③ 包括:《越华报》《公评报》《国华报》《七十二行商报》《光华报》《国民报》《诚报》《共和报》《时报》《新国华报》《现象报》《环球报》《市民报》《民族报》《群声报》。
④ 广州全体报馆:《为抽检过当摧残舆论恳予依法制止以维业务事》,广东省档案馆2/1/74-1,1937年,第169—171页。
⑤ 广东新闻检查所:《为谨将广州市记者公会推定代表戴肃等来所请改善新闻检查及本所答复详情呈请鉴核》,广东省档案馆2/1/74-1,1937年,第159页。

社会。"① 面对强大的政治威势，广州报界以"百粤社会"代言人自居，坚持自己拥有独立于政府的舆论监督权利，试图借此摆脱政权限制，继续用原来的操作方法报道社会新闻。

广东新闻检查所并不正面回应报纸有无权利监督政府的问题，但是直指报纸报道社会新闻的目的就是营利，进而亦以"国家""社会"利益的代表自居，要求报界营业利益服从当局代表的国家与社会利益。在交涉过程中，新闻检查所人员训诫报界代表说："报纸应维护国家民族利益，领导民众改进社会，不可单从营业方面着想。"② 这套说辞具体阐释了南京国民政府首脑蒋介石对新闻界职能的定位，后者在 1930 年对中央政治学校新闻专修科毕业生的讲话中直白地说："总理有言，宣传即教育。故新闻记者应为国家意志所有表现之喉舌，亦即为社会民众启迪之导师。"③ 在当时国民党全面推行"党化"政策背景下，这种要求报纸做国家喉舌的说法，实质上就是要求报纸做自称代表着"国家""社会"利益的国民党政权的喉舌，是要把新闻界置于"党化"政权统治之下，要求新闻界依照政权的意志，对社会行宣传之责。这与新闻界自诩独立于政府之外、对政府行监督之责的立场完全相反。

总之，在这场围绕社会新闻展开的冲突当中，在商言商、旨在逐利的报界自称代表社会利益，独立于政权之外，应当对政府行监督之责；旨在实现国民党专权政治的官方亦自称代表国家、社会利益，要求报界服从于政权，应当替政府行宣传之责。二者均以"社会"的代表者自居，关于报纸职能的主张却截然不同。

不过在这场冲突当中，同样以"社会"代表者自居的报界敌不过官方。在广州报界风潮愈演愈烈、尚无结果的情况下，广东新闻检查所

---

① 广州市新闻记者公会：《为抽检新闻超越中央所定标准工作无所适从恳予转令改善以重舆论事》，广东省档案馆 2/1/74 - 1，1937 年，第 180 页。
② 广东新闻检查所：《为谨将关于〈社会新闻及副刊检查办法〉及经过情形连同绥署令发〈修订检查及改善社会新闻办法〉呈复鉴核由》，广东省档案馆 2/1/74 - 2，1937 年，第 218—219 页。
③ 蒋介石：《蒋公训词——黾勉新闻界战士》，载赖光临《七十年中国报业史》，"中央日报"社 1981 年版。

主任黄铮到南京参加全国新闻检查会议，其间于5月25日受命"赴欧考察",① 返回广东后于9月23日向省政府主席吴铁城报告"即回所视事",② 但2天后即告辞职。③ 他的"辞职"决定如此匆忙，显然不是主动选择的结果。11月12日，此前实际执行社会新闻检扣任务的吴遐龄接任广东新闻检查所主任，正式执掌广东新闻检查大权。广州报界掀起的社会新闻风潮，唯一结果就是广东绥靖公署主任余汉谋委派的吴遐龄取代了蒋介石委派的黄铮，专门针对社会新闻的《修订检查及改善社会新闻办法》并未取消。此后直至蒋介石政权垮台，《越华报》等广州报纸虽然长期保留了"社会新闻"专版，但其内容持续平淡，没再出现过陈济棠治粤期间那种繁荣景象了。

本章小结

陈济棠治粤时期，以社会新闻吸引读者、以高额销量赚取利润的商办报纸占据了广州报业市场的主导地位，社会新闻盛极一时，甚至连国民党党营报刊也纷纷效尤。

这种社会新闻的主体内容是婚姻家庭纠纷，而此时婚姻家庭纠纷本身的是非标准正在进行一次正式变换。引自西方的个人主义此时已在原则上进入了以法律为主体的社会正式规范体系，但在法律文本之外，文化人士关于家族主义是否应被彻底取代的争议还在持续，国民党中央的立法者更希望限制个人主义、保留家族主义维护统治秩序的强大功能为己所用，执掌广东军政大权的"南天王"陈济棠更是公开地、完全地倾向家族主义，甚至要求司法界注重已在原则上变为非正式规范的传统伦理习惯，提示法官要活用律文或在律文之外寻求"情""理""法"

---

① 黄铮:《呈为奉中国童子军总会令派携同童军赴欧考察出国期间主任职务由副主任代理请查核备案由》，广东省档案馆 2/1/74-2，1937年，第245—253页。
② 黄铮:《呈报赴欧考察童军完毕于本月十三日回所视事请鉴核备案由》，广东省档案馆 2/1/74-2，1937年，第415—418页。
③ 林中岳:《为奉中央检查新闻处令派暂代本所主任遵于本月二十四日就职呈请鉴核备案由》，广东省档案馆 2/1/74-2，1937年，第422—425页。

的平衡。这种态度对于刚刚把个人主义引入法律文本、缺乏大众基础的社会正式规范来说，其原本脆弱的社会约束力变得更加不可靠，而原本具有强大社会约束力的家族主义规范，此时已在总体上不再是社会的正式规范。这就意味着，对于作为社会新闻主体内容的婚姻家庭纠纷而言，这是一个比前段时期更加没有可靠的是非标准的时代。这一切使得社会新闻和社会新闻所报道的婚姻家庭纠纷本身一样，处于正式规范与非正式规范互相角力、价值标准不一、是非界限模糊的社会情境中，既无固定的效力对象，便有宽广的创新空间。

在这个复杂情境下，以婚姻家庭纠纷为主的社会新闻究竟应该扮演什么样的社会角色，也是个充满争议的历史议题。社会新闻的报道者虽然以"社会人士"的代言人自居，其实是由身为官僚、绅商的投资者与迫于生计只能听命于投资者的办报者与供稿者组成，他们办报的真实目的只为营利。这种把报纸当成一门生意来做的态度与方法，深受新闻学界诟病，但社会新闻蔓延各报的局面并未因此而受到影响。直到南京国民政权入主粤局，新的地方当局亦以社会利益代表自居，要求报纸履行政府喉舌的宣传功能。广州报界虽然仍以社会利益代表自居，辩称自己拥有独立于政府之外的监督政府权利，但在政治威权面前还是不敌，只得接受限制。广州报纸社会新闻因此式微。综观这个时期广州报纸社会新闻的利弊之争与兴衰之变，可以看到一个角力各方共同维护的价值共识：社会利益。然而，就是在"社会利益"的共识之下，新闻学界与新闻业界、报界与官方就究竟谁有权担当"社会"代言人展开了激烈争论并相互指责。究其实际，各方都是在"社会"的旗号下追逐自身利益。

第二章 新旧之杂糅：社会议题与社会诉求的表达

既然社会新闻试图代言的是一个新旧规范交替、是非标准不定的复杂社会，下一个问题就是社会新闻这个试图上下逢迎的中间机制，究竟如何"代言"这个复杂社会中两套不同体系的差异巨大的观念、意识？围绕这个问题，本章将分别阐述社会新闻在其主体内容婚姻家庭纠纷报道中使用的词语、渲染的议题和表达的立场。

第一节 表达婚姻家庭关系的词语

对于最贴近大众日常生活而最受社会新闻制作者青睐的婚姻家庭纠纷，社会新闻选用什么样的词语、在什么意义上使用这些词语来讲述它们，是文本分析中极具魅力的一个问题。由于新式规范在原则上把固有规范中人与人之间的差序地位重置为平等地位，那些隐含着人与人在婚姻家庭当中相对地位的指称婚姻家庭关系的词语，是社会新闻报道婚姻家庭纠纷时无法回避必须使用的，因而也是最具分析价值的。

一 关于缔结婚姻的词语

1927—1937年广州报纸社会新闻报道中，常见于指称婚姻缔结过程的词语包括四组；一组是体现家长意志的"父母作主，凭媒许/聘"，"父母作主，凭媒嫁/娶"；一组是体现婚约信物的"聘金""礼金""身价银"；一组是总体指称缔婚一事的"婚约/结婚""盲婚"等。

第二章 新旧之杂糅：社会议题与社会诉求的表达

第一组：父母作主，凭媒许/聘；父母作主，凭媒嫁/娶

使用这组词语来强调订婚、成婚过程中家长意志的报道不胜枚举，在此仅举一日报纸为证。《越华报》1934年1月3日第6页共报道了7桩婚姻案件，其中3桩全部或部分使用了这组词语，它们分别是：

> 佛山三分局派出所段内聚贤里十三号妇人陈叶氏，以卖藕度活，其女顺甜，年华二九，虽出自贫家，而貌颇妖娆……遣媒求婚者，接踵而至，但叶氏已于去年底将顺甜许字麦村乡人麦棉为妻……至前月为顺甜侦悉，以母误听媒妁之言，将己配一市井无赖，大不悦意……①

> 妇人李贞，廿一岁，惠州人，向在籍居住，十八岁时由父母作主嫁惠州城晒布场咸鱼街十六号梁值为妻，入门后情感颇笃，讵不知如何为家姑不容，时将之责备，妇不能忍……②

> 上西关福源新街廿八岁小贩陈锦成，有女名丽贞，现年十七岁，习染自由。陈见其已长大，于前数月许字南海盐步乡人黄祺之子黄春霖为妻。迨后事闻于丽贞，以乃夫系乡中耕田佬，已大不满意，提出反对无效……③

社会新闻报道对上述词语的普遍使用，首先是因为遵循固有规范"父母之命、媒妁之言"程序缔婚并以此为有效婚姻要件的事实相当普遍。1930年发表的一篇对燕京大学男学生的调查结果显示，已婚男生中"婚姻由家庭订为最多，占61.9%"；④ 同年发表的另一篇对全北京的大学生调查结果则显示，已婚者当中婚姻完全由"父母选择"的占70.6%，"父母选择本人同意"的占17.6%，"本人选择父母同意"的

---

① 《一幕女子悔婚之趣剧》，《越华报》1934年1月3日，第6页。
② 《三角恋爱之一榻（塌）糊涂》，《越华报》1934年1月3日，第6页。
③ 《临嫁私逃》，《越华报》1934年1月3日，第6页。
④ 葛家栋：《燕大男生对于婚姻恋爱态度之调查》，《社会学界》第4卷，1930年，载李文海主编，夏明芳、黄兴涛副主编《民国时期社会调查丛编·婚姻家庭卷》，福建教育出版社2005年版，第53页。

占11.8%，完全由"本人选择"的则为0。① 笔者尚未找到当时广州的类似统计数据，但由于北京是新文化运动的中心，且大学生是当时受新式教育最多、思想最激进的群体，据此数据可以推测其他地方、其他群体的婚姻，依旧规而行的肯定更加普遍。其次，社会新闻报道对上述词语的普遍使用，还因为遵循新规范"结婚应有公开之仪式及二人以上之证人"②缔婚者少。加上这种新式结婚公示范围太小不易举证，以此举证婚姻成立的当事人，常常被报道者认为是"露水夫妻"。

社会新闻报道还常用这组词语来指称新规范已不再明文规定的纳妾行为。《中华民国民法》本身对妾制问题态度暧昧至极，使夫妾关系、妻妾关系全无标准可言。该法在原则上声称实施一夫一妻制，又未能明文禁止纳妾，亦未规定男子纳妾的罚则，仅仅在法律正文中取消妾的字眼以敷衍"一夫一妻"的承诺。对于事实上的纳妾，司法机构又以判例形式确认妾与妻享有同等的家属地位，却不认可夫妾之间的关系为婚姻关系，③这使得不具婚姻关系的妾与具有婚姻关系的妻同为合法的家属，妾不仅可以合法地存在，而且固有规范中妾相对于妻的仆从地位也被取消了。另外，妾虽然可以合法地存在，但纳妾过程却因法律的回避失去了标准。所以民间纳妾如故，遵循旧式缔婚程序来举证是不是纳妾的纠纷当事人也多，社会新闻也就在纳妾纠纷报道中不可避免地照录当事者沿用的这套词语：

---

① 楼兆馗：《婚姻调查》，《国立中央大学半月刊》第1卷第14期，1930年，载李文海主编，夏明芳、黄兴涛副主编《民国时期社会调查丛编·婚姻家庭卷》，福建教育出版社2005年版，第82页。
② 《中华民国民法·亲属》第九八二条，载《中华民国法规大全》第一册，上海商务印书馆1936年版，第79页。
③ 根据民法生效前大理院1919年上字106号判例："纳妾之契约与婚约之性质不同，凡未生子之妾苟有不得已事由均得请求解约"，妾与家长关系被确认为一般"契约"关系（郭卫编辑：《大理院判决例全书》，成文出版社1972年版，第211页）。根据民法生效后的最高法院1933年7月上字88号判例："……惟妾之所以得为家属，原以与其家长以永久共同生活为目的而同居于一家之故"，妾与家长的关系被确认为平等的家属与家长关系（《最高法院判例汇编》第24集，法学编译社1934年版，第39页）。

第二章 新旧之杂糅：社会议题与社会诉求的表达

> 顺德高赞乡寡妇陈刘氏，四十二岁，在乡缫丝，有十七岁女桂芳……香港湾仔竹树坡五号商人刘彦臣……托人与陈刘氏商量，拟纳桂芳为第五妾。刘因金钱结合，定情之翌日，桂芳倔强异常，而刘亦未履行条件，交出一千元港币，夫妾间遂生冲突……带返分局讯问，据刘陈氏即陈桂芳直认逼于母命，嫁刘为妾……①

> 许志生，四十二岁，南海人……决意纳妾。有居住聚龙社文德南约第六号赵黄氏之长女赵三妹所夫早丧，欲择人而事，凭媒钟胡氏张荣登二人之介绍，以一百元身价，再醮与许为妾。②

在很多情况下，社会新闻报道中使用上述词语，向读者示范纠纷当事人是如何遵循固有缔婚程序来举证婚姻（包括纳妾）的有效性。例如下面这篇报道的当事人据此强调自己确为有效婚姻关系当事人，是另一方违反了夫妇义务：

> 恋姨弃妻案调解成立——榨粉街五十四号之一妇人严俭芳，民廿三年秋由父母作主，凭媒嫁拱日路六十二号叶超为妻，去月严具状法院谓与叶结婚未几，即被家姑虐待。……本年四月因怀胎分娩，其妹到家探视，居住数日，为叶所诱，一矢双雕，税屋同居，自后对其苛虐更甚，至本年七月三十日晚复驱逐不许入门，请求判准离异……③

但在同样多的情况下，社会新闻报道中使用同样的词语，却是向读者示范纠纷当事人如何遵循新规范来举证婚姻或者婚约的无效性，因为《中华民国民法·亲属》明确规定"婚约应由男女当事人自行订定"

---

① 《又一囚妾活剧》，《越华报》1937年1月6日，第9页。根据民法生效后的判例，妾与家长关系为"以永久共同生活为目的而同居于一家"的家属与家长关系。最高法院1933年7月上字88号判例："……惟妾之所以得为家属，原以与其家长以永久共同生活为目的而同居于一家之故……"《最高法院判例汇编》第24集，法学编译社1934年版，第39页。
② 《娶再醮妇为妾被卷逃》，《国华报》1933年12月2日，第2张第4页。
③ 《恋姨弃妻案调解成立》，《越华报》1936年11月22日，第5页。

"婚约不得请求强迫履行"。① 例如下面这篇报道的当事人据此强调自己有理由不履行已经订定的婚约：

> 西关宾源中约一号谭五女，廿一岁，于民国十九年由父作主许字南海沙头乡第一区南畔村周裕为妻，谭女以订婚时未征得本人同意，具状法律请求解除婚约。……据谭五女称，氏幼年丧母，于十九年间，由先父许字相对人为妻……忖思此项婚约，事前既未得氏同意，事后亦未经氏之追认，岂能认为有效？且婚姻有绝对自由之旨，岂能相强于盲婚制度之下，现氏绝不为旧社会而嫁，必从文明之路结婚，无论如何，请求准氏与之解除婚约。既据周裕供称，民与申请人订婚之初，彼此互相会面，认为合意，且由乃父作主，此次婚事，牢不可破，岂能视为儿戏？且女子从一而终，古有明训，今虽未结婚，而已有夫妇名义存在，何能遽请解除婚约？……②

诚然，从法律效力的严格意义来看，"父母之命""媒妁之言"的婚约与婚姻是否有效，应视每桩纠纷立约与成婚时所依据法律的时效性而定，社会新闻报道者显然和它报道的对象一样对此毫无意识。正是在这种不求甚解的知识转述和矛盾并存的新闻版面中，社会新闻向读者呈现出同一套词语可被用于截然相反的目的。

第二组：聘礼/聘金/礼金/身价银

在社会新闻报道中，这一组词语是常常和上一组同时出现的，用以说明缔婚过程已经根据传统规范的要求确定下来，因为《大清律例》规定了男方向女方给付聘财，确认婚约订定、不再反悔的意义。

"聘金""礼金"在字面上偏重于立约信物的意义，主要用来指女子初嫁为妻的聘财，例如：

---

① 《中华民国民法·亲属》第九七二、九七五条，载《中华民国法规大全》第一册，上海商务印书馆1936年版，第78页。
② 《请解婚约之新旧之争辩》，《越华报》1934年12月6日，第6页。

第二章 新旧之杂糅：社会议题与社会诉求的表达

> 文明路德政街男子谭喜堂，日前具状地方法院民事调解处，谓其未婚妻陈三妹传染肺痨，声请解除婚约一案……讯据谭喜堂供……民国廿年废历九月间民父母凭下涌乡人丁有为媒，定下相对人陈三妹为妻，并过聘金六十元，及饼食等物……①

> 顺德第九区三华乡民欧阳建闰，本年废历八月凭媒李三聘榄镇南区盈宁社何贻进侄女名骚女为媳，订明礼金三百六十元，另烧猪若干……②

> ……李细珠，廿六岁……民廿一年春由其父李苏，凭媒莫氏介绍，为细珠与凤凰岗外沙园乡仁和里四号小贩姚添之女姚三妹订婚，以金耳环一对为聘礼，并交聘金七十元……③

而"身价银""养育费"则在字面上偏重于女子人身等价交换金的意义，主要用来指女再嫁或者出嫁为妾的聘财，例如：

> 西关连元横街十三号徐何氏，有谊叔罗坤，现欲娶一再醮妇为妻，乃托何氏代为物色。旋凭媒介绍看合张李氏，订明身价五十元。至廿七日午，张李氏亲到徐何氏家收款，并自认现住珠巷一号，今收款后，即能随反乡间成亲……④

> 九江市万昌二楼华侨陈昌津，向在美洲三藩市经营餐室，去春方旋，十一月卅三日凭媒用价四百元娶南海沙滘村邓卢氏之女梁连喜为妾……⑤

> ……据原告（杜焕屏）供：民娶被告为妾，事前经与其养母面商妥洽，并送回养育费三百元，另食物烧猪等……⑥

---

① 《审讯控妻染肺痨病案》，《国华报》1932年1月28日，第2张第3页。
② 《村女逃婚案》，《越华报》1934年12月6日，第6页。
③ 《临嫁拒婚之一场活剧》，《越华报》1936年11月7日，第9页。
④ 《扭控藉婚串骗之男女》，《国华报》1933年1月29日，第2张第4页。
⑤ 《诬妾不贞案》，《越华报》1937年1月28日，第9页。
⑥ 《审控妾私逃请同居案》，《国华报》1932年10月16日，第2张第3页。

不过,"聘礼""聘金""礼金"与"身价银"在用法上并无不可逾越的差别。下面这篇报道中即用"身价银"一词指缔结初次婚姻的信物:

> 河南雨亭街廿八号潘振英,廿七岁,雇工于十三行某银号,日前向法院控河南草芳三巷六号宋李氏宋凤英母女藉婚行骗……据供民与宋凤英订婚,系由黄二姑介绍,且曾与宋李氏面订条件,身价银二百元,另媒人银十元,定本年夏历五月初五日迎娶,不料候至是夜二时许,不见新妇乘舆至,民即着人到宋家追问,始知宋氏母女迁徙一空。①

尽管"聘金""聘礼""礼金"和"身价银""养育费"在字面意义各有偏重,但二者在报道中没有严格区分,均指依照传统规范授受的订婚信物。婚姻纠纷报道中这套词语高频率出现,不但是因为民间仍然习惯于依旧规聘妻妾,而且是因为聘财在社会大众当中作为等价交换金的意义大于作为信物的意义,导致围绕聘财支付与返还发生的纠纷数量很多。在社会新闻当中,一些文化精英大力鼓吹的基于爱情而未论聘财的婚姻,因为缺失"三书六礼"的传统程序,仍被报道者视为露水夫妻。

第三组:买卖式婚姻/盲婚

频见于社会新闻报道的"买卖婚""盲婚",是专门强调由父母主婚、未经当事人同意的婚姻无效的词语。在报道中,"盲婚"一词经常被当事人加缀修饰语来表达激烈的指责与反抗,如"卖肉式盲婚""买卖式婚姻"等词语,控诉父母主婚只注重聘财多寡,忽视当事人个人幸福。例如下面两篇报道使用了这组词语:

> 据陶景坤供,本年三月十二日由父母作主嫁与何作豪为妻,事

---

① 《审讯母女藉婚行骗案》,《越华报》1933 年 7 月 16 日,第 6 页。

前父母并未通知，此种买卖式的婚姻，本欲提出反对，惟被告人前在知行中学卒业，系属知识阶级，且不忍违反父母之命，故未提出反对……①

姚三妹称：廿三岁，侬与李细珠订婚，远在四年前，由侬父姚添母黄氏作主，事前并未征侬同意，侬对此事完全不知，故无异意。近侬始悉前情，不甘此卖肉式的盲婚，故誓死反对。②

社会新闻常常向读者示范纠纷当事人以这组词语反抗父母主婚的理直气壮：

> 河南堑口太和里第八号刘钟氏……其女刘彩虹十八岁，曾在女子师范毕业，现在某小学当刺绣教员，与同事邹达英结识，过从甚密，因欲结为夫妇。奈钟氏头脑顽固，以邹家微寒，不合东床之选，转而许字其外侄钟某为妻，已下聘有日矣。彩虹聆耗，以母钟氏未征得本人同意，此种卖肉式盲婚，万难顺从，于十四下午晚膳时提出反对……③
>
> 本市珠光路一零三号二楼妇人邓杨氏，四十七岁，番禺人，家小康，有女名佩新，年华双十，向在仓边路某护士学校肄业。去年十一月，母为之许字黎氏子，不使女知之。近为佩新查悉，誓死反对盲婚，已与同居三楼之少年钟英，发生情感。④
>
> 番禺大塱乡黎焕转，由父母许配番禺县属东圃石溪乡秦阿团为妻，尚未过门。日前黎焕转具状法院，谓非法婚约，实难承认，请求准予解除……法官问黎焕转：尔于何时与秦阿团订婚？答：系由父母作主，氏并不知于何时与他订婚。问：尔如何知道与他订婚？答：氏在省河南布厂作工的，及至本年端阳节回乡，氏母始对氏言

---

① 《审讯何陶婚变上诉案》，《越华报》1936年11月6日，第9页。
② 《临嫁拒婚之一场活剧》，《越华报》1936年11月7日，第9页。
③ 《女教员反对盲婚自缢》，《越华报》1933年7月16日，第6页。
④ 《拒盲婚邓佩新公堂陈情》，《国华报》1935年7月26日，第3张第1页。

及经与秦阿团订立婚约,不日出嫁,叫氏勿往省作工。问:尔因何不愿意与他订婚?答:因并未征求氏同意,氏实不能承认此种盲婚。①

第四组:婚约/结婚

"婚约""结婚"这两个写进《中华民国民法》等正式规范的词语,也在社会新闻报道中高频率出现,其中"婚约"是指订婚,结婚是指成婚。在正式规范中,这两个词语均有婚姻当事人根据本人意愿平等缔结婚姻的含意,但在社会新闻报道中,这两个高频率出现的词语,被用来指称包括父母主婚在内的一切婚约或者婚姻,即使在《中华民国民法·亲属》生效后也是如此。下面两篇报道中使用的"婚约""结婚"一词是与正式规范一致,指于先由当事人自主订婚,再征得"父母之命"而成婚的:

昨上午十时,地方法院民一庭庭长许庭熊调解蔡婉贞控夫恶意遗弃离异案。讯据声请人供,氏前在本市与相对人邓锡年相识,彼此感情日笃……遂商得家长同意与之订婚。结婚后初尚相好,惟相对人本薄幸之流,生性无赖,自去岁起日渐与氏疏远……②

广卫路廿二号二楼女子伍伟芳,二十岁,在某女子中学肄业,其父母居乡。本年废历三月间由女同学介绍与住新丰街某学旅中学生张棣华相识,旋以感情投契,暗订鸳盟,并约定废历二十日举行结婚礼。而伍之父母在乡仍未知也。伍遂据情禀知父母。再促张迎娶,讵张一再推延……具状法院判准解约,十八日由推事判决……准原告与被告之婚约解除。③

下面这篇报道中的"结婚"是指当事人完全自主缔结婚姻的情况:

---

① 《审讯黎焕转请解婚约》,《越华报》1930 年 6 月 19 日,第 5 页。
② 《蔡邓氏离婚案调解不成》,《越华报》1932 年 4 月 3 日,第 5 页。
③ 《女学生择偶遇骗婚 准解除婚约》,《越华报》1936 年 12 月 19 日,第 9 页。

第二章 新旧之杂糅：社会议题与社会诉求的表达

> 自由结婚案宣判无罪——顺德县人叶煊，向在本市日华制造铜铁锁店充女工部管工。该店有女工黎花，与叶互约为婚……曾于本年七月初六日晚，藉双星相会之辰，暂假客寓同居，并于同年十一月十五日相约离家，税居于本市风烛地五号，先组小家庭。一面由叶煊请求伊母及嫂到黎花母家说项执柯。但黎花之母……使其子黎荣（即黎花之兄）喊警将叶煊扭解，由局转送法院办理……业已判决……谕知无罪。①

与正式规范中内涵不同的"婚约""婚姻"，例如下面两篇报道中"婚约""结婚"是指父母主婚缔结的婚姻：

> 本市东横街四十号二楼妇人郑廷娟，卅二岁，东兴人，于民国八年秋，由父母作主，凭媒嫁与广九站白云楼十四号二楼同乡男子廖卓明为妻。……次据被告人廖卓明供，卅四岁，东兴人，民与原告于民国八年废历九月十九日结婚，生子三人。②
>
> 惠爱东路禺山中学校女学生殷惠贞，十六岁，住丰宁路七十二号二楼，本年一月二日由家长作主嫁惠吉西路福泉二巷五号何文光为妻，何年仅十五，结婚迄今五月，尚未同居。③

尽管正式规范已不承认夫妾关系为婚姻关系，报道中仍然可见把"婚约""结婚"用于指称纳妾的情况：

> 河南仁厚里七号妇人师罗氏……有育女爱莲，爱如己出……罗氏近由戚友介绍许字乡间某银号少东黄少元为妾。……据爱莲称十八岁广西人，因不愿盲婚，须取消黄家婚约，始允回家。局员训后

---

① 《自由结婚案宣告无罪》，《越华报》1930年3月1日，第5页。
② 《廖卓明被控弃妻逐子恋妾案审讯》，《国华报》1935年7月25日，第1页。
③ 《一对假鸳鸯难偕老》，《越华报》1936年8月22日。

以彼母女因婚姻争执,遂向爱莲训戒一番,着罗氏带返约束遣去。①

何阮氏……原呈云……窃氏于民国八年间,由被告何卓(潮福斋店主)亲至求婚,发誓宣盟,娶氏为小妻。结婚之后,初则税居于河南,继则适居于被告所开潮福斋栈,而其妻胡氏则住居正铺。②

只有在当事人面临重婚或弃妻指控时,才会照录当事人对"结婚"与"纳妾"所作的区分,例如下面这篇报道:

惠福路三百八十五号二楼女明星梁瑞莲,民二十年十月十三日由家长作主嫁佛山人劳飞为妻,系在财厅前太平支店正式结婚。旋梁氏发觉劳乡中已有发妻黄氏妾邓氏,认劳有意重婚欺骗……向法院控以重婚之罪。……据劳飞供,梁系民妾侍,并无举行若何结婚仪式……况广州市警例凡结婚者须到该管警区领取结婚证,苟民有与梁氏正式结婚,何以当日不到警区领证?……③

"婚约""结婚"这类在正式规范中有着特定的自主婚姻意义的词语,在社会新闻的婚姻家庭案件报道中大大扩充了内涵,成为涵盖大众实际生活中新式、旧式、新旧掺杂等形形色色婚姻的新词语。

综观上述四组词语可以看到,作为社会新闻主体内容的婚姻家庭纠纷报道,既因旧式结婚纳妾普遍存在而继续使用相应的旧式词语,又因现时反对旧式结婚纳妾的正当性而使用买卖式婚姻、盲婚等新词语表达新观念,还因各式婚姻共存于社会就把"婚约""结婚"等新词语扩充到指称全部新、旧式婚姻。社会新闻的包容性与创造性由此可见一斑。

---

① 《反对盲婚》,《越华报》1934年6月17日,第6页。
② 《何阮氏控夫立心遗弃》,《越华报》1930年5月15日,第5页。
③ 《法院终审重婚上诉案》,《越华报》1934年6月7日,第6页。

二 关于夫妇仳离的词语

社会新闻报道中常被用来指称夫妇仳离的词语，大致可分为三组：第一组是"脱离/解除关系""离婚"；第二组是"离异"；第三组是"归宁不返""大归""私逃"等。

第一组：脱离/解除关系、离婚

社会新闻报道的婚姻家庭纠纷中，以解除两性关系的纠纷数量最多，常用来指正式解除两性关系的词语包括"脱离/解除关系""离婚"。从当时正式规范的角度看，"脱离/解除关系"可用于解除一切亲属关系，"离婚"仅可用于解除正式两性关系中的婚姻关系，适用对象的范围是前者比后者宽。这些词语体现行为主体平等、自主地通过一定的法律行为来变更其人身关系的法律主旨，是基于民国法律契约自由原则①的一种表达，"契约自由"也是《中华民国民法》修订者力图达致的"共同生活之方法"。②

社会新闻使用"脱离/解除关系"的含义比现行正式规范更加宽泛，不仅用于正式解除现行民法有规定、需经法定程序才能解除的亲属关系如夫妻关系、婚约关系、亲子关系，还用于现行民法正文没有规定、现已不需经过法定程序就能解除的一切亲属关系，如夫妾关系、姘居关系、翁（姑）媳关系，等等。下面三篇报道中，当事人要求解除的分别是夫妾关系、姑媳关系、亲子关系：

> 西关第八甫□□里七号二楼住客何仲雅，与现住文昌二巷十号

---

① 清末修律后的法律的契约自由原则，是指个体与个体之间平等、自由地通过法律行为缔结契约，进行人身、财产关系的变动。对于民国法律中的契约制度，已有著作专门论述了民国成立以来中国法律中契约制度的变革，以及民国初年大理院司法实践中体现的"契约自由"概念的诞生。参见李倩《民国时期契约制度研究》，北京大学出版社2005年版；周伯峰《民国初年"契约自由"概念的诞生》，北京大学出版社2006年版。

② "民法……以契约自由为共同生活之方法，其意思之自由，有一定之范畴，故义务之履行，以公平善意为标准。"胡汉民：《三民主义之立法精义与立法方针》，1928年，载吴曼君选《胡汉民选集》，帕米尔书店1959年版，第112页。

四楼女子陈少珍结识，纳之为妾。昨十二日具状地院民事调解处，以陈氏性情乖舛、虐待发妻等情，诉请脱离夫妾关系……①

河南厂前街长胜古道第六号江瑞英，由父母凭媒嫁河南怡安里第五号陈何氏之子陈荣为妻。江瑞英于归后，其夫因病身故。现江瑞英具状法院，谓遭姑虐待，请求准予脱离姑媳关系。②

西关二二围街三十二号朱杨氏月前以伊子朱光洪……月来不务正业如故，且时去各茶楼追逐女伶，欲与文雅丽结婚……乃再复具状地方法院民庭，请求判决脱离母子关系……判决……撤销亲子关系。③

社会新闻使用"离婚"一词的含义也比正式规范更加宽泛。根据现行民法，"离婚"专指解除已经成立的婚姻关系，报道中的"离婚"基本如此，毋庸赘述。但因传统规范当中家长"订婚"即具有可强制执行的法律效力，社会大众习惯于把解除婚约视同解除婚姻，所以社会新闻亦称解除婚约为"离婚"；又因传统规范当中夫妾关系属于婚姻关系，所以社会新闻时常照录纠纷当事人的辩解，称解除夫妾关系为"离婚"。下面两篇报道中的"离婚"，分别是指解除婚约关系、解除夫妾关系：

黄邱离婚案已判决……前黄女以盲婚为词，具状地方法院起诉……昨十五日将案判决，其主文云：黄女与邱三因解除婚约，赔偿损失案，原告人之婚约，准予与被告人解除，原告人应将损失盘费礼金共五百元，返还与被告人收领……④

---

① 《沪商控妾虐妻请脱离》，《国华报》1933年6月13日，第2张第3页。
② 《寡妇请与姑脱离关系》，《越华报》1930年10月4日，第5页。
③ 《判决母子脱离关系案》，《国华报》1931年6月2日，第2张第3页。
④ 《黄邱离婚案已判决》，《国华报》1933年5月16日，第2张第3页。

第二章 新旧之杂糅：社会议题与社会诉求的表达

蕉园住户潘某，乃某影戏院东主，妻妾数人。有一妾年方十八，廿四日迳赴西禅分局报称，因夫虐待，请求离异，并恳分局准其返夫家取回自己衣物。分局以离婚系司法范围，着赴法院起诉……①

这组表达两性关系正式解除的词语"脱离/解除关系""离婚"，在正式规范中隐含着契约自由原则和严格的适用范围，但社会新闻无法避免地讲述大众生活中实际存在的多种旧式亲属关系之解除，于是将这组新词的含义扩展使用，既指现行正式规范严格限定范围内的亲属关系之解除，也指现行正式规范已经不予管辖的亲属关系之解除。

第二组：离异

"离异"一词本是《大清律例》中表达男女双方合意解除夫妻关系或夫妾关系的词语，《中华民国民法》正文中没有出现这个词语，1927—1937年广州报纸社会新闻则广泛使用这个词语来指称各种两性关系的正式解除。在报道中，"离异"与"脱离/解除关系"相比，使用范围稍窄，仅用于亲属关系中两性关系的正式解除，既包括传统规范管辖而现行法律允许自理的夫妾关系、婚约关系之解除，也包括传统规范与现行法律均予管辖的夫妻关系之解除，还包括传统规范与现行法律均不予管辖的姘居关系之解除。下面四篇报道中，"离异"一词分别指称夫妾关系、婚约关系、夫妻关系、姘居关系的解除：

审讯妾侍请求离异案——惠福巷二号女子胡惠珍，日前以伊夫陈卓南，违约反悔为词，具状法院请求判决脱离夫妾关系……②

河南□□坊居民周某，前数年由父母作主，与徐氏女订婚，其后父没，无力迎娶……近徐氏女侦知周家贫穷，大不满意，屡在父

---

① 《少妾赴分局请求离异》，《越华报》1930年3月26日，第6页。
② 《审讯妾侍请求离异案》，《国华报》1933年12月24日，第1张第2页。

母前要求对周提出离异……①

西关珠光北约十九号二楼卢月池，凭媒娶珠光东约新建巷五十一号内之八楼萧宅婢女李氏为妻。现李氏因卢月池不能供给米饭屋租，要求离异。卢月池遂具状法院请求依法办理……兹将原呈录下：为协议离婚，请求离异事……②

大塘街三十三号妇人王金莲，与广南船厂张万相识，并未结婚，先行租屋同居，现王金莲谓张万嗜赌狎游，将其虐待，具状法院请求准予离异……③

其实，"离异"这个源自传统规范的词语，与"脱离/解除关系""离婚"这组源自新式法律契约精神的词语，在社会新闻的两性关系纠纷报道中，是互相通用的。例如下面这篇报道就在同一桩解除两性关系的事件叙述中用了"离异""离婚""脱离关系"三个词：

南海官窑石市豆腐巷女子刘胜友廿五岁，于民十七年秋由父母作主嫁于官窑岗尾村梁磅棋为妻，结婚后双方感情日恶劣。今春梁突具状法院，谓订婚时系由父母作主，并未征求伊同意，强迫成婚，日与刘氏意见各走极端，曷若早日离异，各得自由。……业经法院一度审讯终结，以梁之请求理由殊欠充分，曾判决驳回梁之离婚请求。……后以梁以彼此缠讼，当无良好结果，遣人磋商和解，两造亦愿谅解，查昨日已由法院推事向两造和解成立，并互立和约：（一）由民廿五年九月二十日起两造脱离夫妻关系……④

总之在社会新闻报道中，"离异"这个旧词是在很宽泛的意义上使

---

① 《嫌夫家贫坚请离异》，《越华报》1930年2月6日，第6页。
② 《夫妇不和请求离异》，《越华报》1930年2月22日，第6页。
③ 《未经结婚也请求离异》，《越华报》1930年3月2日，第5页。
④ 《夫妻离异也约法三章》，《越华报》1936年11月6日，第9页。

用的，既不同于现行规范，也不同于传统规范，而是具有与"离婚""脱离/解除关系"等新词一致的新旧掺杂的含义。

第三组：归宁不返、大归、私逃

这组词语在报道中专指卑亲属未经尊亲属同意、未经官府裁判就擅自离开夫家的行为，其中"归宁不返""大归"是指女子擅离夫家留在娘家，"私逃"是指女子擅离夫家或子女擅离父母家不知去向。

这是一套以旧规范为参照的旧词。根据"现行律民事有效部分"等旧规范，子女人身支配权本属于父族，女子成婚后人身支配权即从父族转交给夫族。① 在未经尊亲属同意的情况下，子女、妻妾不得擅自离家，擅离者为"逃"。其中，女子未经夫族同意擅自离家，当受杖刑；女子仅在丈夫弃妻逃亡满三年后方可自行离开夫家，或者在丈夫弃妻逃亡未满三年时经官府裁判后方可离开夫家。② 在这套规范中，子女在父母不同意离家的情况下和女子在丈夫不同意分离的情况下，都不可能获得合法离家的许可，只能出走。民国民法取消了子女相对父母、女子相对丈夫的卑亲属地位，虽然仍然要求女子履行与丈夫同居于夫家的义务，③ 但妻子、子女离家均不需夫族或父族同意，自行离家也不再被称为"逃"。不过在这新旧规范交替之际，女子走法律途径诉请离婚在报纸尚属大标题渲染的新鲜事，子女、女子自行离家出走倒被处理成层出不穷的小字体琐闻，其中所用的"归宁不返""大归""私逃"等词

---

① 日本学者仁井田陞的观点有助于理解妇女成婚时人身支配权的转移。仁井田陞认为，婚姻给妇女带来的人身方面的法律后果，是妻子进入丈夫家庭，被丈夫家族完全吸收。由于家长对子女、妻妾拥有人身支配权，所以妇女从父亲家庭进入丈夫家庭的过程，即是其人身支配权由父族转到夫族的过程。参见仁井田陞《中国身分法史》，东京大学出版会1983年版，第652页。

② "现行律民事有效部分"原文："若夫无愿离之情，妻辄背夫在逃者，徒二年，听其离异；其妻因逃而辄自改嫁者，加二等。其因夫弃妻逃亡，三年之内，不告官司而逃去者，处八等罚。擅自改嫁者，处十等罚。妾各减二等。"沈家本等编订：《钦定大清现行新律例》卷二，载《续修四库全书》865卷·史部·政书类，据天津图书馆藏清宣统元年法律馆铅印本影印。

③ 《中华民国民法·亲属》原文："第一零零一条 夫妻互负同居之义务，但有不能同居之正当理由者不在此限。第一零零二条 妻以夫之住所为住所，赘夫以妻之住所为住所。"《中华民国法规大全》第一册，商务印书馆1936年版，第80页。

语，即是依纠纷当事人的叙述，以刚刚被取代的旧规范为依据，指称子女、女子擅自离家的行为。以下两篇报道，分别以"归宁不返""大归"指女子擅留娘家：

> 西平街廿五号麦振标，卅二岁南海人，年前娶德宣路清华坊四号陈氏女为室。结褵后女以麦家赤贫，大不满意，夫妇间龃龉顿生，势如水火，去年十月陈氏归宁母家一去不返，麦屡遣人迎接，均不允回……遂具状法院民事调解处请求责令陈氏返家完聚……①

> 陈桂清，番禺人，住河南张北龙德里八号，嫁夫梁启章，生有子女。昨以梁启章不事生产，不能抚育子女，携同子女大归，另谋生活。现决意赴沪，恐丈夫借端拦阻，具状法院，请求准予离异……②

以下三篇报道则分别以"私逃"指妻、妾擅离夫家，婢女擅离主人家：

> 本市珠光路美南茶居店伴李劝……其堂弟李盈，娶妻陈氏，二十岁，向居乡中务农，惟陈氏对于李盈，心存不满，常借故吵闹，李劝曾加训勉。本年四月间，李盈他出，被陈氏乘机挟带衣饰值银二百余元私逃……③

> 医师李义华……有妾卢氏，广西人，前数日私逃，李发觉，经报分局查缉。至十四日，李卢氏潜行返家，并携一男子同至，潜取所有衣服返出，交该男子携带，正待偕逃，为陈伴陈子端发觉……④

---

① 《妇人宁死不愿返夫家》，《越华报》1933年9月14日，第6页。
② 《法院驳回离婚案两宗》，《越华报》1930年2月14日，第5页。
③ 《背夫改嫁被夫兄扭控》，《国华报》1935年9月9日，第1页。
④ 《私逃少妇携苦力贿迁》，《国华报》1935年3月16日，第2张第4页。

第二章 新旧之杂糅：社会议题与社会诉求的表达

十二上午九时，惠福路南□街有一少女沿途啜泣，并恳住户收留，惟均以其来历不明，未敢应允，女哭更哀，未几警察至……自称麦彩□，十四岁，系温良新街第八号之婢，因被女主人虐待，惨苦难堪，故<u>私自逃出</u>，以求生路……①

不但是报纸报道，就连检察官所写的正式司法文书也沿用"私逃"一词。1935年的一份检察官公诉书中写道：

该蓝氏于去年旧历七月十七日藉名往县属分界看醮，密约被告（林伯辉）<u>私逃</u>通奸……蓝氏平日品行不端，与被告相约<u>私逃</u>通奸无疑……②

在报道中，还有在两性纠纷中由夫方主导实施的"大归"，实则同于旧规范所谓"出妻"，意指男子遵循旧规范的休妻行为：

冯觉醒，三十七岁，南海人，住兴安里五号，去年十二月初旬娶金兰里二桃巷十五号叶董氏之育女意宽为平妻。据冯自谓迎娶时因患病，至本月十六始发觉意宽不贞，遂于翌日令其大归，并亲至岳家，将情形告知叶董氏……③

百子路同福横巷七号女子霍锦裳，近具状法庭略称：民十九年嫁区子才为妻，夫妻感情颇笃。讵区迩来与胡氏女结识，金屋贮娇，将氏虐待断绝赡养，旋且驱逐<u>大归</u>，不认为发妻……④

---

① 《少婢请求收留之可怜》，《越华报》1930年2月13日，第6页。
② 《茂名地方法院检察处起诉书》，1935年4月25日，存广东省档案馆7/4/62，第4页。
③ 《娶育女作平妻之纠纷》，《越华报》1930年2月19日，第6页。
④ 《区霍离婚案试行调解》，《越华报》1933年12月1日，第5页。

上述社会新闻有关仳离的三组词语，第一组是新词扩展运用于旧行为；第二组是旧词发展出新词义；第三组是旧词仍用于旧行为。综合观之，是新旧交融、充满弹性的复杂景象。

三　关于男女情爱的词语

男女情爱是被《礼记》《大清律例》等传统伦理规范完全禁止的，但却是《中华民国民法》所定自主婚姻的必然前提，选用什么词语来指称男女情爱事件，也是社会新闻报道中值得分析的方面。大体来说，社会新闻用于指称男女情爱事件的词语可分两组，一组是贬义的："诱""奸""恋奸"；另一组是中性的："恋爱"。

第一组：诱、奸、恋奸

在社会新闻报道中，"诱""奸"是贬义词，专指男女双方合意的非婚性爱，既有传统规范作依据，亦有民国刑法作依据。在维护两性伦理秩序方面，民国刑法沿用在晚清《大清新刑律》基础上略作修改而成的民初《暂行新刑律》，保留"和诱"罪名指男子偕同女子脱离家庭的行为，保留"和奸/通奸"罪名指男女合意的非婚性行为。从新、旧规范到社会新闻，这几个词的含义是基本一致的。

在报道中，"诱"的主体主要是男性或长者。即使是男女合谋的行为，社会新闻也用这个词来表示长者或男性因居主使地位而负主要责任，女子因居从属地位而负次要责任，这也符合中国法律长期以女子智识不如男子而置女子于从属地位，以年少者智识不如年长者而置年少者于从属地位的传统。在报道中，"诱"有诸多同义词，如"拐""诱拐""和诱"，等等，还有几个复合词，如"诱奸""诱逃"，等等，均用来强调这种行为中女子的从属地位与次要责任。

"奸"在报道中指男女合意的非婚性行为，也有诸多同义词，除"和奸/通奸"外，还有"诱奸""相奸""奸宿""奸淫""恋奸""姘合"，等等，强调这种行为的不正性。

在报道中，前文已述之"逃"与"诱""奸"往往同时使用，贬斥女子不通过传统规范中的尊亲属（未嫁女的父母，已嫁女的丈夫）

就直接与非婚男子发生交往、情爱甚至性爱的行为，于女子方面称"逃"，于男子或长者方面称"诱"，于双方情爱行为称"奸"。下面两篇报道分别对这三个词语的综合使用即为例证：

> 泰康路七十号四楼阳陈氏，其育女梁秋兰，被邻居佣妇高谭氏诱令私逃，带回南海罗竹墟住家，与其子高权苟合成亲。及后复带秋兰来省佣工，被阳陈氏跟迹查悉，报警将秋兰起获……检察官……以高谭氏和诱未满二十岁女子脱离亲权人使为奸淫之所为……经已提起公诉。①

> 诱奸案母子同处徒刑——佛山大基头南栈□园东家王钊，有女名王固，年仅十五，与制酱人陈敬结识，王钊微有所闻，以大义责女。女遂于本年二月窃去银毫三百元，金钏、金耳环各一对，与陈逃返九江家中奸宿。嗣为王钊查悉，会警将陈及其母陈张氏扭送法院核办。现经审讯终结。昨日判决，主文云：陈敬和诱未满十六岁女子，处有期徒刑二年，教唆盗窃藏匿被诱人，处有期徒刑八月，执行徒刑二年……②

换个视角分析上述两篇报道可发现，社会新闻与刑法保持一致，把一桩"恋爱"事件，分别用男子或长者之"诱"、女子之"逃"、双方之"奸"来表达，就能使它看起来不具有正面意义。尽管民国民法确认"婚约应由男女当事人自行订定"，但当事人自订婚约所需的交往自主和情爱自由，既未获刑法许可，也未获社会新闻力图代言的"社会"认可，所以民国民法涉及男女情爱方面的规范，其实是孤立的、缺乏实际可行性的。

---

① 《起诉和诱女子作媳案》，《越华报》1930年10月26日，第5页。
② 《诱奸案母子同处徒刑》，《越华报》1933年6月19日，第5页。

第二组：恋爱

社会新闻报道并不排斥用中性的"恋爱"一词来指称男女情爱，其同义词有"拍拖""相恋""发生感情"，等等：

> 东关汛一号李三伟有侄女友生，于本年六月凭媒介绍许字清水濠四十三号林华荣为妻，订婚后时与女拍拖出游，久之友生为林所诱失贞……①

> ……工程师余少初……卅一岁，南海人，住华光厅后街十九号，与交际花何雪英热恋，何时向之求经济援助……②

> ……锐林曾据实告知其父（冠英，引者），无如冠芝头脑陈旧，以司徒氏曾为当炉□粉，玷辱家声，不允其子请求。锐林性原儇薄，以老父不允，且与女相恋日久情与已淡，亦置而不理……③

> 前鉴分局段内大河头未列门牌木屋苦力刘盛，四十二岁……女名二妹十七岁，向作菜贩……因有同业何生，年少风流，与女为邻居，出入开档与俱，互生情爱，已订鸳盟……④

社会新闻以"恋爱"这个中性词指称男女情爱，与新旧正式规范均无多大关系，因为新旧正式规范均视男女婚外交往与情爱为罪行。社会新闻所用"恋爱"一词，追其渊源，应该更多地来源于20世纪20—30年代的文化人士。在20世纪30年代中国的文学作品中，"恋爱"一词使用相当普遍，不但不被作者看成不正当的行为，还有表达改革潮流

---

① 《审讯藉婚诱奸案情形》，《越华报》1936年12月12日，第9页。
② 《为了爱余少初一再骗友》，《国华报》1936年8月18日，第1页。
③ 《旧约顿寒红粉当炉多艳史 恩情已淡青衫蕴泪有微词》，《越华报》1937年1月26日，第9页。
④ 《父捉女奸》，《越华报》1937年2月7日，第9页。

的新意。巴金成书于1933年的小说《电》，塑造的几名激进青年当中，一名叫"慧"的青年女子多次宣称"恋爱"并非不道德的行为："你们都笑我是恋爱至上主义者！我不怕！我根本就不相信恋爱是一件不道德的事情，我不相信恋爱是跟事业相冲突的！"① 林语堂在他成书于1935年的《吾国与吾民》一书中，专门以"恋爱与求婚"为题描写了中国女子在"遮掩深藏"于闺房的情况下可以通过哪些途径与她的"爱人"进行"恋爱"。② 在此环境中，社会新闻采用"恋爱"的中性意义，体现了它和当时文化潮流合拍的一面。

不过，社会新闻对"恋爱"一词的使用，并不总是坚持其中的道德正当性。许多时候，"恋爱"和"诱""逃""奸"等词语同时运用于一桩情爱事件，再次证明道德的"恋爱"可被表达为不道德的"诱""逃""奸"：

> 姊弟恋奸旅店败露——欧阳才，廿七岁，顺德大良人，在乡耕种，有堂姊欧阳娟，卅岁，经出嫁同邑东马列宁乡人李牛为妻。才虽年龄已长，因贫未娶，近竟与乃姊阿娟发生恋爱，阿娟时藉故归宁母家与才幽会……③

> 警探长李彦，据报有少女赖爱莲挟带私逃，分令各区队查缉，十六日为警探第六区查悉赖爱莲实被伶人诱唆挟逃，经起出赖爱莲解办……据赖爱莲称氏于三年前已与伶人某相识，彼此恋爱，愿为夫妇，恐父母不允，故于去月廿六日挟带金饰私逃，随伶税屋同居……④

总而言之，正式规范视为不道德而文化精英视为道德的男女情爱，

---

① 巴金：《爱情三部曲：雾·雨·电》，人民文学出版社1988年版，第288页。
② 林语堂：《吾国与吾民》，华龄出版社1995年版，第155—159页。
③ 《姊弟恋奸 旅店败露》，《国华报》1935年3月29日，第2张第4页。
④ 《爱莲不自爱，贿迁作席》，《越华报》1937年1月19日，第9页。

体现在社会新闻兼收并蓄的遣词用句当中,就不再是非分明、取向清晰了。在有关男女情爱的词语使用方面,社会新闻模糊了文化潮流与正式规范之间泾渭分明的差异。

四 关于夫妇家庭地位的词语

《中华民国民法》基于个人主义的立法理念,取消传统礼法规定家庭成员身份等级关系的服制图,重置了家庭成员关系。仅在夫妇关系上,民国民法在原则上认可男女平等原则,就打破了传统规范中夫为妻纲、妻为妾主的等级秩序。以婚姻家庭报道为主体的社会新闻,如何运用指称夫妇关系的词语来叙述变动中的夫妇关系,是本节试图阐明的最后一个问题。

第一组:夫、夫主、亲夫

社会新闻报道多称丈夫为"夫",毋庸赘述。然而作为妾的相对人时,仍以"夫主"称之,体现夫为妾主的传统身份差序:

> 指妾毒害夫主之可疑——许巨章……少时经由其父纳林姓女为妻,即童养媳……且以其年就垂老,子嗣必艰,冬间乃凭媒纳一李姓婢阿彩为妾,彩年十八,貌甚妖娆,许爱好弥笃……①

作为妻的相对人时,报道又常常称之"亲夫",尤其多用于妻子被控谋害丈夫的案件报道中,强调传统规范中"亲夫"比"奸夫"更加有不容侵害的意义:②

> 妇人毒毙亲夫之狠心——英德隔江乡陈齐,在河南克家井开陈齐记布厂,其同乡女子冯亚虾……与陈感情颇洽,及去年七月结为

---

① 《指妾毒害夫主之可疑》,《越华报》1932年6月26日,第6页。
② 以《大清律例》为例:常人相殴不成伤,笞二十;妻妾殴夫不成伤,杖一百。谋杀常人未成伤,首犯杖一百徒三年;谋杀丈夫未成伤,不问首从皆斩。张荣铮、刘勇强、金懋初点校:《大清律例》,天津古籍出版社1993年版,第472、488、438、440页。

> 夫妇……最近陈因患病，冯氏乃蓄谋杀亲夫之念，十六日托词上山采生草药与夫疗病，取苦蔓苗一束煎与夫饮，约一时许陈毒发毙命……①

报道中使用的"夫主""亲夫"两个词语，体现了家族主义制度下以夫为尊、以妻妾为卑的身份差序，而同新规范宣称的男女平等原则相背。

第二组：妻/妇、发妻、大妇/嫡妇、妒妇/悍妇

社会新闻报道常称妻子为"妻"或"妇"，亦毋庸赘述。然而"妻""妇"之前往往被缀以定语，透露出其中隐含的妻之身份、职责定位。

（一）发妻

在家族制度规定的身份等级差序中，"妻"有发妻、继室与妾之分，其中发妻地位是最高的。不仅以妻为妾、以妾为妻这种"妻妾失序"现象被严厉禁止，② 就是妻死再娶，继室也常常不被视为妻，不能取代初娶之妻的地位。③ 报纸家庭案件报道亦常以"发妻"一词强调初婚之妻的地位不容夫、妾侵犯：

> 河南接龙新街十四号钟少坡即伶人靓细苏……民廿一年受雇于金山大舞台，与女旦角林氏又名蝴蝶仔者同班，以年余之假凤虚凰，感情日洽，遂结为夫妇。去岁卖棹回国。钟少坡家中原有发妻，订婚时亦经声明……④

---

① 《妇人毒毙亲夫之狠心》，《越华报》1933年1月21日，第5页。
② 《大清律例》"妻妾失序"条规定："凡以妻为妾者，杖一百。妻在，以妾为妻者，杖九十，并改正。"张荣铮、刘勇强、金懋初点校：《大清律例》，天津古籍出版社1993年版，第219页。
③ "妻死再娶一妻固系通常之举，即扶妾于正位亦多有之。然称继室以'填房'、或'接脚夫人'，与'元配'之地位仍觉有逊，此在帝王方面尤倾向于此举，或则合葬方面限制一后附之，或则于祭礼方面限制一后配之，迄于明世犹然。"陈顾远：《中国婚姻史》，商务印书馆1966年版，第51页。
④ 《男女优合演离婚活剧》，《越华报》1936年11月4日，第9页。

（二）大妇/嫡妇

在传统规范的身份等级差序中，"妻"作为妾的相对人时，就居于家长的地位。社会新闻报道常以"大妇"称之，有时也称为"嫡妇"，强调其对"妾"的主导地位。由于妻妾纠纷案件是社会新闻的主要兴趣点之一，因而"大妇"一词在报道中极为常见。下面两篇报道，就分别以"大妇""嫡妇"强调妻妾纠纷当中妻的主导地位：

> 十五甫正街十六号刘镜如，近被其二妾邓瑰华具状法院，谓其串同大妇虐待毒殴，致染神经病，请求脱离夫妾关系，及补偿抚慰金一千九百元……①

> 推翻醋瓮嫡妇搜官——越秀北路九十二号刘普琴，向业商界。娶妻林氏，卅一岁，番禺人，多年不育。前数月，刘结识女子温梅，甘为妾侍，刘愿纳作小星，双方同意，但刘仍不敢对妻提出……②

（三）悍妇/妒妇

传统规范规定无论妻、妾都必须顺从。《大清律例》通过"七出"之条，使夫族有权驱逐不顺从丈夫、家长或妨害家族秩序的妻妾。社会新闻常以"悍妇""妒妇"指称不顺从的妻妾，体现了家族制度对女子应守"妇道"的要求：

> 妒妇因夫暴毙控侍妾——泰康路一百五十号三楼吴某，年已六旬，前曾充阳江县长等职，颇有积蓄，年前才新纳一妾，一号夜适与三故友人宴饮而归……不料夜深三时许，吴突发急症晕去……历时一小时许已气绝毙命。吴妻以夫系在妾房猝毙，难保无别情，翌

---

① 《续审虐妾成狂案情形》，《越华报》1936年12月18日，第9页。
② 《推翻醋瓮嫡妇搜宫》，《国华报》1936年7月27日，第3张第1页。

第二章 新旧之杂糅：社会议题与社会诉求的表达

日遂往永汉分局报案……①

悍妇搜官竟殴伤孕妾——河南龙道尾荣光里廿六号周寿山，四十五岁开平人……妻余氏四十二岁，性悍而妒，其夫以余氏从未生育，颇以子嗣为念，然畏其妻悍妒，未敢纳妾。至本年夏历五月凭友介绍娶李氏婢为妾……近为余氏查知底蕴，于一日下午七时许，纠同亲属多人直到搜官，周寿山恰在家，猝睹其妻掩至，惊至手足无措，余氏忿而捣毁所有家俱，执住李氏痛殴……②

总之，社会新闻常用于指称妻子的"发妻""大妇""妒妇/悍妇"等词语，都是强调传统家庭差序等级中"妻"应处的地位及其作为女子的顺从义务。

第三组：妾、妾侍

"妾"在家族制度中居于对夫、妻的依附地位，而《中华民国民法》标榜一夫一妻制原则，取消了妾的法律地位。但是，在社会新闻报道中，"妾"是最为常见的案件当事人之一。"妾"与"妾侍"互相通用，偶然也以"小妻""小星"等词语相称，强调"妾"作为奴仆或"副妻"的依附性地位。下面三篇报道，就分别以"妾侍""小妻""小星"指称妾：

助妾殴妻——本市镇南里十一号李煜，四十二岁，顺德人，妻杨氏，未有生育，李于五年前纳同乡何姓女为妾侍……③

何阮氏供……窃氏于民国八年间，由被告何卓（潮福斋店主）亲至求婚，发誓宣盟，娶氏为小妻……④

① 《妒妇因夫暴毙控侍妾》，《越华报》1931年6月3日，第6页。
② 《悍妇搜官竟殴伤孕妾》，《越华报》1933年10月3日，第6页。
③ 《助妾殴妻》，《国华报》1935年9月6日，第3张第1页。
④ 《何阮氏控夫立心遗弃》，《越华报》1930年5月15日，第5页。

> 小北十八洞廿六号陈应宾，四十四岁南海人。妻罗氏，年相若，结褵廿余载，感情极笃。……应宾近竟不供给家用，且欲纳小星，罗氏微闻其事，告之其子……①

可见，在现行法律对妾之存留态度暧昧的背景下，报道不仅无法回避现实生活中大量存在的妾这一事实，并且"妾侍"等词语强调传统家族秩序对于妾之身份地位的设定。

第四组：平妻

无论《大清律例》还是民国法律都禁止娶"平妻"，前者为维护家族秩序实行一夫一妻多妾制，后者则是宣称维护男女平等原则实行一夫一妻制。② 不过，社会新闻报道中常见有"平妻"一词指称并娶之妻。下一篇报道中以"平妻"指称并娶之妻：

> 女生上当——会城司法分庭……近日有兰桂里阮林氏之女阮瑶英，赴分庭控诉第一区私立萃材小学校教员何鼎铭，骗婚遗弃等罪名……据女子供述，缘去年在萃材小学校肄业……何鼎铭为教员。女年二十，何在校向女诸多饵诱，愿为平妻，两相同意……③

综上可见，在夫妇关系方面，社会新闻沿袭使用了一整套体现传统规范"夫—妻—妾"等级差序的词语，这既是当时社会生活中"夫—

---

① 《父欲纳妾子欲娶妻》，《国华报》1935 年 8 月 3 日，第 1 页。
② 清朝至南京国民政府时期明文禁止重婚的法条有：《大清律例》："若有妻更娶妻者，亦杖九十，（后娶之妻）离异归宗"；大理院 1916 年上字第 1167 号判例"兼桃亦不许并娶"，1919 年上字第 1176 号判例"后娶之妻如仍愿同度应认为妾"；1912 年暂行律："第 291 条 有配偶而重为婚姻者，处四等以下有期徒刑、或拘役。其知为有配偶之人而与为婚姻者，亦同"；1928 年《刑法》："第 254 条 有配偶而重为婚姻或同时与二人以上结婚者，处五年以下有期徒刑，其知情相婚者亦同"；1931 年《民法·亲属编》："第 985 条 有配偶者不得重婚"；1935 年《刑法》："第 237 条 有配偶而重为婚姻或同时与二人以上结婚者，处五年以下有期徒刑，其相婚者亦同"。
③ 《女生上当》，《国华报》1929 年 9 月 15 日，第 2 张第 4 页。

妻—妾"等级差序仍然普遍存在的体现，也是新规范之男女平等原则并未广泛落实到日常婚姻关系中的体现。与婚姻缔结与解除过程的事件性相比，存在于夫妇日常相处方式中的地位对比更具既定性与隐蔽性，新规范在原则层面的改变远未触及夫妇生活中的实际地位对比，这体现在社会新闻报道的词语体系中，也决定着社会新闻报道的词语体系。

在这个正式规范新旧交替的时期，对应于旧规范的一整套词语与对应于新规范的一整套词语共存于社会新闻的婚姻家庭纠纷报道中；前者包括"父母作主，凭媒许／嫁／聘／娶""聘礼／聘金／礼金／身份银""离异""私逃""诱""奸""亲夫／夫主""发妻／大妇／嫡妇／妒妇／悍妇""妾／妾侍／小妻／小星"，等等，后者包括"婚约""结婚""离婚""恋爱""夫""妻"，等等。新闻报道中使用这些词语，并不一定严格取自作为规范主体的法律文本正文，也不一定严格遵循法律文本当中的原词原意，但这恰恰是社会新闻得以发挥熔炉作用的地方。在社会新闻不严谨、不规范使用这些词语的报道中，或者新词语被扩展应用于旧式事实，或者旧词语被发展出新式含义；同样的词语，被用于支持传统的表述，也被用于否认传统的表述；同样的事实，有时用新词语来表述，有时又用旧词语来表述。这样纷繁复杂的社会新闻，使维护家族等级秩序的词语和支持家庭成员平等身份的词语相互对比、交叉、融合、淘汰，逐渐将婚约、结婚、离婚、离异、恋爱、夫、妻等词语固定成兼容新旧、广泛接受的大众词语。

第二节　表达社会焦虑情绪的议题

报纸刊载表达社会焦虑情绪的议题有利于吸引读者，社会新闻的宗旨又是最大限度地吸引社会大众为其读者，因而社会新闻趋之若鹜、大肆渲染的议题，势必为当时社会大众焦虑不已的议题。这使得本节得以通过社会新闻青睐的婚姻家庭纠纷种类，来透视社会新闻提炼出来的大众议题。

一 忤逆

子女拂逆父母意愿而引发的纠纷事件古已有之，此时亦是如此。在本书所述时期，由于这类事件涉及亲子之间身份地位关系由依附向"平等"的重大规范变化过程，引起报道者的极大兴趣，成为社会新闻报道的重要内容之一。由于本书将在第二章第三节对孝道问题的分析中，第三章第一节对血亲平等问题的分析中就此进行专门的深入探讨，此处仅仅简述社会新闻对不同亲子纠纷的不同报道重点。

在社会新闻报道当中，许多亲子纠纷事件被表达成"忤逆"案件，这主要是子媳打杀或虐待父母事件。这类事件古已有之，与前相比并不属于新事件，所以主要是因情节而对报道者具有吸引力。比如，男子陈煖和以砒霜毒杀卧病母亲，最终被判处死刑一案①，公安局破获男子叶其厚雇凶谋杀其父一案②和女子王氏杀死家姑高氏③，等等的报道，均属此类。从法律变迁的角度而言，南京政府成立后颁布的1928年和1935年《刑法》，均在很大程度上保留了第一章所述传统法律对亲属间以卑犯尊进行加重处罚的规定。根据南京政权先后颁行的这两部《刑法》，杀死常人处死刑、无期徒刑或十年以上有期徒刑，杀死直系尊亲属则处死刑或无期徒刑；伤害、遗弃或妨害直系血亲尊亲属自由，比伤害、遗弃或妨害其他人自由加重刑罚二分之一；施强暴于直系血亲尊亲属未成伤，则处一年以下有期徒刑、拘役或罚金。④ 这与传统法律相比，区别主要在于量刑变轻了，而注重孝道的精神没有发生根本改变。因此，社会新闻对这类事件的报道不涉及规范变化，大多聚焦于案情之残酷或者离奇，将它们表达成为子女儿媳忤逆父母翁姑的道德事件兼法律事件，以强化对违背孝道行为的谴责。

另有许多亲子纠纷事件却没有被表达成"忤逆"案件，其中主要

---

① 《判决鸩杀亲母案理由》，《越华报》1931年6月7日，第5页。
② 《破获逆子买凶弑父案》，《国华报》1933年11月24日，第2张第3页。
③ 《悍媳图弑家姑之骇闻》，《越华报》1931年8月15日，第5页。
④ 《中华民国法规大全》第1册，商务印书馆1936年版。

包括为数虽少的子女控告父母事件。子女控告父母或者儿媳控告翁姑的行为，在《礼记》要求子女在任何情况下都要对父母"起敬起孝""不敢疾怨"，①《大清律例》禁止子女"干名犯义"控告父母②的固有礼法规范之下，实属罕见之事。1930年2月26日，确认亲属间平等诉讼权的《中华民国民事诉讼法》正式颁行，在此前后广州等地便出现了少数几起子女控告父母或儿媳控告翁姑的事件，被刊载于社会新闻。比如，女子李如琴控告家姑索要扶养费、③男子朱兆洪反诉寡母朱杨氏侵占家产、④男子黄敬修控告父亲黄甜擅卖产业⑤，等等，均属此类，其中尤以1930年2月女学生王文雄控父请析产一案的报道⑥最为浓墨重彩。这类事件并无吸引读者的极端或离奇情节，其新奇之处在于当事人依据新颁法律进行控告的程序本身，因而报道的侧重点也放在控告程序之上，将其表达成子女儿媳依程序控告父母翁姑的法律事件，而非卑亲属忤逆尊亲属的道德事件。

可见对于子女拂逆父母意愿而起的纠纷案件，社会新闻大体依照现行法律规范的态度进行报道，在前后法律规范并无本质差别的方面，将案件纠纷表达成有关"忤逆"的道德事件兼法律事件；在新颁法律相对旧规范有重大改变的方面，将案件纠纷表达成单纯的法律事件。但是因为前者在数量上绝对多于后者，造成"忤逆"事件充斥于报端的景象，凝成一个既在道德层面又在法律层面上具有公共关注度的议题：忤逆问题。

二 聘金

聘金争议充斥以婚姻家庭纠纷为主体的社会新闻。在这个时期，作

---

① 《礼记》，辽宁教育出版社1997年版，第80页。
② "凡子孙告祖父母、父母，妻、妾告夫及告夫之祖父母、父母者，虽得实亦杖一百，徒三年。"张荣铮、刘勇强、金懋初点校：《大清律例》，天津古籍出版社1993年版，第522页。
③ 《判决寡妇控姑卖产》，《越华报》1930年6月30日，第5页。
④ 《母子争产互控案》，《越华报》1931年6月2日，第5页。
⑤ 《子控父擅卖产业奇闻》，《越华报》1933年2月12日，第6页。
⑥ 《判决女控父析产案》，《越华报》1930年2月8日，第5页。

为传统规范中婚姻缔结之要件的聘金，已经不受新式规范支持。传统礼法一贯禁止人口买卖，南京政府新颁法律也禁止人口买卖，表面看来二者在禁止买卖妇女这方面并无差别，但因二者对子女人身归属的界定截然不同，也就对父母能否出卖女儿的态度截然不同。根据传统孝道"父母在，不敢有其身"，子女的身体是父母生命的延续，父母生命与健康受到威胁时就可以出卖子女以换取价金、维持生命；而根据民国民法，子女与父母是地位平等的个体，其人身权属本人，父母在任何情况下不得以任何理由出卖子女以换取价金。在这个背景下，社会大众实际生活中继续依照传统规范送受聘金的行为，一旦发生争议，就不再有现行法律作为判断是非的依据，这使聘金争议成为社会新闻婚姻家庭纠纷报道的主要议题之一。

报道中围绕聘金问题产生的第一个焦点，是应当由谁收受聘金。根据《礼记》，"男女无媒不相交，无币不相见，恐无男女之别也"，[①] 男女之间必先送受聘金才可相见，为的是突出男女之别。从礼的角度看聘金本是男女交往的信物，出于"礼尚往来"的理想期待，聘金由女方家长收取后，女方家长应当"识礼"地把聘金以嫁妆形式转给新娘。但阎云翔对1949—1999年一个中国村庄的人类学研究表明，事实上当女方家里穷时，家长就会把聘金挪作他用。[②] 由于依照传统规范，家长实际上可以把聘金视为出售女儿所得的价金并且据为己有，他们才很注重争夺女儿聘金的收受权，并就聘金的数额和支付方式与男方讨价还价；但依本书所述年代的新规范，家长已无索要聘金的法律权力。社会新闻刊载的许多聘金争议是关于家长争夺聘金收受权的，例如下面第一篇报道是婢女的主人主张自己有权收取聘金，第二篇报道则是丈母娘主张自己有权与女婿分享再嫁女的聘金：

顺德五区岳步乡妇人何甜，年四十八岁，有婢名金娇，现年廿

[①] 《礼记·坊记》，辽宁教育出版社1997年版，第161页。
[②] 阎云翔：《私人生活的变革：一个中国村庄里的爱情、家庭与亲密关系（1949—1999）》，龚小夏译，上海书店出版社2006年版，第175页。

四岁，尚未字人，素性不羁，好与异性交游，虽经主妇管束，仍不悛改，近竟与人结合，腹部隆然。何氏迫得将金娇带往大墩乡惯作淫媒之李氏家，代为遣嫁，并言明取回身价银一百元。至廿八日，何甜往李谢氏家探询消息，惟到时已失金娇所在，询之李谢氏，初则含糊以对，继谓金娇已出嫁某商人，但身价银下月方能清付等语。何甜以李谢氏显有串骗情事，将之扭交乡公所讯办。①

河南尾南村乡民李保以耕种为业，惟性嗜赌博……无以为生，李遂妙想天开，与妻黄氏商量，谓吾今为赌所累……令汝捱饥，于心不安，不如将汝改嫁，汝得有安乐日子，吾亦得角价银以经营小生意，两全其美，何乐不为？黄氏初则不允，后亦情愿改嫁。李遂相约认作姊妹，四出央媒介绍，后由商人李某看合，订明身价银一百元，约在西堤二马路西堤旅店交易。二十八日下午三时李偕黄氏先至该旅店住宿等候，不料事为黄氏之母张氏查悉，直到该旅店寻李交涉，后由段警带局办理，闻李保愿将身价与其岳母均分，而黄氏亦从旁相劝，张氏亦无异言，挥之使去。②

聘金争议报道呈现的第二个争议焦点是有关聘金的支付方式。如在下面这篇报道中，岳父与女婿达成了分几次付清聘金的调解协议：

狮子桥十号小贩罗金炳五十二岁，有女亚芳，廿四岁，因罗择婿礼金过昂，以至女标梅已届，尚未字人，会女常往海珠北路顺昌制纸盒店取盒做，故与曾合相稔，旋订白首之约。女已据情禀命于其父，罗以条件未妥，迟迟未行婚礼，女以其父不谅，与曾密约税居于长庚路三约六号……罗金炳指曾教唆诱惑其女私逃同居，现已大错铸成，请责令先行补回聘金一百元……经局员调处曾于五天内交回聘金五十元与罗，余尽本年岁底内交清。③

---

① 《遣嫁老婢控媒吞款》，《国华报》1935年7月30日，第2张第3页。
② 《赌仔嫁妻之一幕怪剧》，《国华报》1932年8月29日，第2张第3页。
③ 《控女婿唆诱，意在追聘钱》，《越华报》1936年11月6日，第9页。

报道中围绕聘金问题产生的第三个焦点，是婚约解除或婚后分离时男方可否要求女方返还聘金。下面这篇报道中女方父母与男方达成了解除婚约并返还聘金的协议：

> 女子恋爱退婚之交涉——自维破甑 逼赔定银 东关仁安里九号女子余淑芬，廿岁南海人，现在中学肄业，与男子潘新结识。女之父母仍在五里雾中，去月以女许字西关金花庙一横巷五号李发为妻，经行文定礼，择吉廿三日迎娶。女侦悉向父母提出反对，并自述与潘恋爱经过，侃侃而陈。女父母以米已成炊，迫得将错就错，以女嫁潘为妻，着潘克日迎娶。随派人与李磋商解除婚约，李不允，亲到余家交涉，坚要女父母赔偿各种损失。双方遂起争执，缠到分局理论。女父余侠秒，小女与人恋爱，民确不知，故误以其许字与李，今愿送回文定礼金一百元，李亦允肯。分局着两造具结了事。①

更多报道的争议未能和平解决，由男方以"藉婚串骗"为名指控女方：

> 藉婚串骗母女同被押——买卖婚姻多黑幕 三人入狱累无穷 新粤人潘冠文廿三岁，向在从化吕田墟开设烟庄，本年七月间来省办货，凭媒娶河南南华东三六七号三楼马森瑶马高氏之女马慧君为妻，订明礼金三百八十元，于去月十六日在长堤金轮酒家行婚礼，至十九日马氏归宁不返，潘遂拘马高氏、马慧君及其姊马慧清解法院，控以藉婚串骗之罪，业经检察官依法起诉，送由刑庭审判。十七日上午九时推事周沛霖提讯。据马慧君供十七岁，侬嫁与原告系由父母作主，曾订明婚后一月始返乡谒祖，毕须返省居住。惟原告

---

① 《女子恋爱退婚之交涉》，《越华报》1934年7月3日，第6页。

与伊结婚翌日,即要挈伊返乡,故伊归宁之日,曾向伊母高氏泣诉。后伊母怨怼伊父办事糊涂,曾发生口角,伊母遂负气逃去,声言要蹈海自杀,伊恐弄成事实,故与伊妹随母而去,但伊确非藉婚诈骗,请查明宣告无罪。……①

还有的报道中,丈夫婚后认为妻妾不贞洁,要求"退婚"并索回聘财,例如下面两篇报道:

娶妻不贞要赔偿损失——几经难舍难分始得有今日 倒运新郎眼冤夹心实 河南草芳口祥庆里五十二号简德,廿九岁南海人,向在草芳直街开设杂货店,年来薄有积蓄,由其母邓氏作主,凭媒说合保安社新丰里九号王氏女月好为妻,订妥身价银一百六十元,十九日迎娶过门。是晚简发觉女不贞,向女严诘。女初尚抵赖,后知不能隐,直认去岁往西关长寿路织袜厂做工,被该厂工头其表哥潘某偕往看戏,用甜言引诱,往中山酒店开房被奸一次。……简……一面使人入房监视月好,一面使人往新丰里九号寻女母王陈氏及女姊阿娥交涉,要求赔回身价,及礼物酒菜损失共四百元,俾得另娶别人。双方交涉不下,简母邓氏及简德乃纠缠王陈氏往该管蒙圣分驻所理论。……局员讯毕,以婚姻案系属司法范围,未便擅断,乃向双方极力调处,令双方自行在外和解,双方亦允出外调停。……②

审讯控告妾恃不贞案——德宣路一二六号韩张氏之养女卓秀珍,十八岁,本年旧历二月凭男子阿昌介绍嫁同乡人陈柏南为妾……订明身价二百八十元,先交八十元,余俟过门后三日清交。旋于同月初二日在中华路大广东旅店第八号房行婚礼……陈声称返

---

① 《藉婚串骗母女同被押》,《越华报》1936年12月18日,第9页。
② 《娶妻不贞要赔偿损失》,《越华报》1934年1月22日,第6页。

乡后于初五日将余欠付来，讵届期无银付交。张氏去函催索，讵月复一月，推搪如故。于旧历五月，陈带秀珍及阿昌来省，迳抵张氏家，声言秀珍实系不贞，余欠身价例不能交，并勒令张氏赔偿名誉费。……①

不过有报道向读者传达出新信息，那就是返还聘金的请求，已有可能不获法律支持了，下面这篇报道即是一例：

> 判准赖李氏与夫离异——赖李氏因其夫赖杰南性好嫖赌，将资产变尽，具状法院请求准予离异。……兹录判词如下：……双方既无复合之可能，则原告人请求离异，自应予以许可。况据被告人状称，李氏斩绝恩情，向法院投诉，自忖难挽回他，恳责令赔偿礼金，俾得续娶云云。是被告人亦愿与原告人离异，不过返还礼金而已，不知礼金仅为定婚之要件，婚姻一经成立，则礼金之效用即完，除有法定追还财礼者明文，或事出诈欺者外，自无因离婚之故而责令返还之理。……②

社会新闻围绕聘金问题表达的最后但不是最次要的一个争议焦点，就是家长索要聘金的权力面临着前所未有的挑战。既然按传统礼法，聘金受益人是女子的家长而非她本人，而她本人最终是要与丈夫共同生活的，所以尽可能减少或者不付聘金往往是女子本人及其未来丈夫的共同目的。在正式规范要求婚约由当事人自行订立而且社会风气渐变的环境下，社会新闻报道示范了女子反对父母索要高额聘金的两种方法。一种是自杀，使父母面临完全收不到聘金的风险：

> 女优愤婚事不成服毒——拼死争自由 卒能成佳偶 河南龙涎里

---

① 《审讯控告妾侍不贞案》，《越华报》1933年7月8日，第5版。
② 《判准赖李氏与夫离异》，《越华报》1930年2月8日，第5页。

三十四号陆胜，向当优伶，年来因患风瘫病，乃传技与其养女陈大苏。近大苏在梧州天仙女班当生角，有梧商赖明时往观剧，因与大苏结识，旋且提出婚姻问题。赖乃筹款三百元交其养父作聘金，欲与大苏结婚。讵陆胜视为奇货可居，提高身价，事遂不果。大苏以目的不达，特返省与养父交涉。陆坚持如故，大苏大愤。九号晚服药自杀，食后未几，为陆发觉，即延医返家施救。经医生洗胃后，庆幸生还，但大苏声言如不达到嫁赖的目的，终必自杀，陆以大苏志坚如石，恐其再蹈前辙，卒允所请。①

另一种是婚前性爱，减少父母索要高额聘金的筹码：

撤回控告诱奸女子案——约法三章 尽可商量 德宣路九如坊十九号郑冠文，其女秀珍，年华十九，因母刘氏择婿甚苛，尚未许字。日前挟带金饰与其情侣章德明匿居朝天街，为刘氏拿获解案办理，复向法院控章诱奸伊女之罪。现查刘氏以家丑不宜外传，且米已成炊，乃与章磋商婚事，由刘氏提出条件：（一）须要章补回聘金二百五十元。（二）须于本年八月间迎娶。（三）婚后不得立妾及将女虐待。章一一允诺。刘氏于十三日请求法院撤回本案。②

社会新闻有关聘金争议的报道，显示传统规范赋予女方父母收受聘金所依托的父母主婚权，一方面已在民法层面以"婚约由当事人自行订定""婚约不得强迫行"等规定部分解除；另一方面也在社会生活中遭遇到实际的挑战。这种挑战使得当事双方依照旧规范进行的聘金送受、返还都处于效力不确定状态，围绕聘金争议而起的纠纷数量既多，一方面因广受大众关注而为社会新闻津津乐道；再则又因社会新闻密集报道而成社会生活中令人焦虑的议题。

---

① 《女优愤婚事不成服毒》，《越华报》1933年6月11日，第6页。
② 《撤回控告诱奸女子案》，《越华报》1933年6月14日，第6页。

三 离异

　　夫妇离异也是社会新闻津津乐道的重要议题。夫妇离异事件的新闻表达分为两种，一种被社会新闻制作者以大字号标题表达为离婚事件；另一种被社会新闻制作者以小字号标题罗列为私逃事件，在此主要分析社会新闻着意突出的离婚事件。

　　根据传统法律的精神，婚姻的解除也不由婚姻当事双方的个人意志决定，而是由代表其家庭的家长意志决定；而就双方家庭的意愿而言，成婚之后也仅是夫方有权以"七出"（即无子、淫佚、不事舅姑、多言、盗窃、妒忌、恶疾）为由单方面"出妻"，《大清律例》允许的"两愿离"也是以夫方同意为前提的；即使是夫方家长，也不拥有解除婚姻的全部权利，婚姻的解除与否最终受到国家法律的管制。法律不仅禁止任何一方订婚之后悔婚，还强制"违律嫁娶"的婚姻解除关系。《大清律例》规定属"违律嫁娶"而必须解除关系的情形有：有妻而后娶之妻、居父母丧或夫丧嫁娶、同姓为婚、尊卑为婚、娶亲属妻妾、娶逃走妇女、强占良家妻女、僧道娶妻、良贱为婚、典雇妻妾、纵容妻妾犯奸等。这些情形的共同点在于，它们扰乱了国家法律奉为立法原则的那套家庭伦理秩序。可见，国家法律直接干预婚姻的目的，全部是维护家庭伦理秩序，并不考虑婚姻当事人在婚姻关系中的处境。

　　也就是说，只要不具备"违律嫁娶"这类法律禁止为婚的情形，女方家庭就完全无权主张解除婚姻关系，更不用说女方本人了。在传统社会里，一个懂规矩的家庭就应该明白这一点。这在许多文学作品里得到印证。在清代小说《红楼梦》里，侯门闺秀贾迎春被夫家虐待致死。此前，迎春的堂弟贾宝玉曾恳求他母亲王夫人把她接回娘家长住，不许她夫家再来接走。王夫人原本正为迎春的遭遇垂泪，听到这话立即转而责备宝玉道：

　　　　你又发了呆气了！混说的是什么？大凡做了女孩儿，终久是要出门子的。嫁到人家去，娘家那里顾得？也只好看他自己的命运，

碰得好就好，碰得不好也就没法儿。你难道没听见人说："嫁鸡随鸡，嫁狗随狗？"……①

到1931年5月5日《民法亲属编》颁布生效，主张解除婚姻关系就不再是夫方的专利了。依照这部新民法规定，婚约不再具有人身约束力，妾与丈夫的关系也不再被视作婚姻（参见第二章），所以婚姻关系的解除在法律上仅限于夫妻关系的解除，即离婚。而且，与婚姻缔结时的个人自主权相适应，主张离婚的权利人也由代表家庭意志的家长变成代表个人意志的婚姻当事人。相关法律条文如下：

第一零四九条 两愿离婚者得自行离婚，但未成年人应得法定代理人之同意。
……
第一零五二条 夫妻之一方以他方有左列情形之一者为限得向法院请求离婚：
一、重婚者。
二、与人通奸者。
三、夫妻之一方受他方不堪同居之虐待者。
四、妻对于夫之直系尊亲属为虐待，或受夫之直系尊亲属之虐待，致不堪为共同生活者。
五、夫妻之一方以恶意遗弃他方在继续状态中者。
六、夫妻之一方意图杀害他方者。
七、有不治之恶疾者。
八、有重大不治之精神病者。
九、生死不明已逾三年者。
十、被处三年以上之徒刑，或因犯不名誉之罪被处徒刑者。
……

---

① 曹雪芹、高鹗：《红楼梦》第八十一回，文化艺术出版社1990年版。

第一零五七条 夫妻无过失之一方，因判决离婚而陷于生活困难者，他方纵无过失亦应给与相当之赡养费。①

根据上述条文，不仅成年夫妇有权不经家长同意而自行协议离婚，而且当对方不同意离婚时，女子与男子有同样的权利，以同样的理由提出离婚之诉求，在自身无过错的情况下还可获得赡养费。那么报纸报道所显示的情形怎样呢？

与法律的这一变革相适应的是，这一时期的《越华报》《国华报》所做的案件报道中，提出离婚诉求的当事人多数都是女子。而女子提出离婚的理由，又绝大多数是"遗弃""虐待"，而且这两大理由往往同时并列在一起。下面三则刊登于同一页面上的报道就是典型的例子：

初讯控夫虐待离婚案——龙德文，二十岁，福建人，父母在堂，薄有储蓄。民十八年间由媒介绍东鬼基东胜里十七号罗氏女渭清为妻，讵结婚以来，夫妻感情恶劣，每因细故，辄被夏楚。去年罗因被家姑毒打，曾一度到分局理论，经局员调和，责令嗣后不得再有虐待等情。惟翁姑夫婿均恶待如故，近得逐罗氏不许回家。而罗母家贫，难以为敌，遂以虐待遗弃等词具状请民事调解局准予离异。十五上午十时，由民庭沈推事初审，被告未到。据罗渭清供如上述，法官据供后，遂着签供退庭。②

驳回胡玉贞请离婚案——河南大西街四十三号女子胡玉贞，十九岁新会人。去年一月十四日凭媒嫁与男子伍仲驹为妻，过门后彼此感情极恶。月前胡氏因归宁探母，被伍登报指为挟带私逃，遂于月前以其恶意遗弃、诬告私逃等词，具状法院提出离异，并要求赔偿名誉及补给扶养费，经民事调解处调解不成，声请人复状民庭正

---

① 《中华民国法规大全》第1册，商务印书馆1936年版，第82页。
② 《初讯控夫虐待离婚案》，《越华报》1933年9月16日，第5页。

式起诉,并经推事传集双方审讯终结,认定原告所控各节理由不充分,依法不能成立离异之点,昨日将案判决,其主文云:胡玉贞与伍仲驹因离异涉讼案,原告人之请求驳回,诉讼费用由原告人负担。①

法院判决麦李离婚案——芒果树街妇人麦李氏,于民国廿年十一月嫁麦显承为妻,后麦不务正业,癖嗜烟赌,对李氏赡养费全不供给,月前麦因欠屋租及犯案被押公安局。李氏遂以虐待遗弃等词,具状地方法院民事调解局请求离异。经法院民庭推事彭伯项审讯明确,以被告确有虐待遗弃行为,乃将案判决。其主文云,麦李氏与麦显承离婚涉讼案,准原告与被告脱离夫妻关系,诉讼费用归被告人负担。②

很显然,虐待、遗弃这两大理由的"用途"非常广泛。上述三则报道中,女方当事人均以虐待、遗弃为由要求离婚,但只有第三则中麦显承"对李氏赡养费全不供给"的指控,可以凭他"因欠屋租及犯案被押公安局"而得到力证。而从第一则、第二则报道可以看出,一旦婚姻发生纠纷,是夫方恶待还是互相龃龉、是夫方驱逐还是女方出走,原本就可以各执一词的,法律亦未对"虐待""遗弃"进行明确界定,意义的松散使遗弃、虐待成为女子提出离婚的最常见理由。从前两则报道中还可以看到,这两对夫妻一贯"感情恶劣""感情极恶",而1931年《民法亲属编》并未规定夫妻感情不合作为离婚的法定理由,所以对于因感情不和而寻求离异的女子来说,法定的十项离婚理由之中,就只有涉及遗弃、虐待的三项最为方便了。

在报纸报道的案件中,女子不仅常常凭借虐待、遗弃之名提出离婚,还有借此名义要求与丈夫家长分居并获得成功的:

---

① 《驳回胡玉贞请离婚案》,《越华报》1933 年 9 月 16 日,第 5 页。
② 《法院判决麦李离婚案》,《越华报》1933 年 9 月 16 日,第 5 页。

> 约法三章复成佳偶，良缘再续离却家姑——河南洪德路聚龙北巷六号妇人原好廿六岁，于民国廿一年十二月初十日嫁河南福隆西荣桂坊二号楼上冯远朋为继室。年来冯对原异常虐待，十二晚以拳殴伤原氏手足眼腹等部，原氏因此不堪虐待，投请法院验伤，控以伤害之罪，及请求离婚。顷查此案自兴讼后，冯自知理屈，诚恐对簿公庭，有羁押之虞，请亲友向原氏缓颊。但原以冯屡次殴打，毫无保障，遂提出条件，须冯立约自后不得虐待。冯亦允提纲，于廿五日偕往苏汉生律师楼订立和约：一、冯远朋自后不得再有虐待殴打及遗弃情事；二、须与家姑分居；三、如再有虐待殴打，得由原好依法控究。立约后彼两遂和好如初，笑容可掬，并肩携手而去，并往法院撤销告诉，怨偶复变为佳偶矣。①

虐待、遗弃两大理由的"用途"之广，甚至还延伸到尚未成婚的男女解除婚约的纠纷当中。下面这则报道中的案件，就是以"虐待难堪"为由要求解除婚约：

> 上九甫南石榴巷二十四号吴全，其女吴好，凭媒许配黄瑞为妻，经行文定礼，现吴好以其夫婿夫性嗜赌博，不务正业，向父母声言誓死不嫁，现具状法院，请求离异。……兹将原呈录下……为未婚夫婿虐待难堪，诉请传案讯判，准予解除婚约事。窃民女吴好，现年十九岁，于民国十七年间盲婚被告人典瑞为妻室，订明礼金一百元，饼食数担……②

与虐待、遗弃相比，丈夫重婚是女子提出离婚的第二大理由，但与虐待、遗弃相比较要少得多，而且常常与虐待、遗弃同时并列。指控丈夫重婚的，既有先娶之妻：

---

① 《约法三章复成佳偶，良缘再续离却家姑》，《越华报》1936年11月27日，第9页。
② 《被未婚夫虐待请离异》，《越华报》1930年2月13日，第5页。

第二章　新旧之杂糅：社会议题与社会诉求的表达

　　调解谭宝卿请离婚案——小北台贤街二四号女子谭宝卿,于民国十三年嫁禺山市场广兴杂货店少东黎信为妻,谭氏近以伊夫重婚虐待等词,具状地方法院民事调解处请求调解离异。一日下午一时民二庭推事吴道基主任调解。讯据谭宝卿称廿四岁番禺人,民国十三年承父母命,嫁相对人为妻,自结婚后,并经产育子女,初尚感情融洽,惟近数年相对人时与不务正业之人为伍,好眠花宿柳,经屡次规谏不悛,由此因谏成仇,对氏更加虐待,于去年与一妓妇结婚,似此重婚为法所不许。现氏认为夫妇恩义已绝,故请钧院解解云。法官以相对人不到,无从调解,着令听候调解遣去。①

也有后娶之妻：

　　重婚骗娶判准离异——华宁里六十号少妇罗慕兰,廿三岁广西人,年前在本市举行婚礼,与何志芬正式结婚。嗣因随同返乡,发觉其在家已有发妻,其性悍妒,因于日前以何志芬重婚骗娶遗弃为词,状呈法院提出离异。自奉谕调解不成,昨经民庭审理终结,判决准罗慕兰与何志芬离婚,讼费由被告负担云。②

　　尽管通奸与重婚一样是婚外感情纠葛,并且也是离婚的法定理由之一,然而女子以丈夫通奸为理由提出离婚的案件报道极为稀少。这并不意味着丈夫通奸的情节极为稀少,因为绝大多数丈夫有通奸情节的案件,仍然是由女子以遗弃、虐待为理由提出控告的。以下这则报道所述情形即属此类:

　　恋伶弃妻之调解条件——文昌路捷龙北约七号林英培,其妻刘月华,往五福二巷五十五号二楼,前刘具状法院谓林与女伶蔡巧云

---

① 《调解谭宝卿请离婚案》,《越华报》1931年8月2日,第5页。
② 《重婚骗娶判准离异》,《国华报》1933年6月13日,第2张第3页。

发生恋爱,将伊遗弃,请求调解离异一案。经法院一日宣告调解不成,当是案在法院调解中,林曾遣人与刘磋商和解,由刘提出条件:一、须林永远与蔡巧云永远绝交。二、林须将现在之屋契交其保管。三、自后不得有虐待及遗弃情事。四、林须戒绝洋烟,对其赡养按月供给。嗣林以条件过苛,林能答允,至二日林氏又派人与刘进行和解,闻林对刘提出之条件,除略为更改外,双方均认为满意,一俟再行商榷后,决于本月废历廿九日在律师事务所签立和约。①

在这里有两点值得注意:一是尽管同样涉及婚外感情纠葛,女子控诉丈夫重婚远远多于通奸;二是在丈夫有通奸情节时,女子提出控诉的理由仍以遗弃或虐待为主,尽管通奸比遗弃、虐待更容易举证。这表明,跟丈夫的性忠诚相比,女子更关心自己作为妻子这一身份,而她们切切关心自身身份的动力却是生存。在20世纪30年代,广州绝大多数女性都没有独立的经济来源,② 因此只有丈夫对妻子有虐待尤其是遗弃情形时,她们才会背水一战主动提出控告,一旦法庭认定遗弃、虐待属实,还可获判赡养费;而赡养费是只有妻子才可能获判的,解除夫妾关系则不按离婚来办理(参见第二章),妾也无权要求赡养费,因此妻子这一身份同女子离异后的生活来源密切相关。女子漠视丈夫通奸而敏感于自身所受的虐待、遗弃,一方面是因为迫于生存压力只能尽量容忍丈夫不忠;另一方面也表明女子要求丈夫性忠诚的权利意识尚未觉醒。然而下面一类离婚理由表明,敢于在性方面公开质疑丈夫的女子也不乏其人。

这一条更为开通的离婚理由就是指控丈夫不能人道。女子以丈夫不能人道为由要求离婚的报道并不稀罕,而且《越华报》均以大号标题

---

① 《恋伶弃妻之调解条件》,《越华报》1934年3月3日,第6页。
② 在1927—1937年《越华报》《国华报》所刊载的家庭案件报道中,女主角绝大多数都是没有独立职业的家庭妇女和女学生,只有极少数女子因为外出工作而具备独立的经济来源,主要包括女教师、女佣、女招待。

突出其醒目地位。比如以下这则：

> 审讯控夫不能人道案——永汉北路女子黄泳齐，因丈夫李谦和久患神经病及不能人道，由父母作主延律师代向法院起诉请求离异，广州地方法院民三庭推事黄镛昨日上午九时审讯，被告李谦和不到。法官询据原告黄泳齐供称廿六岁南海人，民国十五年嫁被告为妻，讵被告举止失常，时或哭笑，一饮一食需人喂哺，而两目发光，形神恍惚，实系患神经病。结婚后，并无同睡，且不能人道，故无发生夫妻关系，请求判准离婚及返还妆奁等语。法官讯毕，遂谕知下次传讯，务须带同证人到庭，乃令签供退庭。①

上面这则报道中的女主角要求离婚的依据，显然是法律上所规定的"有不治之恶疾""有重大不治之精神病"两项。实质上，"有重大不治之精神病"亦属"恶疾"。根据传统礼法，以"恶疾"为由出妻是丈夫的专利，女子对男子稍微流露感情就被视为淫荡，而此时这类报道中的女主角公然以丈夫缺乏性能力这一"恶疾"为由提出离婚，当然会引起公众的极大兴趣，这也是报纸不惜笔墨加以渲染的原因。下面这则同样控告丈夫不能人道的案件报道，描述了公众扒窗围观庭审的盛况，接着又一五一十地转述女主角叙述的庭审细节：

> 不能人道案同意离婚——徒负虚名应解决，无烦送验再奔波厚福北一号女子黄华，控番禺横岗乡其夫冯四根纵欲过度不能人道，结褵四载，犹属处女，请求判准离婚及返还妆奁补偿青春费一千元，送由推事林熙绩传讯，并送冯往市立医院检验，嗣该院复函谓缺乏检验仪器，无从检验……故林推事复于廿四上午十时召集两造到案审认。查是日林推事谕知庭丁不许旁听，以致旁听男女百数十人，均在庭外窥听，途为之塞，直讯至十一时许始退庭。后记者

---

① 《审讯控夫不能人道案》，《越华报》1933年7月11日，第5页。

趋前向黄华叩以是日审讯经过。据黄华称法官今日只问冯何以与原告（即侬本人）结婚四载，尚未成夫妇之实。据冯答成婚之日，因足疾遵医命节育。后推事复问冯足疾全（痊）愈后何以又不成亲，冯答因在省港佣工，无暇返乡，纵间或返乡，原告则返外家。推事复问冯现汝愿离婚否，冯答如无条件，随时甘愿离异，但对于妆奁金钗，不愿返还。至此推事转向侬问愿离婚否，侬亦答愿意，但须被告（即冯四根）返还妆奁及侬随嫁金钗一对。嗣推事以两造对于离婚部分，均表示允愿，并无异议，其异议点不外因妆奁金饰部分，遂谕知毋庸送被告人往中大医院检验，并宣告本案辩论终结，着侬与被告遣回候判。①

对控夫不能人道这种案件的详尽报道，还给报纸带来了直接的广告收益。上述黄华控告丈夫冯四根不能人道一案，《越华报》至少在1936年10月13日、12月24日、12月25日在其"社会新闻"版面进行了追踪报道，其中10月13日甚至报道了公开庭审的情形。就在《越华报》对这桩案件进行追踪报道的期间，同样在"社会新闻"版面出现了以不能人道案为噱头的商品广告，其广告词用较大字体写道：

婚变动机：不能人道。快饮维尔体补酒……②

报纸追踪、众人偷窥、广告跟随，这一系列强烈效应表明，控夫不能人道案不仅在公众眼里极具趣味性，而且是女子提出离婚这类新鲜事当中的新鲜事。

上文讲述了由女方提出离婚的情形及其理由，这在离婚案件报道中占绝大多数。然而在由女方提出离婚的案件中，有少数是由女方家长作主的。上述黄泳齐控告丈夫李谦和不能人道一案就有提到"由父母作主

---

① 《不能人道案同意离婚》，《越华报》1936年12月25日，第9页。
② 《越华报》1936年11月23日、11月27日，第9页。

第二章 新旧之杂糅：社会议题与社会诉求的表达

延律师代向法院起诉请求离异"。不过，这篇报道同时又提到"原告黄泳齐"，说明此案虽由女方家长主导，但其名义上的原告是女子本人。

值得注意的是，极少数新闻还报道了完全以女方家长的名义提出控告的婚姻纠纷案件，只不过家长控告的目的并不是要离婚。比如《国华报》1935年7月30日报道男子陈柏如与其妾李氏共同殴打其妻黄氏之后，"黄氏有叔父，以陈不应袒妾殴妻，已延律师，向法院起诉"①，其控告的依据显然是《大清律例》禁止"妻妾失序"的规定，目的是要使陈柏如受到"妻妾失序"条所定的相应惩罚，从而确保黄氏作为妻的身份地位。从报道中我们无法得知1935年的法院是如何处理这桩"妻妾失序"案件的，但有一点很明显：在新的《民法亲属编》颁行4年多以后，以传统礼法为依据提出控告的婚姻案件还是不可避免的。

和女子提出离婚的案件报道数量众多相比，男子率先提出离婚的案件报道要少得多，笔者从现存的1927—1937年《越华报》《国华报》上仅收集到12篇，其中1931年以后登载的有6篇。尽管1931年《民法亲属编》规定离婚的法定理由对男女双方完全一样，但是从案件报道来看，和女子提出离婚集中以遗弃、虐待做理由相反，男子提出离婚时从不控诉妻子遗弃，也仅见一例控诉妻子虐待自身的：

> 法院定期审讯懦夫控妻案——太平南路广东信托公司画测师朱洪柏，民廿二年二月间凭媒娶得教育路二十号女子温丽乔为妻。近朱具状法院谓迭遭其妻虐待毒打，不堪同居，请求判准离异一案。曾由推事林熙畴一度传讯。顷查此案林推事为迅速办结计，昨日再出传票，定期廿二上午十时审讯，并着两造依时到案。想届时一幕懦夫控妻毒打离异案，旁听者定必拥挤。②

上面这篇报道中，指控妻子虐待的男子被称为"懦夫"，而且报道

---

① 《娶了少妾忘了糟糠妻》，《国华报》1935年7月30日，第3张第1页。
② 《法院定期审讯懦夫控妻案》，《越华报》1936年12月22日，第9页。

还预测庭审时"旁听者定必拥挤",可见丈夫指控妻子虐待自己是需要勇气的。

丈夫为求离婚而理直气壮地指控妻子的理由,是凶悍、忤逆、私逃、奸非、杀害。下面这则报道中的男主角,就控诉妻子具有上述所有过错:

> 判决黎冼离异上诉案——大塘街一百卅一号黎铁汉,凭媒娶仁济街恒益行冼某之女冼琼芳为妻。结褵后迄今十余载,夫妇间感情极恶,月前黎铁汉以其妻性情凶悍、忤逆翁姑、跟汉私逃、首谋杀害等词具状法院,请求判准脱离夫妻关系。曾经地方法院判准。冼琼芳不服,上诉高等法院,该院以原审尚有未尽之处,发还地方法院更审,将黎铁汉之请求驳回。惟黎铁汉以该案业经第一审判准离异,今又被驳回,遂声明不服上诉高等法院请求将更审之判决撤销,维持初审之判决。昨高等法院派民庭推事详审终结。认上诉人黎铁汉所述各点理由尚属充分,将案判决云:黎铁汉冼琼芳因离异涉讼控告案,原判决废弃,本案双方准予离异,同时控告人应给回扶养费八百元,并将妆奁除毁烂外各物返还被控告人收领,诉讼费两造平均负担。①

其他一些丈夫提出离婚要求的案件报道中,控妻凶悍的有《控妻凶悍夫请离异》;② 控妻忤逆的有《控妻伤害母妹请离婚》③《夫妇不和请求离异》④《控妻诽谤请离婚败诉》⑤;控妻私逃、犯奸的有《审讯控

---

① 《判决黎冼离异上诉案》,《越华报》1932年1月1日,第5页。
② 《控妻凶悍夫请离异》,《越华报》1930年2月12日,第5页。
③ 《控妻伤害母妹请离婚》,《越华报》1930年5月20日,第5页。
④ 《夫妇不和请求离异》,《越华报》1930年2月22日,第6页。这篇报道的男主角诉称夫妇不和的原因在于妻子忤逆把自己养大的叔母。
⑤ 《控妻诽谤请离婚败诉》,《越华报》1933年8月26日,第5页。这篇报道的男主角诉称妻子在旅馆墙壁上写下"子离夫恨苦何及,家姑逼我恨重重"之句,是"公然诽谤、目无尊长"。

妻私逃离异案》①《妻犯奸非夫请离异》②；控妻谋害自身的有《下酖未遂丈夫请离婚》③。

此外还有丈夫以妻子性情不良、面貌丑陋为由要求离婚的报道：

> 审控妻嗜赌请离异案——小北启和坊廿二号郭祖良，廿岁番禺人，民国二十年二月凭媒娶女子江淑华为妻，入门后夫妻时生龃龉。郭以江氏泼辣，屡谏不从，夫妻感情日趋恶劣，嗣又以江氏举动乖张，认为不堪同谐白首，具状法院。民庭吴推事经一度审讯，十八午十一时，再传两造到庭续审。……首据郭祖良供，与相对人江氏结婚经二年，他性情不良，终日往邻家抹牌，常常返家窃取衣物，典当殆尽，虽屡加劝谏，均置不理，民以如此刁顽人，实难与之继续以后夫妻关系，故请求准予离异。……④

> 嫌妻痘皮请离异不准——丛桂南约廿五号古秀云，廿五岁南海人，民十一年由父母作主娶李淑英为妻。结褵后夫妻感情甚笃。不料淑英于去年三月间患天花症，虽全（痊）愈而面麻如豆，殊不雅观，古以与此丑态之人共偕白首，必为戚友讥诮，日昨乃以上述情形具状法院民事调解处请求准予离异。经该处一度调解不成，古复以前情正式往民庭起诉，由陈推事审讯明确，认定原告古秀云离异理由尚欠充足，实不能成立离婚之要素，十八日判决。主文云：本案原告人古秀云之离异请求驳回，诉讼费用由原告人负担。⑤

上述几种丈夫提出离婚的理由，包括凶悍、忤逆、私逃、奸非、谋害、性情不良、貌丑等，无论从表述上来看，还是从指控的具体内容来

---

① 《审讯控妻私逃离异案》，《越华报》1933年11月5日，第5页。
② 《妻犯奸非夫请离异》，《越华报》1930年2月12日，第5页。
③ 《下酖未遂丈夫请离婚》，《越华报》1937年6月9日，第5页。
④ 《审控妻嗜赌请离异案》，《越华报》1933年8月19日，第6页。
⑤ 《嫌妻痘皮请离异不准》，《越华报》1933年8月19日，第6页。

看，都是以传统礼法对夫妇权利义务的不对等要求为依据的。这种不对等要求即是丈夫"七出"（指无子、淫佚、不事舅姑、多言、盗窃、妒忌、恶疾）的权利与女子"三从四德"（"三从"指在家从父、出嫁从夫、夫死从子；"四德"指妇德、妇言、妇容、妇工）的义务。尽管1931年《民法亲属编》关于夫妻任何一方可以凭对方与人通奸、虐待自身或家人、伤害与杀害为由获准离婚的规定，和上述指控中的忤逆、奸非、谋害等有所重合，也不能掩盖这些指控以传统礼法为依据的色彩。

应当指出的是，报道中提出离婚诉求的当事人中女子远远多于男子，决不意味着男子背弃妻子的实际情形比女子少。一方面，南京政府新颁的法律仍给男子娶妾留下了极大的空间①，而实际上男子纳妾的现象在1928年刑法明文禁止重婚之后仍然相当普遍，《越华报》与《国华报》上大量关于纳妾纠纷的报道可作为证明。男子既然得以纳妾，与妻子离婚就不那么必要了。另一方面，男子依传统礼法所允许的"出妻"形式驱逐妻子，显然也是比诉求离婚更为主要的做法。《越华报》与《国华报》虽然极少报道男子逐妻的事件——因为男子即使逐妻也不会大肆声张，但在大量由女子提出离婚的案件报道中，女当事人往往指控夫方驱逐自己，虽说具体个案中的实际情况未必尽然，仍可证明男子逐妻是当时广州社会上的常见现象。既然男子有纳妾、逐妻这两大背弃妻子的渠道，就不难理解为何《越华报》《国华报》报道的案件中提出离婚的一方女子多于男子了，尽管所谓的中国第一桩"现代离婚案"是由男子徐志摩向其妻张幼仪提出来的。②

再从总体上说，无论女子还是男子提出"离婚"，相对于传统礼法

---

① 关于民国时期法律为男子娶妾留有大量余地的论述，参见程郁《民国时期妾的法律地位及其变迁》，《史林》2002年第2期。

② 激进的新月派诗人徐志摩1922年3月与其妻张幼仪的协议离婚，被称为"中国第一桩现代离婚案"。据张幼仪回忆，在他们离婚之前，有一次徐志摩曾向她说起"全中国正经历一场变局，这场变局将使个人获得自由，不再成为传统习俗的奴隶"，同时宣称他"要向这些传统挑战，成为中国第一个离婚的人"。张邦梅《小脚与西服：张幼仪与徐志摩的家变》，谭家瑜译，智库股份有限公司2000年版，第5、105页。

来说都是新事件，因为在传统礼法之下，女子根本无权求离，男子"出妻"则无须经过任何官方程序。当然，"离婚"这类新事件并不是1931年5月5日《民法亲属编》施行后才出现于报端的。北洋政府大理院的民事判决例与解释例，甚至《中华民国民法》正式颁行前的历次草案，都为婚姻当事一方诉求离婚提供了法律依据。不过，就《越华报》《国华报》而言，关于离婚案件报道数量的激增是到1930年才出现的，这个时间并不比《民法亲属编》的颁行提早很多，而此时规定自由、平等基本原则的《民法总则》已经于1929年开始正式实施了。

大多数由女子依据现行新规范提出的离婚事件报道，向社会新闻读者展示了正在威胁婚姻稳定的新因素：女子有权单方面提出离异诉求了。这是对固有男权的严重挑战，也是对传统规范以禁止女子单方求离来维持婚姻稳定的严重挑战。这种挑战对于习惯以婚姻稳定为幸福指标之一的社会大众来说，不只是新奇的，更是危险的，能强烈挑动社会大众的阅读欲。因此，离婚事件虽在当时法庭诉讼中实际比例并不太高，却特别受到社会新闻制作者的青睐，不仅有闻必录，而且用大字号标题渲染，使之成为社会新闻版面的主要内容和显眼内容。

四 妻妾

妻妾纠纷是社会新闻表达社会焦虑情绪的第四大议题。前文已经多次提到，民国民法为了宣称实行男女平等原则，把"妾"这个字眼剔除出了法律正文，使"妾"不再是一个专门的法律身份；但又允许妾合法地存在，并且以司法解释确定妾与妻同为家属的身份，[①]实际上就是取消了传统规范中妻为妾主的严格身份等级差序。新规范使娶妻、纳妾的程序区别也变得更模糊。前文提到，《礼记》中说，"聘则为妻，奔则为妾"，[②]以是否经过"聘"的程序来区分娶妻与纳妾。当然，实

[①] 程郁：《民国时期妾的法律地位及其变迁》，《史林》2002年第2期。
[②] 《礼记·内则》，辽宁教育出版社1997年版，第86页。

际的纳妾过程并不仅限于《礼记》所谓的"奔",也须经过正式程序。从清代《刑案汇览三编》卷七、卷八所载众多涉及纳妾的案件来看,纳妾往往以买卖契约为据。① 到清宣统元年(1909)十二月,清政府下令禁止买卖侍妾,纳妾也要写成结婚文书,不再写买卖文书(参见第二章)。但在传统礼法严禁"并娶"的前提下,即便写成结婚文书,该婚书亦必载明为纳妾而非娶妻。另外,一些地方还有通过婚礼仪式的规格来区分娶妻与纳妾的民事习惯,② 广东也将这种做法作为惯例。③ 到南京国民政府时期,新颁布的法律当然禁止人口买卖,夫妾关系也不属婚姻关系,自然不再要求纳妾必须具备买卖文书或结婚文书。另外,南京国民政府成立之初拟定的《礼制草案》迟迟未能修订颁行,社会上为娶妻举行的婚礼也是形形色色,"或沿古制,或习欧风,纷曼支离"。④ 这样,娶妻无固定程序可循,纳妾亦无固定程序可循,不仅娶妻与纳妾难以区分,就连纳妾与姘居之间的界限也模糊了。这种妻、妾、姘妇之间身份界限的模糊,使有关女子身份争议的纠纷组成社会新闻又一主体内容。

报道显示,这类争议的第一个焦点是男子再娶又不明确是娶妻还是娶妾,纠纷发生时可以任意变换说法。下面这则报道中,当事人为两个女子中谁为妻、谁为妾而大起争执。女当事人关佩环力证自己是妾而不

---

① 嘉庆十九年案"捏作姊妹卖妻本妇杖罪收赎"中有"赵成都……托人将妻徐氏嫁卖经郭宽契买作妾"一句,堪为一证。参见(清)祝庆祺、鲍书芸、潘文舫、何维楷编《刑案汇览三编》,北京古籍出版社2004年版,第247页。

② 据清末民初的民事习惯调查,福建建阳县有"娶妾不能用鼓吹迎送并坐花轿,犯者,族中提议罚款,以示与正式婚姻有别"的习惯。参见前南京政府司法行政部编,胡旭晟、夏新华、李交发点校《民事习惯调查报告录》(下册),中国政法大学出版社2000年版,第931页。

③ 1934年广州的一篇报道讲述当事人以出嫁时坐花红大轿还是青衣轿来区分娶妻与纳妾:"……陈乃凭媒看合中华中路……王玉田之女兰英为平妻。订婚时兰英珍重声言不肯作妾,只作平妻,且要礼贴婚书行聘,及花红大轿迎娶。……陈回家后,据实对其母及妻说知。其妻大不满意,谓陈虽娶平妻,实无异纳妾,决不准用花红大轿,叮嘱陈是日只可用青衣轿迎归,否则实行不准入室。"娶平妻背约起争端》,《越华报》1934年1月17日,第6页。

④ 《中国国民党第四次全国代表大会内政部工作报告》,载《革命文献》第71辑,中国国民党中央委员会党史委员会,1977年,第70页。

是妻，一方面是想与丈夫脱离关系，另一方面则想得到妾作为家属的扶养费，但是丈夫不愿与她脱离关系，辩称她是"发妻"，另一女子"刘姓女"才是妾：

> 审讯控夫骗婚离异案——河南新兴街卅九号毕尚初，其妻关佩环，前具状法院控其骗婚虐待，请求离异。经民庭陈推事一度审讯，廿八上午十时半陈推事开庭续审。据原告人关佩环供称，廿一岁番禺人，住河南龙溪土地坊十二号。氏系凭正式嫁与被告人为妻，自过门后，屡遭白眼……嗣氏查悉被告未娶氏之间，经娶刘姓女为妻，经生一女。目前完全断绝供给，致使氏在家含辛受苦。查民法规定已娶妻室在先，便成立骗婚之罪。是以提出与其离异，请求判准离异，并责令一次过赔偿扶养费一万元，俾得继续升学，及须将随嫁妆式首饰如数交还。被告毕尚初称卅三岁南海人，关佩环系民发妻，去年七月十二日刘氏女不过跟民为妾，并无经过若何手续。但民对妻妾从无二心，民尚按月供给费用，未尝间断。……请讯明判决，驳回其请法语等语。……①

下面这篇报道中，则是讲丈夫为逃避"重婚罪"的惩罚，以断绝生活供给为威胁，逼迫后娶之妻自认为妾：

> 审讯控夫骗婚遗弃案——万福桥新二巷八号妇人黎阿甜，卅一岁番禺人。九年前与一德路水泰庄司理伍周南姘识，旋结为夫妇，税居德园坊二号，感情甚笃，经生一子，现年四岁。讵伍之发妻，近日在乡得闻其事，狮威大发，即出省居住，勒令伍与黎氏绝交。……黎氏以其并不供给家用……以骗婚遗弃等词向民庭控诉。廿一上午十时吴推事传两造到庭审讯。……次据伍周南供卅四岁，民与黎氏结婚已多年，当时曾言明乡中有发妻崔氏，我俩在省秘密

---

① 《审讯控夫骗婚离异案》，《越华报》1933年6月29日，第5页。

同居，暂不给伊知之，免至发生事端。如日后崔氏发觉，必要时黎氏愿为侍妾，由她改名，黎氏绝无异议。……嗣后崔氏探悉此事，来省与民理论，民遂坚要黎氏履行前约，讵彼自食前言，不愿认为妾侍。崔氏以其不愿作妾，故不许民供给家用，如发觉民有供衣食情事，定向法院控民重婚之罪。民以家庭小事，恐招起官非，实非所愿，且黎氏之衣食无着，咎由自取，并非民有意将其遗弃，与民何干？今他如愿履行前言，对于供给其母子养费，可不生问题等语。供毕，推事转问黎氏对于自认侍妾有何表示。黎氏称当时他并无声明在乡已有发妻，氏始允嫁他，显系骗婚，有意遗弃，氏誓不为人妾等语。"①

如果后娶之妻以"重婚罪"控告丈夫，丈夫往往辩称后娶之妻为妾。这类报道中，法院往往以是否举行公开仪式来区分娶妻还是娶妾。② 下一则报道中的女当事人成功使其夫成立"重婚"罪名，就是因为成婚时公开举行了婚礼：

蒙陈婚变案判决理由——蒙陈婚变案昨经法院刑庭推事甘达明将被告蒙永念判处徒刑六月，缓刑三年。兹将判决理由探录如下：据被告蒙永念供称"邓旺兴系民发妻，十一月五日，民在新亚酒店系娶陈姓女子，并无举行结婚仪式"等语，惟查该被告业经供认"十一月五日在新亚礼堂与陈姓女子结婚，主婚人为蒙兆棠，

---

① 《审讯控夫骗婚遗弃案》，《越华报》1933年7月22日，第5页。
② 我很幸运地从现存数量极少的广东省司法案卷中见到一桩重婚案的原始文件，可以印证丈夫指称后娶之妻为妾、法庭凭仪式来区分娶妻与纳妾的情节，确是当时司法实践中的实际情况。这份由广东高等法院检察官就谭光彦不服重婚判决提出上诉一案作出的答辩书中写道："本案上诉人于民国十九年间与黎宣棣结婚，经生一子。复于去年废历正月二十六日在佛山大街再娶黎风为妻，当时系大红花轿且门口贴有喜联双喜，经原受命检察官调查报告有案。即上诉人于迎娶黎风之时在该管公安分局领取婚嫁证，系填写'娶大基头黎姓女子为妻'等字样，则上诉重婚事实已实证明。虽上诉人诿称系娶黎风为妾，然按之现行法例，娶妾举行婚礼仍以重婚论罪，抑又何词以自解？……"广东高等法院：《对于谭光彦重婚不服第二审判决声明上诉答辩书》，1935年3月29日。

证婚人为周伯□,结婚礼节正行至念经之际(宗教礼式)"云,既据合法自白于前,讵能空言翻异于后?且查重婚罪为既成犯(九年非字第八五号)如经举行结婚仪式,即构成重婚(二十一年院字第六零九号)。是被告未曾受过拘役以上之刑罚,现又在国民大学肄业,姑准予依法缓其执行,许以自新,而观后效。合依刑事诉讼法第三百十五条刑法第二百五十四条前半段第九十条,判处如主文。①

但如果成婚时未举行婚礼,后娶之妻甚至被丈夫指为姘妇,无从争取任何权利,其夫却毫无损失:

> 余关婚讼案再议驳回——未行婚礼再议驳回 属道德问题无研究必要 惠爱中路小□站见大书院前空校职员余凌云,前被光孝街宝成里二号二楼其妻余关氏,控其重婚遗弃诈财一案,昨经首席检察官廖愈簪审核完毕,认为声请理由不足,依法处分驳回。兹将处分书原文录下:……本案被告人娶妻后,复与声请人订立婚约,虽属不合,然此系道德问题,既未举行婚礼,即与姘居,无异不成立重婚罪名。……②

上篇报道中检察官以公开举行婚礼来界定"妻"这一身份,是依据《中华民国民法》第九八二条"结婚应有公开之仪式及二人以上之证人",③貌似界限清晰,实则不然。一方面,所谓"公开之仪式"并无清晰的内涵,加上国民政府一贯提倡改良风俗,娶妻的仪式尽可从简,所谓"文明婚"即是一种;另一方面,法律既未禁止纳妾,又未限制纳妾之程序,则纳妾而举行仪式当然不被禁止,有仪式就会有人证。如此,法律保护的娶妻与法律回避的纳妾,仅凭有无仪式与证人并

---

① 《蒙陈婚变案判决理由》,《国华报》1933年12月9日,第2张第3页。
② 《余关婚讼案再议驳回》,《国华报》1935年12月3日,第2张第1页。
③ 《中华民国法规大全》第1册,商务印书馆1936年版,第79页。

不能区分清楚。在这种模糊的状态下，尤其是后娶之妻的身份难以认定，基于这一身份索要赔偿的权利得不到支持，其丈夫亦可轻易逃脱惩罚。

既然妻的身份模糊了，索赔也不易得，在生存压力之下，大多数后娶之妻都会向丈夫及其先娶之妻妥协，屈服于妾这一名分。如果"重婚"的证据较为充分，她还可能以控告相威胁，取得比妾更高的"平妻"身份，同样迫于生存压力的先娶之妻，则不得不接受他人分享其"妻"的身份：

> 教员重婚被控之惯闻——……大洲直卅二号之一麦铭成廿五岁，安徽人，幼随父母寄寓广州。……佐乐长女惠英廿二岁。佐乐以铭成堪为东床之选，以英妻之，遂于民国廿年三月廿四日在本市新亚酒店结婚。……麦执教于英德，去年五月间与女子沈少卿正式结婚，遗弃惠英，交涉不恤。惠英以夫婿重婚遗弃，情殊难甘，旋以前情具状法院提起控诉。记者按址访女主角陈惠英。据称……侬提出控诉，不得已也。倘麦能回念夫妻之情，承认娶沈为妾，与侬同居，并立约不得遗弃，侬亦无问题，当可谅解云。转访麦铭成不在。据沈少卿称，侬嫁麦时，麦称尚未有室，故尔嫁之。去年十月始知麦系有妇之夫，痛恨被骗已迟，哑忍从之。此次其妻控诉，但侬深明大义，断不致使其夫妻生恶感，侬甘居妾位，以免讼诉。……①

《越华报》对上述陈惠英控夫一案进行了追踪报道。根据报道，陈惠英与沈少卿于1937年7月21日"联袂至天龙茶室磋商和解条件，但以沈少卿居妾地位，坚不允让……请命惠英许作平妻，惠亦有允意"；②23日，三方最终达成和解："陈惠英旋允少卿为平妻，彼此立约证明。

---

① 《教员重婚被控之惯闻》，《越华报》1937年1月21日，第9页。
② 《进行诉讼求和解 妾与平妻闹不清》，《越华报》1937年1月23日，第9页。

一、麦铭成负赡养责任；二、沈少卿嫁麦铭成只作平妻地位；三、自立约日起，铭成每月负担惠英生活费三十元。倘有与上约违背，惠英可随时控诉治罪。"① 这样，三方就法律禁止的"重婚"达成了一致意见。

妻、妾之间的身份界限的模糊，不仅在当事人之间引发争议，连法庭自身也不能时刻区分清楚。即使已经明确属于解除夫妾关系的讼案，法庭有时也当作婚姻案件进行调解、审理，直到1933年7月，最高法院判例认定"妾仅为家属一员可以自由脱离关系"②之后，这种以离婚案件审理方式办理解除夫妾关系案件的报道，才变得罕见。《越华报》这样报道了1933年6月一桩脱离夫妾关系案的庭审过程：

> 审讯脱离夫妾关系案——……是日原被告均到庭。法院首问原告区淑英：你是何理由与夫脱离关系？答：因为他虐待赶我走。问：他何时娶你？答：去年六月十七日。问：平日与他感情如何？答：绝无感情。问：大妇如何待汝？答：作为奴婢一样看待，不给我饭吃。问：汝说他虐待，有何凭据？答：有伤痕为证，街坊尽知。问：他赶你走还是你自动走的？答：他赶我走的。问：离婚是最痛苦的事，在你方面能够和解么？答：我和他的恩义已经断绝了，绝对不能复合的。……③

上文讲述了纳妾一经举行仪式就可威胁妻的身份。那么纳妾未经举行仪式时，妾作为家属一员的身份又难获承认，也就难以索得作为家属应得的扶养费。下面这则报道中，陈瑞明否认周璧玲为其妾，依据就是"无举行结婚仪式"：

---

① 《控夫重婚案和解成立》，《越华报》1937年1月24日，第9页。
② 南京国民政府最高法院1933年7月21日上字第88号判例："妾如不愿与其家长同居，原属其自由，在法律上本无何种限制，因不必以诉请求别居。"据《最高法院判例汇编》第24集，法学编译社1934年版，第39页。
③ 《审讯脱离夫妾关系案》，《越华报》1933年6月20日，第5页。

妾控主索偿六万余元——立约证明有关系 似难抹煞说姘居 前第一集团军军垦处少校技士陈瑞明，被再醮妇周璧玲又名璧屏，具状地方法院刑庭自诉虐待遗弃，请求赡养青春费共六万九千二百元一案，廿六下午三时由刑庭推事刘军冠……审讯，是日双方均依时投到。……据周璧玲供十九岁，前夫故后，于本年七月二日与被告陈瑞明税居于惠吉西路四十二号三楼，并无举行结婚仪式，至七月廿六日被告旋迁氏与大妇同居于惠福西路二百二十二号三楼，因彼等时加虐待，故氏于本月三日归宁，至五日氏因见他如斯无良，且他迫氏立约脱离关系，此约系他逼签，并非自愿，被告显系遗弃。请求依法治罪外，并请求一次过赡养费四万九千二百元，另青春费二万元。据陈瑞明供三十七岁……发妻司徒丽文，妾李佩珍，已有子女各一……原告周璧玲……自称前夫韦某新婚未几去世，现因无依，求民纳之为妾。民以本人业有妻妾，婉词却绝，讵周璧玲日夕絮絮，乃母亦来求民，民怜其痴，不以破甑为嫌，故与同居。讵原先周璧玲于同居时，曾立空白租簿向民诈财，又索资给其母，至本月三日周璧玲借故归宁，四日乃返，至五日夜自动立回休书……周璧玲即立约脱离关系，且系无媒苟合姘居，此次谬然控告遗弃，其标的不外妄想六万余元。……①

确如上篇报道中陈瑞明所说，妾提出控告往往只为求得扶养费。可是即使证实自己为妾，也极少能获判扶养费。南京国民政府最高法院1933年7月21日上字第88号判例说："妾如不愿与其家长同居，原属其自由，在法律上本无何种限制，因不必以诉请求别居。惟妾之所以得为家属，原以与其家长以永久共同生活为目的而同居于一家之故。若欠缺同居之条件，即不得谓之家属，更何得于不同居之后而请求给付扶养费。"② 据此，妾可全凭一己之愿脱离其夫，但无权要求扶养费。1933

---

① 《妾控主索偿六万余元》，《越华报》1936年11月27日，第9页。
② 《最高法院判例汇编》第24集，法学编译社1934年版，第39页。

年9月3日《越华报》报道的一桩判准脱离夫妾关系案,杨达初之妾梁慧珍被驱逐之后,才提起脱离夫妾关系之诉,目的就是索要扶养费。法院亦"认定被告有虐待行为,足以成立离婚之要素",但是只判准脱离关系,却不支持索要扶养费。① 此后由妾提出脱离关系的案件报道仍然不断,但判决结果基本一致:准脱离关系,不支持扶养费要求。也就是说,妾必须对其夫承担严格的同居、贞操义务,否则丈夫可据此为由抛弃她而不予任何补偿。《越华报》《国华报》上众多指控妾私逃甚至通奸的案件报道,可以证明丈夫们确实是这么做的。对于大多数没有财产的妾来说,所谓"自由脱离"只是给丈夫任意抛弃她们提供了更省钱的机会。

在少数不迫于生计的情形下,女子也会力证自己不是妾,甚至不是妻,而是姘妇,以争取与某个男子脱离关系的自由。这主要体现在女子私逃被缉获后发生争执的案件报道中:

> 本市北较场医院后街七号居民胡植初,卅七岁,海康人,其妻廖氏,于本月六日间,携同幼子阿胜私逃,经投报分局查缉有案……起回胡廖氏及胡阿胜母子二人,押解回课讯办。闻胡廖氏称,廿六岁,南海人,三年前由乡来省,到社前庙六号探胞姊廖妹,因被姊夫垂涎,发生暧昧,为胞姊不容。后籍湖南义庄一妇人介绍,与胡植初姘识同居,氏已怀孕,旋生此子名阿胜,胡无法赡养,时加虐待,且负债累累,被人索逋甚急,近欲将氏子阿胜发卖还欠。氏初不允,发生争执,但被苦迫,乃……转托某氏介绍改嫁板桥乡黎娣为妻,身价四十五元。……迨归黎后,待氏甚好,氏决意从他。且氏与胡植初并非正式结婚,只系姘识同居,现决与胡脱离关系,请传黎娣到案领回完聚等语。②

---

① 《判准脱离夫妾关系案》,《越华报》1933年9月3日,第5页。
② 《妻挟子私逃新造就获》,《国华报》1935年9月9日,第2张第3页。

总而言之，令人眼花缭乱的妻妾身份争议报道，向读者展示了家庭中女性之间传统身份差序的崩溃。对于夫妇关系而言，传统礼法赋予男子主导权，但其主导权的行使尚需遵循一定规范的约束，比如"先娶为妻、后娶为妾""禁止以妻为妾，以妾为妻"等，此时男子仍然享有主导权，但其主导权的行使更少受规范约束，更为所欲为了；传统礼法赋予妾次于妻、别于姘的身份等级，此时妾依然合法存在，却不再有相应的身份等级，因而得宠时可进身为"妻"，不得宠时则可能退身为"姘"了。女子是否结婚，是为妻、妾还是为姘，都变得模糊不清、难以把控，社会新闻充分表达了新旧规范转换之初的这种社会"乱象"。

社会新闻以其迎合大众口味的选材取向与叙述角度，呈现出表达当时社会大众焦虑情绪的几大议题：挑战传统家长权的逆伦问题；挑战传统家长主婚权的聘金问题；冲击两性婚姻稳定的离异问题；解构女性家庭身份差序的妻妾问题。在旧式规范体系中，两性关系依附并从属于亲子关系，国民政府新颁法律以个人主义原则改造家族主义原则的做法，主要是把两性关系从亲子关系中剥离出来，重构平等的两性关系，而对亲子关系的其他方面触动较少。因此，从规范层面看，家庭关系中变动最大的是两性关系是否受制于亲子关系以及两性关系本身是否保留等级差序来维持稳定，这是自主择婚与两性关系问题被社会新闻制作者无意间选为主要议题的原因。如果说，主张家庭革新的文化人士审视家族主义传统时看到了身份差序造成的不平等，自诩代言"社会"的社会新闻则通过上述议题揭示了身份差序被取消后的社会无序。在新的社会秩序尚未完成，更未成为社会常态之时，这种无序状态着实令大众担忧，社会新闻充分表达并聚合了这种担忧情绪。

第三节 重建社会伦理秩序的诉求

本书导论和第一章均已提到，以社会新闻为主业的商办报纸，因不评论时政、无意向导国民而被论说者讥为"只有记载而没有言论的

'名副其实的新闻纸'"。① 其实,这种批评也不完全符合事实。社会新闻确实与政论没有直接关系,也不采取高高在上的引导者姿态,但多数社会新闻报道都包含了制作者的表态,只是这种表态不以固定形式的评论文章出现,而是隐藏在报道标题(尤其是副标题)和字里行间的遣词用句之中。

本节将以社会新闻标题的明确表态为核心材料,分析以社会代言人自居的社会新闻,在讲述婚姻家庭纠纷时表达的社会诉求。以《越华报》《国华报》为例,二者创办之初,刊载的报道都已经有了标题,但这时的标题与内文文字大小一致,并不突出,更谈不上对副标题的讲究。1929 年以后,《国华报》在报道社会新闻时开始使用副标题。随着1934 年《国华报》设置的"社会一角"栏目日益扩容为一个整版,特别是《越华报》也于同一年将原来刊载社会新闻的第 6 页设置成该报最具特色的"社会新闻"专版,两报社会新闻报道越来越考究新闻标题的制作,副标题就在社会新闻报道中得到广泛应用。在这时期社会新闻报道中,新闻副标题的功能主要有两种,一种是对新闻事件情节的进一步概括,另一种则是对新闻事件的评价,正是后一种功能给许多社会新闻报道配套了"一句话评论",使笔者得以触摸到社会新闻制作者对所报道事件的表态。

一 关于孝道

从规范层面来看,民国民法重置了传统规范中父母与子女的关系。传统礼法所规定的孝道,强调"身也者,父母之遗体也",② 要求子女的人身、财产、婚姻乃至日常行为细节都必须完全遵从父母的意旨,不得稍有拂逆,否则处以严厉的刑罚。南京政府新颁法律并不否认孝道,但用权利义务观重新界定了"孝道",如民国民法规定父母对未成年子女的监护权利与义务、子女赡养父母的义务。

---

① 沈琼楼、陆遯翁:《从清末到抗战前的广州报业》,载广东省政协文史资料研究委员会编《广东文史资料》第 18 辑,1965 年,第 1 页。
② 崔高维点校:《礼记》,辽宁教育出版社 1997 年版,第 140 页。

社会新闻报道亲子冲突事件，最普遍的做法是以"忤逆"为题，其中一些标题直接斥责子女罪无可赦。诸如"逆子乘病鸩母之可杀"①"破获逆子买凶弑父案"②"逆子索款不遂殴老父"③"逆子害母：生子难侍老，投河饮满肚"④"目无父母逆子游刑：殴母至伤复刀碎乃父神主"⑤"逆子拒父入门激动公愤"⑥"逆子殴老母惊动坊人"⑦，等等，都表达了强烈的谴责之意。另外如"疍民仇孝：攻打四方城失败，无端将老母殴打"⑧ "赌徒仇孝：讨款不遂，殴伤乃父"⑨ 等标题，则以"仇孝"一词表达对有违孝道行为的谴责。

对于儿媳与翁姑之间发生的冲突，新闻标题的观点亦以谴责儿媳为主。诸如"悍媳图弑家姑之骇闻""悍媳挟恨纵火之凶恶"⑩ "妇人毒杀尊亲之凶悍"⑪ "寡妇愤子媳虐待投水：不供姑食，恶哉其媳"⑫ 等标题中，均以"悍""恶"等词对儿媳进行谴责。

不过，也有少数新闻标题谴责父母严苛责罚"逆子"以及子女"愚孝"的做法。《越华报》1933年5月7日"老父戒不肖子之惨酷"、⑬ 1934年1月29日"老父生葬逆子之残忍"⑭ 等标题，均是谴责父亲残害儿子生命的行为过于严苛。

此外，社会新闻报道对于子女伤害自己生命尽孝的行为，则以

---

① 《逆子乘病鸩母之可杀》，《越华报》1931年10月12日，第5页。
② 《破获逆子买凶弑父案》，《国华报》1933年11月24日，第2张第3页。
③ 《逆子索款不遂殴老父》，《越华报》1932年11月20日，第5页。
④ 《逆子害母》，《越华报》1934年2月24日，第6页。
⑤ 《目无父母逆子游刑》，《国华报》1934年4月30日，第2张第4页。
⑥ 《逆子拒父入门激动公愤》，《越华报》1934年5月8日，第5页。
⑦ 《逆子殴老母惊动坊人》，《越华报》1934年5月9日，第5页。
⑧ 《疍民仇孝》，《国华报》1931年5月24日，第1张第2页。
⑨ 《赌徒仇孝》，《国华报》1934年6月12日，第2张第4页。
⑩ 《悍媳图弑家姑之骇闻》《悍媳挟恨纵火之凶恶》，《越华报》1931年8月15日，第5页。
⑪ 《妇人毒杀尊亲之凶悍》，《越华报》1932年6月6日，第5页。
⑫ 《寡妇愤子媳虐待投水》，《越华报》1933年9月27日，第6页。
⑬ 《老父戒不肖子之惨酷》，《越华报》1933年5月7日，第6页。
⑭ 《老父生葬逆子之残忍》，《越华报》1934年1月29日，第6页。

"愚孝"一词进行批评。这样的新闻标题可见"愚孝子殉父两度自杀"①"愚孝子：痛母病危，跳楼惨死"②两条。不过，批判"愚孝"不等于批判孝道，而且是古已有之的观点，与清末民初以来日益炽热的反对封建、反对礼教思潮无关。

在某些从子女反抗父母滥权角度进行的报道中，社会新闻表达出对父母专制的批评态度。除了下文将有详述的反对父母干预自主择婚，社会新闻有时还从日常生活琐事方面批评父母专制。1936年10月14日《国华报》一篇报道以"旧礼教圈中之姊妹花"为引题，以"阿妹不堪压迫逃亡，乃姊寻遍天涯海角"为主标题，又以"电发小事此翁毋乃过拘执乎"为副标题，讲述女子黄阿琼因擅自剪发、电发被父亲严责后出走，其姊黄莲芳四出寻找的事件。该篇报道从标题到内文都对这对姊妹反抗父亲管束的行为充满同情，并把它上升到反抗旧礼教的高度，同时对于"性顽固，系一旧礼教中人"的父亲则大加谴责。③可见，报纸虽不正面批评孝道，但在表达反对专制的立场时必然会触及其自身一贯维护孝道的立场。

社会新闻对孝道问题的直接表态，从总体上看没有体现受亲子之间权利义务观影响的迹象。《礼记》有云，"教以慈睦，而民贵有亲；教以敬长，而民贵用命"，④既要求"子孝"，又要求"父慈"，"父慈子孝"本是传统规范力图达致和睦家庭的途径之一。社会新闻无论谴责子女忤逆、仇孝，还是谴责父母严苛、子女愚孝，都是局限在传统礼法的框架之内的，偶尔批评其所谓旧礼教中的顽固父母，很大程度上也从"父慈"而非"子权"的角度展开。但是，社会新闻在有意无意之间以传统规范的"父慈"包容新规范的"子权"，使得传统父权与新式子权不相对立，其实是在新旧意识之间找到了一个关于孝道的平衡点。

---

① 《愚孝子殉父两度自杀》，《越华报》1934年3月5日，第6页。
② 《愚孝子》，《越华报》1937年6月10日，第6页。
③ 《阿妹不堪压迫逃亡，乃姊寻遍天涯海角》，《国华报》1936年10月14日，第3张第1页。
④ 崔高维点校：《礼记》，辽宁教育出版社1997年版，第138页。

二 关于自主择婚

现存 1927—1937 年《越华报》《国华报》的社会新闻标题中，对于父母主婚的批评表态明显多于赞成表态，可见反抗父母主婚的正义性已经得到社会普遍认可。本书作者把收集到两份报纸在这 11 年间明确评判反抗父母主婚的新闻标题，列举在表 2 – 1 中。由于现存两份报纸均有较多缺失，并不能把这个表格中的内容视作统计数据来展开精确的量化分析，但它使人可以直观看到社会新闻的表态。①

表 2 – 1　　婚姻案件报道中明确评判父母主婚的新闻标题

年份	批评父母主婚的新闻标题				批评反抗父母主婚的新闻标题			
	主标题	副标题	报纸	日期	主标题	副标题	报纸	日期
1927								
1928								
1929								
1930	盲婚制下之可怜女子	魂兮归来可奈何	越	3.5				
	自由女退婚结婚之爽快	推倒盲婚唱凯歌	越	5.20				
1931					女子因反对盲婚私逃	枉费操心更贻爱	越	6.3
1932								
	女教员反对盲婚自缢	婚姻论财，太过愚呆	越	7.16				
1933	婚变	洞房正苦春宵短，投何为厌命长，料是盲婚多隐痛，讹传鬼祟说夸张						

---

① 本章还将有多个其他表格列举了不同类的新闻标题，其内容亦不能看成统计数据而作量化分析，而是用于帮助了解报纸对不同对象所持观点的全貌及其大致变化趋势。

续表

年份	批评父母主婚的新闻标题				批评反抗父母主婚的新闻标题			
	主标题	副标题	报纸	日期	主标题	副标题	报纸	日期
1934	盲婚准解约	难谐佳偶，尊重自由	越	3.27				
	拒哑婿调解不成	盲婚哑配，未甘守晦	越	3.28				
	反对盲婚	严词拒绝，态度坚决	越	6.17				
	坚拒盲婚新郎忽失踪	漫道他年成怨偶，宁堪此日失亲心	越	9.13				
	逼嫁何殊卖肉	只愿黑粮充足，不理自家骨肉	越	9.26				
1935	誓拒盲婚女儿求解约，自悔孟浪慈母任寒盟		越	10月（日期不详）	反对盲婚儿害毕生		越	4.5
1936	女学生反对盲婚诉请解约	两下有来往，品性不相投，怨母兮不谅，婚姻须自由	越	12.17				
	同学试婚被捕	家丑贻讥专制害，常言女大不中留	越	12.24				
	旧式订婚误了侬青春		国	9.16				
1937	怨女痴男又相抱服毒	死搏自由甘为泉下多情侣，难堪专制深恨床头黄脸婆	越	1.27				
	审中学生别恋重婚案	出嫁全凭母作主，恶因种就为盲婚	越	1.1				
	乡女勇气	拒盲婚，请解约	越	3.26				
	反对盲婚同请求解约	烦恼自寻费烦恼，盲婚预约制难存	越	4.9				

特别当报道中有家长不顾子女幸福贪索聘金时，标题常常明确表态批评家长这种滥权主婚行为。如下面这篇报道，以"追收聘金爱侣受灾磨"为主标题，以"须知万事尽因钱作怪，你睇牛郎织女隔银河"为副标题，讲述男子谢树因无力交付聘金，而被恋人莫阿娟之养母莫邹氏控告诱拐私逃：

阿娟性极浪漫，不遵约束，与翠香园花贩谢阿树结识，发生恋爱。莫邹氏明知养女钟情于阿树，拟将之许配，而阿树家贫，无力负担聘金。邹氏欲另嫁阿娟，但娟极端反对，誓死要与谢树结婚。邹氏亦无如之何。至本月初谢树辞工挈阿娟逃来本市小北周家二巷十三号其叔家寄居，事后莫邹氏查悉，要补回米饭养育费二百元，但谢树卒不如约交款。莫邹氏……指其引诱伊养女私逃，两造纠缠同赴分局讯办。……①

另在许多类似的聘金纠纷报道中，标题多以"买卖婚姻"来直接表示谴责。如"买卖式婚姻当然现象：两亲家针锋相对，新夫妇有何乐趣"②"媾婚定约：讲钱有亲，卖肉婚姻"③"逼嫁何殊卖肉：只愿黑粮充足，不理自家骨肉"④"控婿图挞聘金：恩爱变成冤枉债，聘钱终古困天孙"⑤"藉婚串骗母女同被押：买卖婚姻多黑幕，三人入狱累无穷"⑥等新闻标题都表达了同样谴责买卖婚姻的态度，并在此基础上支持子女反抗家长主婚。

与上述有关自主择婚表态相映成趣的是，社会新闻对自主择婚的评价，是既有肯定的也有作否定评价的（见表2-2）。

表2-2 1927—1937年《越华报》《国华报》社会新闻标题对自主择婚的表态

年份	对自主择婚进行正面评价的新闻标题				对自主择婚进行负面评价的新闻标题			
	主标题	副标题	报纸	日期	主标题	副标题	报纸	日期
1927					二男三女恋奸之情海风波		越	9.15

---

① 《追收聘金爱侣受灾磨》，《越华报》1934年1月27日，第9页。
② 《买卖式婚姻当然现象》，《国华报》1933年12月18日。
③ 《媾婚定约》，《越华报》1934年1月5日，第6页。
④ 《逼嫁何殊卖肉》，《越华报》1934年9月26日，第6页。
⑤ 《控婿图挞聘金》，《越华报》1935年1月8日，第6页。
⑥ 《藉婚串骗母女同被押》，《越华报》1936年12月18日，第9页。

续表

年份	对自主择婚进行正面评价的新闻标题				对自主择婚进行负面评价的新闻标题			
	主标题	副标题	报纸	日期	主标题	副标题	报纸	日期
1928								
1929					翁媳恋奸之家庭怪剧	咏新台豆蔻含胎	越	9.21
					搜查旅店破获恋奸男女	一宵初会便遭擒	越	12.13
1930					自由恋爱结果如斯	现身说法确伤心	越	2.6
1931					女子自由恋爱之恶果		越	2.14
1932					女子妄谈恋爱之堕落		越	1.9
					恋奸遗孽种嫁杏无期		越	5.10
					叔嫂恋奸发生惨杀案		国	9.10
1933	女优愤婚事不成服毒	拼死争自由,卒能成佳偶			自由结合之恶因孽果	反眼不相识,郎心也竹织	越	11.4
					浪漫女私逃当街殴母	拍拖游行意自得,中途遇母无遁行	国	4.20
1934	硬要未婚妻拍拖趣剧	婿水生波,泰山奈何,迟早不免,听任佢拖	越	1.19	恋奸情热自戕生命	女死男生未必情书催变鬼,弟终兄及弄成秽事愧为人	越	2.23
	村女逃婚	力争自由,不肯屈就	越	2.2	三角恋爱之一榻(塌)糊涂	奸妇搜宫共谐假,员警查栈捕去野鸳鸯	越	1.3
	盲婚准解约	难谐佳偶,尊重自由	越	3.27	拆奸	露水夫妻无结果,自由结合岂良因?贴钱买难受,唔带眼识人	越	1.28
	逃婚偿聘金	婚姻尚自由,私逃成佳偶	越	10.7	恋奸悖伦	恋爱自由违母训、实行仇孝辱家声	越	2.2

续表

年份	对自主择婚进行正面评价的新闻标题				对自主择婚进行负面评价的新闻标题			
	主标题	副标题	报纸	日期	主标题	副标题	报纸	日期
1934	请解婚约之新旧争辩	可笑男儿偏守旧,趋时女子况谈新	越	12.6	佣妇恋奸成孕之风波	学生负心,弃如敝屣,腹大如匏,狼狈迁徙	越	3.20
	恋爱战胜礼教向环境屈服	伯与嫂恋爱为家人所逐金尽床头,双栖旅舍负债难偿双双服毒女死男生	国	2.24	自由恋爱之饮恨终身		越	3.24
					假自杀之滑稽	婚姻不自由,自杀欲自救	越	4.3
					母子恋奸成孕被驱逐	伤风败俗,亟应放逐	越	5.1
					同学赋同居凶终隙末	自由恋爱,少利多害,发誓欺心,爽过食菜	越	8.9
					自由恋爱又惹起纠纷	绿叶成荫经结子,追寻应怨丈夫峰	越	12.5
1935	拼命争自由	一死尚为轻,不甘绝表兄	越	4.5	新婚制下又演活剧	受贺新郎方得意,忽来弃妇苦纠缠	越	10.13
	平地生波	女与男友同行顽固父不谅	国	12.26	育女私逃忤言争婚嫁自由	抚育自冲龄婚事难从养母命,同居虽匝月扬言犹处女	越	11.7
1936	刎颈争自由	欲得自由先自立,不容冒昧作盲争	越	12.9				
	女学生反对盲婚诉请解约	两下有来往,品性不相投,怨母兮不谅,婚姻须自由	越	12.17				
1937	怨女痴男又相抱服毒	死搏自由甘为泉下多情侣,难堪专制深恨床头黄脸婆	越	1.27	终审教员四角恋爱案	两面夹攻难抵挡,瞒婚再娶事昭然	越	1.27

续表

年份	对自主择婚进行正面评价的新闻标题				对自主择婚进行负面评价的新闻标题			
	主标题	副标题	报纸	日期	主标题	副标题	报纸	日期
1937					女控父妨害婚姻自由	对簿公庭亲骨肉，父亲不比老公亲	越	3.1
					指控男同学骗婚寒盟	另娶诿称听父命，自由恋爱又何为	越	3.12
					人各有心恋爱前途多黑暗，自取其咎追求哲学太高明		越	3.15

从表 2-2 可以看出，社会新闻对自主择婚的否定表态稍多于肯定表态。其否定的理由主要包括：一是自主择婚破坏性伦理，那些提到"奸"情的标题大多表达此意；二是自主择婚下场凄惨，那些提到"结果"的标题大多表达此意。其肯定自主择婚的理由，当然是从子女的自由权利出发，肯定子女有权自由择配以求幸福。从表 2-2 还可粗略看到一个趋势，那就是在时间脉络中支持自主择婚的表态越来越多，与批评自主择婚的表态相比弱势越来越不明显。表态支持自主择婚的新闻标题，虽然到 1933 年才收集到一例，但到 1934 年以后就不比前者更为稀罕了，二者从数量上大致形成势均力敌之势。总而言之，力图"代言"社会的社会新闻，在自主择婚问题上如此自相矛盾的表态，清晰地折射出一个在这方面没有固定标准可循的社会。

综合社会新闻对子女反抗父母主婚和坚持自主择婚的表态会发现，社会新闻对前者固然是总体上支持的，对后者却并不完全支持。究竟社会新闻支持还是不支持自主择婚？细致对比二者，可见并非真的自相矛盾：社会新闻是认可子女反抗父母主婚的正义性，却并不认可子女自主择婚的正确性，无论是父母主婚还是自主择婚，均不应有悖婚姻当事人的幸福追求。在这个问题上，社会新闻表达的诉求是现实主义的。

三 关于夫妇离异

有关夫妇离异纠纷的报道是社会新闻主要内容之一，但对诉至法庭的离异案件，多数报道仅以"某某离异（婚）案"这类中性标题即已足够吸引读者，会在标题中予以"一句话评论"的，主要集中在少数未诉至法庭的离异纠纷。本书作者从《越华报》《国华报》收集到一些对离异诉求明确表态的新闻标题，列为表2-3。

表2-3　婚姻案件报道中明确评判离异诉求的新闻标题

年份	对离异诉求持负面评价的新闻标题				对离异诉求持正面评价的新闻标题			
	主标题	副标题	报纸	日期	主标题	副标题	报纸	日期
1931					官太离婚案完全了结	男婚女嫁各自由	越	12.16
1933	乍离乍合之柴米夫妻		越	9.6				
1934	改嫁索偿	未合先离，是诚儿戏	越	2.3	协议离婚	不合则去，两无牵累	越	3.18
	高泳霜法院闹夫趣剧	回溯当年求婚声言愿死，讹离此日判决犹恐其迟	越	2.28				
	倏离倏合之儿戏婚姻		越	1.9				
	重收覆水后又赋仳离	水性杨花无主宰，随时变动谈情爱	越	1.5				
	儿戏婚姻	尚未结婚先异议，个中情事可推知	越	3.6				
	同日驳回两宗离异案	控夫虐待无凭据，不容轻易赋仳离	越	3.8				
	婚潮	琵琶别抱寻常事，法律原难续爱情	越	3.8				
	嫌贫要离婚	塘中有水鱼难养，柴米夫妻损正长	越	3.21				
	嫌贫乘伉俪	岳母费周旋，月圆人难圆	越	9.23				
	女教员嫌贫大闹离婚	失官困守难维系，孽果须知种恶因	越	7.25				

第二章 新旧之杂糅：社会议题与社会诉求的表达

续表

年份	对离异诉求持负面评价的新闻标题				对离异诉求持正面评价的新闻标题			
	主标题	副标题	报纸	日期	主标题	副标题	报纸	日期
1935	夫妇道苦	片言不合失踪	国	12.24				
1936	又演儿戏婚姻活剧	买卖一般无意义，剧中情节不相同	越	11.2				
	集团结婚诉讼第一声	隙末凶终常见惯，不堪压逼请离婚	越	11.9				
	女提壶两番提出离婚	真是贫穷亲谊断，感情破裂为金钱	越	11.4				
	男女优合演离婚活剧	倏忽去来蝴蝶仔，易离易合理宜然	越	11.4				
	女教员四番离合讼潮	几回离合同儿戏，分娩时期未到庭	越	12.15				
	半载夫妻被虐请离异	相忍成家原古训，从来好狗不咬鸡	越	12.17				
1937	离婚痛苦	悔恨难番为病痛，剪刀刺母罪难饶	越	2.28				

从表2-3所列举的新闻标题可以看出，新闻标题对离异事件所做的表态几乎全部是负面的，或者视之为不道德的事件，或者视之为不幸运的事件。另外，它们对私逃事件所做的表态也是如此。前几节已经论述过，妻妾"私逃"也是两性关系解体的一种形式，报道以"私逃"一词指称妻妾自行脱离夫家的行为，本身就隐含着指其不合礼法的意味。不仅如此，社会新闻标题对于"私逃"行为有诸多明确表态，例如"妻不安于室：被拐再醮"[1]"水性杨花妇：甫出都市，背夫挟逃"[2]"荡妇背夫私逃被截获"[3]"妨害风化：再醮私逃，三嫁被捕"[4]"柴米夫妻：无知妇人不甘食贫"[5]等，都表达了对这种离异行为的指责态

---

[1] 《妻不安于室》，《国华报》1935年10月3日，第3张第1页。
[2] 《水性杨花妇》，《国华报》1935年11月15日，第3张第1页。
[3] 《荡妇背夫私逃被截获》，《越华报》1931年6月22日，第6页。
[4] 《妨害风化》，《越华报》1934年9月17日，第6页。
[5] 《柴米夫妻》，《越华报》1934年1月3日，第6页。

度。即使如"乡妇逃省佣工被截获：命当吃苦，逃亦捉到"① 这样的标题，也表达了视"私逃"为迫不得已之人生惨事的态度。

对于政治文化精英视为进步的女性求离现象，社会新闻倾向于视之为不道德的事件，或者有乖人伦的悲惨事件，对此表示忧虑并加以谴责。这种态度不是社会新闻这种文本所独有，它是同时期多种通俗作品共享着的。1935年《国华报》刊载的小说《贤妇泪史》开篇写道：

> 世风日下，离婚之案，几于无日无之。或因遗弃请求离异，或以虐待为词控之有司。此仅就经过法庭处理而言。其它如不甘食贫下堂求去，别有所恋夤夜私奔，尤指不胜屈。虽其中虽尽无可离之由，然亦非尽无可合之道。夫妇道苦，至今日而已极。②

另有粤剧《碎尸案二本》里面最早出场的配角也有一句相同意思的对白：

> 你睇我老婆，几十岁重咁烟刃，计起嚟比较现在的后生更加摩登。我地真系相敬如宾，公一份时婆一份。你估学而家咁腐败，动不动又话结婚，动不动又话离婚……③

力图"代言"社会大众的社会新闻，对日益增多的夫妇离异现象表示忧虑和谴责，是因为夫妇离异增多的趋势，有违传统规范力图维护的最终目的：家庭和睦。《礼记》有言，"天地合而万物兴焉。夫婚礼，万世之始也……壹与之齐，终身不改，故夫死不嫁……男帅女，女从男，夫妇之义由此始也"，④ 是把夫妇之义视为人伦之始，而夫妇之义要求女子从夫，从一而终。南京政府新规范赋予女性与男

---

① 《乡妇逃省佣工被截获》，《越华报》1933年10月3日，第6页。
② 《贤妇泪史》，《国华报》1935年7月5日，第4张第2页。
③ 省港日月星班：《碎尸案二本》，第2页。
④ 崔高维校点：《礼记》，辽宁教育出版社1997年版，第76—77页。

性同等的离婚权,被指为导致这种不良现象的罪魁祸首。1937年《越华报》报道上一年离婚案件统计结果的新闻,一开篇就明确表达了这一看法:

> 我粤与外国通商最早,习染自由风气亦至深。其他可不必论,即以夫妇间而言,本应亲爱团结,然鉴诸事实,则适得其反,往往因些微细故诉诸法庭,请求离异。查确须离婚者固多,而激于一时情感者,亦属不少。据广州地方法院去年全年统计,请求离者达数百宗,中间因各法官苦口婆心、痛陈利害之故,均能化干戈为玉帛,和好如初,故实行离婚者全年五十八宗。……①

所以,当倡导家庭改革的政治文化精英关注个人情感与个人幸福时,社会新闻主要关注的是婚姻稳定和家庭和睦,以与大众取向保持一致。这种上层精英与下层民众之间的差异,在社会新闻对离异事件的态度上表现得最为直接,社会新闻在这方面力图表达的总体意思是劝勉世人慎重对待离异问题,不以婚恋为儿戏。

四 关于夫妇相处

社会新闻标题对于实际生活的家庭关系亦有诸多评论。在民国民法重置传统身份差序为身份平等的背景下,社会新闻对家庭中涉及两性地位对比的问题积极地进行表态。

(一) 男子多妻问题

笔者1927—1937年《越华报》《国华报》收集到许多直接评价多妻现象的标题(见表2-4),发现全部都是负面评价多妻现象的,未见正面评价多妻现象的标题,这说明谴责男子多妻的看法在当时社会已经基本达成共识。除社会新闻标题之外,此间报纸其他栏目亦宣称现行法律已采用一夫一妻制度,如1934年《国华报》在其"法律问答"栏目

---

① 《去年离婚案件统计》,《越华报》1937年2月3日,第12页。

中，以律师答疑的形式告诉读者纳妾已无法律依据：

（问）妾于现行法律有无地位？妾在现今法律上，有无地位，或法律上有何规定？如受大妇欺侮时，有无保障之方？照中国的名词，顾名思义，妾待是拿来作侍婢般看待的吗？其儿女与大妇之儿女，地位之比较又若何？……

（答）查现行法律，系采一夫一妻制度，对于妾的地位，并无若何规定。如受大妇欺侮之不能堪时，可以请求脱离关系。至所生子女，应视为婚生子女，与大妇之子女无异。①

表 2-4　　　　　　明确评判多妻现象的新闻标题

年份	负面评价多妻现象的新闻标题				正面评价多妻现象的新闻标题			
	主标题	副标题	报纸	日期	主标题	副标题	报纸	日期
1927								
1928								
1929								
1930								
1931	一夫多妻之家庭怪剧	可怜有米无人煮	越	12.16				
	齐人之福不易享	发妻貌丑性呆愚，爱妾貌美性妒忌，老母不谅找晦气，家庭安得不多事	国	5.26				
1932								
1933	懦夫娶妾不能治其家	一篙两船，争固其然，所谓妻多夫贱	国	12.18				
	妻妾迭起争斗之风波	屡烦警局，终非了局	越	9.29				

---

① 《国华报》1934 年 4 月 28 日，第 2 张第 1 页。

续表

年份	负面评价多妻现象的新闻标题				正面评价多妻现象的新闻标题			
	主标题	副标题	报纸	日期	主标题	副标题	报纸	日期
1934	难享齐人福	终日吵闹，老鼠躲猫	越	1.27				
	女教员四次搜宫活剧	既畏妻，又爱妾，难左袒，莫解决，子挟械为母复仇，对老父逼人咄咄	越	1.25				
	多妻制下之嫡子捉庶母奸案	争产成仇自谓挟嫌诬陷，同房别榻谁信并无奸情	越	2.3				
	投缳	嫡庶不和多龃龉，红罗三尺殒残生	越	2.3				
	嫡恶	嫡庶有如猫与鼠，挟仇至死不相容	越	2.6				
1936	庶子与螟蛉互争买水	妾生子未必有地位，多妻制下每起纠纷	越	12.2				
1937	难享齐人福多妻受累	郎憎妾染芙蓉癖，有好终能累此身	越	1.9				
	公审控大学生重婚案	犹存古代多妻制，女子终难得自由	越	1.29				
	多妻制下留不良印象	急欲脱离宁毁约，万金蔽屣（敝履）亦豪哉	越	3.27				
	多妻制下之不良结果	嫡子诬告庶母谋杀侵占被扣留	越	6.23				

不过，社会新闻对男子多妻的负面评价，主要不是出于对女权的维护，而是出于对家庭和睦的维护。在表2-4所列新闻标题与负标题中，除《公审控大学生重婚案》的副标题"犹存古代多妻制，女子终难得自由"是从女权的角度批判多妻制之外，其他标题都是从家庭不和的角度展开批判的。这些标题的逻辑是：多妻制是家庭不和的原因之一，家庭不和则对丈夫不利，所以多妻制对丈夫不利。这样的逻辑同样不是社会新闻独有的，当时各种通俗作品劝诫男人勿求多妻，大多循此逻辑。例如，1930年《越华报》首页"快活林"栏目刊载署名"崩伯"

的来稿，也是这样论证多妻之弊的：

> 前日余诣大北直街戚家贺年，观戚家左邻某氏之妻妾，因含酸生妒，竟尔露体斗殴，纠缠不休。不独路人讪笑，坊众交讽，而于大好良辰，发生家庭勃隙，以至举室不欢。反顾他家融融泄泄，共乐天伦，能毋自恨。然此皆受多妻制之赐也。因就戚家访悉其事纪之，以为醉心多妻者诫。①

粤剧剧本《碎尸案二本》也有一句同样意旨的唱词，表达男主角"妻多夫贱"的苦恼：

> 无奈归家，把娇妻见。心头暗苦，惨过哑子食黄莲。怪不得自古有云，妻多夫贱，我惟有对人欢笑暗地心酸。②

在对待男子多妻的问题上，"代言"社会的社会新闻从传统规范中找到了符合新规范意旨的依据。在传统规范中，和睦是家族主义的最终目的，"不睦"甚至是《大清律例》等法律明文规定的"十恶"之一。于是，从影响家庭和睦的角度论证多妻之弊，比从女权的角度论证多妻之弊更加贴近习惯于传统规范的社会大众。在反对多妻这个问题上，社会新闻再次展示了它的包容性：它把反对纳妾的"新酒"装进了追求和睦的"旧瓶"。

(二) 夫妇相处问题

在妾的法律地位被取消却仍可作为身份平等之家属合法存在于家庭中的现行规范框架下，夫、妻、妾之间应当采取怎样的相处之道？对于当时社会大众面临的这个疑难问题，社会新闻标题也有许多公开、明确的表态。

---

① 《多妻制下之怪现象》，《越华报》1930年2月6日，第1页。
② 省港日月星班：《碎尸案二本》，第8页。

第二章 新旧之杂糅：社会议题与社会诉求的表达

在夫之于妇方面，社会新闻通过两方面的否定评价来表达对男子家庭角色的正面要求。一方面批评在夫妇关系中没有掌控力的男子为"懦夫"。1931年5月26日《越华报》报道了一桩父母不满儿媳命令儿子离婚，被儿媳得知而纠控到警局的案件，该报道的标题为"父母命子离婚之波折：难使懦夫立有志";① 1935年7月28日《越华报》报道一桩大妇殴伤别居之妾的案件，其标题为"大妇搜宫伤侍妾，懦夫纳宠恳调停",② 都是嘲笑丈夫在妻子面前懦弱无能。另一方面，社会新闻表态谴责妻妾被虐待或遗弃的事件。笔者从《越华报》《国华报》收集到一些谴责妻妾被虐待或遗弃行为的新闻标题列于表2-5。从中可以看出，报道既表态同情遭虐待遗弃的妻，也表态同情遭虐待遗弃的妾。对前者的同情，大多表现为谴责男子宠妾欺妻，未维护传统规范规定的妻妾身份差序；对后者的同情，大多表现为谴责男子或大妇缺乏怜惜之心，不符合传统礼法要求的和、慈之道。社会新闻通过这两方面的否定评价，表达出来的正面诉求是要男子既维持自身在夫妇关系中的掌控者地位，又尽掌控者维持秩序、供养保护之责。

表2-5　　　　报纸明确批评遗弃或虐待妻、妾的新闻标题

年份	批评遗弃或虐待妻的新闻标题				批评遗弃或虐待妾的新闻标题			
	主标题	副标题	报纸	日期	主标题	副标题	报纸	日期
1927								
1928								
1929								
1930	老翁因贫逐妻之无良	重圆破镜忽又分离	越	2.12				
	弃妻再娶者之恶果	可为薄幸儿当头棒	越	3.6				
	悍妾逞凶殴伤大妇	喧宾夺主恃宠生嗔	越	6.3				

---

① 《父母命子离婚之波折》，《越华报》1931年5月26日，第6页。
② 《大妇搜宫伤侍妾，懦夫纳宠恳调停》，《越华报》1935年7月28日，第9页。

续表

年份	批评遗弃或虐待妻的新闻标题				批评遗弃或虐待妾的新闻标题			
	主标题	副标题	报纸	日期	主标题	副标题	报纸	日期
1931								
1932					少妾不堪虐待潜服毒	二女同居不相得,迫不得已出下策	国	8.29
					大妇药毙妾侍之无良		国	11.30
1933	遇人不淑妻室寻短见		越	5.7	妾侍被虐待轻生之可怜		越	8.21
	大妇被妾虐待服毒死		越	8.28	少妾入门见妒自缢死	因何缘故如此草草	越	9.20
1934	家庭怪剧	宠妾欺妻,喋血庭帏	越	3.11	悍妇虐妾	惊动邻人,激动公愤	越	5.23
	弃妻何无良	既索得赡养,亦不较短长	越	7.29	妾侍难堪虐待	望子虽切,大妇眼热	越	9.23
	宠妾殴妻	乱打无人性,顿忘结发情	越	8.13	侍妾投水死	虐待难胜,自轻性命	越	12.17
	嫡庶正名潮	怜新弃旧成常事,助妾欺妻起斗争	越	10.1	惨无人道炮烙杀妾案	检察提起公诉,移送刑庭审判	越	12.28
1935	娶了少妾忘了糟糠妻	合力殴骂竟视如奴隶	国	7.30	夫恶大妇亦恶妾命薄:潘雪珍泪洒公庭	大骂杨钜昌摧残女性	国	9.20
	助妾殴妻	家庭丑剧一幕	国	9.6				
1936	宠妾欺妻迫令服毒		国	8.7	姑恶大妇虐	做人妇甚艰难	国	3.22
1937					环境压逼下作妾苦况		越	6.18

在妇之于夫方面,社会新闻亦从两方面的负面表态来表达对女性家庭角色的正面要求。一方面是在日常相处层面,批评不顺从丈夫意志的悍、妒之妻妾。笔者将收集到的相关新闻标题列于表2-6,从中可见

被批不顺丈夫的主要是妻，不顺从的主要原因则是妒夫纳妾。

表2-6　　　　　　　报纸明确批评妻妾不顺夫的新闻标题

年份	批判妻不顺夫的新闻标题				批判妾不顺夫的新闻标题			
	主标题	副标题	报纸	日期	主标题	副标题	报纸	日期
1927								
1928								
1929								
1930								
1931	大妇登门骂妾之怪剧	满胸醋意逞雌威	越	6.9				
	平妻凶悍	神仙摘茄几势凶，左腿抵捱一棍痛	国	6.2				
1932	妒妇争宠竟悬梁自缢		越	5.13	凶悍妾以大柴击懦夫	老婆贤德妾侍恶，击破齐人个头壳	国	8.29
	老板娶妾弃妻之醋波	老娘携子来交涉	国	11.30				
	妒妇争宠竟悬梁自缢	如此牺牲亦太呆	越	5.13				
1933	妒妇愤娶妾诈死吓夫	自己唔争气，咪咁大醋味	越	8.25				
	醋娘子搜宫大演武剧	瞎闹任性，无力制胜	越	8.25				
	妇人疑夫纳妾竟轻生	无谓思疑，自讨吃亏	越	9.20				
	妒妇愤夫纳妾竟服毒	尚未成事 死得太易	越	9.27				
	妒妇演一幕搜宫活剧	愤夫纳妾另租居，直捣香巢纠上区	国	5.20				

续表

年份	批判妻不顺夫的新闻标题				批判妾不顺夫的新闻标题			
	主标题	副标题	报纸	日期	主标题	副标题	报纸	日期
1934	悍妇斩夫私逃	持刀如斩蔗，胭脂马难骑	越	1.3				
	与日俱增之踢窦风波	不肯同居难甘狐媚，远来问罪大发雌威	越	1.26				
	酸醋构成大妇疑妾图鸩案	自灭自生璇闺生剧变，疑云疑雨醋海起酸风	越	1.29				
	娘子军直捣香巢活剧	拔隘夺关枉费阻拦难庇妾，犁庭扫穴兴言约束亦羞人	越	2.4				
	狮吼	先发制人施毒手，摘茄不已复操刀	越	3.6				
	纳妾入宫趣剧	大妇蛮恶，太过刻薄	越	3.14				
	怨夫纳新宠当真搏命	疗妒药剂难觅得，徒讥做鬼哙迷人	越	10.22				
	公开交际妒妇起酸风	季常身在狮威下，免吵须先戢野心	越	11.1				
	酸娘子怨夫服毒	疗妒无鸰鹋，负气忽轻生	越	11.1				
	妒妇杀子后投塘自尽	村夫未享齐人福，先已家庭惨变生	越	12.1				
	大妇谋逐妾散布谣言	初嫁既逢浪子，再醮又遇懦夫						
1935								
1936	家庭流血案	夫娶妾罪当斩？	国	8.23				
1937	妒妇服毒死	既无所出尤清静，奚为到老尚拈酸	越	1.20				

另一方面是在贞操层面，社会新闻表态批评不忠诚于丈夫的妻妾。中国传统规范要求妻妾对夫从一而终并以严酷刑罚禁止妻妾不贞，却允

许丈夫以延续后嗣为名不限数量地纳妾,从声称"男女平等"的新规范角度来看,这是片面的贞操义务。以南京政府新颁法律为主体的新规范,在夫妻关系方面并未放松妻的性忠诚义务要求,只是在一定程度上提高夫的性忠诚义务要求,以示"男女平等"。这主要表现在通奸罪的犯罪主体,由1928年《刑法》的"有夫之妇"扩大为1935年《刑法》的"有配偶之人",终使男子也可成为通奸罪的犯罪主体。不过为了安抚纳妾的男子,最高法院多次援引民法第1053条的内容,①以判例确定在妻子"或事前同意,或事后宥恕,或知悉后以逾六个月,或自其情事发生后已逾两年"的情况下,不算重婚或者通奸。② 所以,民国法律在性忠诚方面标榜的"男女平等"也只是体现在原则上,实际上,妻子在如此众多的限制之下极难以"重婚"或"通奸"阻止丈夫纳妾。例如,《国华报》1936年3月26日报道女子袁浣薇状告其夫陈云阶纳妾触犯新刑法第239条所定之通奸罪,陈云阶当庭辩称"当民娶妾时,事前征得自诉人袁浣薇同意"。③ 笔者未见有关此案判决的史料,但据法条即可估计袁浣薇的胜诉概率极小。在此新旧规范相继强调妻对夫之贞操义务的背景之下,传统礼法倡行妻子从一而终甚至夫死守节的要求并未受到根本冲击,力求迎合社会大众的社会新闻,沿袭旧俗表态批评妻子不守贞操,更属自然而然。相应的社会新闻标题如"荡妇投塘自杀之原因:窃款恋奸死不足惜"④"扭控私逃怀孕之荡妇"⑤"夫骨未寒妇人又改嫁"⑥"再醮妇难靠:包袱挂门耳,三嫁不知耻"⑦ 等,均属

---

① 《中华民国民法》相关法条原文为:"第1052条 夫妻之一方以他方有左列情形之一者为限,得向法院请求离婚:一、重婚者;二、与人通奸者……第1053条 对于前条第一款第二款之情事,有请求权之一方,或事前同意,或事后宥恕,或知悉后以逾六个月,或自其情事发生后已逾两年者,不得请求离婚。"《中华民国法规大全》第1册,商务印书馆1936年版,第82页。
② 程郁:《民国时期妾的法律地位及其变迁》,《史林》2002年第2期。
③ 《控夫犯新刑法案审结》,《国华报》1936年3月26日,第3张第3页。
④ 《荡妇投塘自杀之原因》,《越华报》1929年12月13日,第6页。
⑤ 《扭控私逃怀孕之荡妇》,《越华报》1932年10月12日,第6页。
⑥ 《夫骨未寒妇人又改嫁》,《越华报》1933年3月21日,第6页。
⑦ 《再醮妇难靠:包袱挂门耳,三嫁不知耻》,《越华报》1934年3月15日,第6页。

此类。

但在妾之于夫的贞操义务方面，现行规范相对传统礼法是作了实质性改变的，只是社会新闻倾向于照旧批评妾之不忠。根据南京政府新规范，夫妾之间仅为家长家属关系而非婚姻关系，因而妾对夫不负性忠诚义务。这个变化带来认识上与事实上的混乱，就连法律界也莫衷一是。1933年粤剧名伶罗家权枪杀徒弟唐飞虎，报载该案起因是罗妾谭妲己与唐飞虎相奸，就谭妲己行为是否构成通奸罪，1933年7月7日《国华报》以"罗妾妲己通奸不为罪：女律师之法律谈，妾姘人为无夫奸"为题报道女律师苏汉生的观点是："妲己虽为本案祸根，但妾侍为无夫之妇，无夫奸不为罪，妲己虽姘多几个男子，法律亦不干涉……"① 但是就在同一天同一份报纸，《国华报》在"法律问答"栏目刊载男律师李国英就这个问题作出的相反回答："问：逃妾另嫁有无罪名。……答：一、私自逃走，虽无夹带，事实上殊难证明，家长总有追究之可能。二、妾侍另嫁，虽无重婚之罪，而背夫相奸之行为，似亦不能洗脱净尽。三、如上第一条所言，颇虑牵累汝的爱人，受有教唆挟带嫌疑也。"② 以社会代言人自居的社会新闻，并不细究这些争议，通过反复批责妾之不忠来强调妾对于夫的贞操义务，诸如"淫妾放毒药图害亲夫"③ "荡妾两番私遁：重拾堕散才一见，追寻逃妾费奔波"④ 等新闻标题即属此类。

社会新闻坚持妾的性忠诚义务，有时甚至不惜公开表达对现行新规范的不满。1934年2月22日《越华报》报道一桩检察官确认侍妾通奸不为罪的案件，即以"侍妾通奸夫无告诉权"为主标题，以"法律有问题，纳妾实吃亏"为副标题，表示对此新规的高度反感。该报道内文讲述案件来龙去脉如下：

---

① 《罗妾妲己通奸不为罪》，《国华报》1933年7月7日，第2张第4页。
② 《国华报》1933年7月7日，第2张第1页。
③ 《淫妾放毒药图害亲夫》，《越华报》1932年5月10日，第5页。
④ 《荡妾两番私遁》，《越华报》1934年11月21日，第6页。

西关丛秀横十七号姚礼镠，妾何氏，住和息南六号三楼，因招江子行回家奸宿，为姚会警拘获解送法院，请求治以相奸之罪，已纪前报。续查此案经检察官朱光祖侦查终结，据被告等当庭自白前情不讳。但据告诉人姚礼镠供认何氏系其妾，在法律上告诉人实无告诉权，不便入人以罪，于廿一日援刑法第二四四条第三款之规定，将案下不起诉处分，被告等准交保释放。①

总之，面对夫妇相处之道这个难题，社会新闻以不同角度的负面评价表达其理想目标，那就是传统秩序之"夫和妇顺"，即丈夫掌控家庭并善待妻妾，妻忠顺于丈夫并善待妾，妾则忠顺于夫与妻。传统规范有其自身的平衡机制，在赋予尊亲属主导地位时亦要求尊亲属善待卑亲属，社会新闻对夫妇间虐待遗弃等现象的表态就是从这个平衡机制中寻找依据，而不是像倡行家庭改革的政治文化精英那样向这个平衡机制之外的"男女平等"寻求依据。不过，在规范已被文化精英猛烈批判过的背景下，社会新闻偶尔也有例外的表态，例如1934年5月7日《越华报》报道的一个纠纷，讲述男主角茹润才在公安分局当庭鞭扑其妻周氏、其妾伍氏以顺父母，新闻标题为"打妻顺父：头脑顽固，从此多故"，②批评当事男子头脑顽固。

五 关于子嗣

社会新闻对于男性子嗣问题的表态，与传统规范保持一致。如果说维护家族秩序是传统规范的最终目标，男性子嗣的上承下续则是传统规范维护家族秩序的根本出发点。正是从这个根本点出发，中国传统规范确立女子依附于男子的身份差序并要求女子对丈夫绝对保持贞洁，以确保男性子嗣的血统纯正；同时允许男子纳妾，以确保男性子

---

① 《侍妾通奸夫无告诉权》，《越华报》1934年2月22日，第6页。
② 《打妻顺父：头脑顽固，从此多故》，《越华报》1934年5月7日，第6页。

嗣的传承。① 对于这个根本问题，宣称"男女平等"的新规范本身亦不敢触动，一如对待妾制的回避态度一样，对民间继嗣行为既不肯定也不禁止。男性后嗣的重要性，在当时社会的文化与制度层面，都没有受到专门的强烈质疑。

基于这点，社会新闻对那些求获男性子嗣的行为深表同情。例如1934年9月26日《越华报》以"逐妻"为主标题，以"三次出妻求嗣切，半生无子感年衰"为副标题，讲述男子庞参为求子嗣先后驱逐三个妻子的事件，副标题对求嗣心切的庞参充满同情。② 1935年12月3日《国华报》以"带孕再醮闹纠纷"为主标题，以"七龄童不知谁是爸爸，前夫血嗣不允以吕易嬴"为副标题，对于再醮妇陈周氏以儿子陈炳坤是前夫之遗腹子为由，坚持不将其交给后夫陈泰的行为表示支持。③ 这一类标题都把男系血脉的延续视为必不可少、不容侵犯的前提。

这段时期广州报纸涉及子嗣问题的社会新闻报道，最轰动的要数1931—1932年持续近一整年的广州图强医院换婴疑案。1931年7月25日，广州拉车夫黄金宝之妻李氏到广州图强医院分娩，当时带有稳婆何二姑同行。当夜，李氏产下一对孪生婴儿之后，因病危转至方便医院不治身亡。第二天下午，黄金宝带领车夫二十余人、妇女十余人到图强医院，声称其妻产下一男一女，而医院交给他的是两名女婴，要求医院将换走的男婴交还。双方就此展开争执，并且诉至法院。黄金宝提起刑事自诉，控告图强医院助产士伍智杰等人掠诱男婴，请同宗律师黄策免费

---

① 1934年《越华报》报道广东参议员张仲绎曾提案禁止纳妾，最终不了了之，反对禁止纳妾的议员就是以"无后为大"为理由："省参议员张仲绎，以我国纳妾陋习，迄未废除，不特侮辱女性，抑亦有乖人道，日前在大会提议禁止纳妾及处罚条例，以张女权。查张氏提议书发表后，市民引为美谈，而一般婴婉辈尤喜形于色，甚或资为谈柄。乃此案自提出大会后，一部分议员以纳妾风尚，由来已久，当此提倡复古，无后为大，势难办到。可否参半，卒无结果，案遂搁置。闻张初拟再条陈法院采纳，嗣以习惯关系，恐难实现，事乃中止。一段禁止纳妾问题，已无形消灭矣。"《禁止纳妾案无形取销》，《越华报》1934年9月21日，第6页。
② 《逐妻》，《越华报》1934年9月26日，第6页。
③ 《带孕再醮闹纠纷》，《国华报》1935年12月3日，第2张第1页。

代理，伍智杰等人则请当时广州律师公会会长杜之杕代理应诉。据黄金宝诉称，孩子出生后，伍智杰曾告诉产妇与何二姑生了一男一女，他自己也于第二天清晨查看过是一男一女；伍智杰等人则辩称，当时产妇生命垂危，"屡问所生是男是女"，遂应何二姑之请，向她谎称生了一男一女作为安慰，但是已向何二姑明言是生二女，第二天清晨黄金宝本人也并未查看过两婴性别。① 1931 年 11 月 17 日，广州地方法院判决黄金宝败诉，黄金宝上诉后，广东高等法院于 1932 年 6 月初判决黄金宝败诉。

该案历时一年多，报纸对它投注了极大的兴趣。《越华报》对于此案的报道至少有 50 篇，另有至少 7 篇相关文章参与议论。香港《华字日报》也报道了此案的进程。据《越华报》记载，该案轰动一时，"社会人士街谈巷议，纷纷猜度谁胜谁败，更有因谈此案谁是谁非，而致发生斗殴者，亦属不鲜"，② 甚至"澳门竟有以此案为赌彩者"。③

报道与争论的焦点在于其中一名女婴的真伪。由于当时鉴定技术的限制，如何确认被疑女婴是否为产妇所生成为一大难题，也是报载文章和报道的中心议题。中国古代流传的滴血认亲方法是否可靠，新颖的血型检验方法依据什么原理，《越华报》都有文章或报道进行详细解说。最终，法院以血型检验结果不能证明黄金宝与该女婴没有血缘关系为主要依据，判决黄金宝败诉，尽管血型检验结果并不能确证黄金宝与这个女婴具有血缘关系。

尽管报道与讨论兴趣聚焦于鉴定方法，也有少数作者在报纸上刊文评论此案背后的"重男轻女"观念。对于医院一方辩称为安慰产妇谎称生了一男一女的做法，一篇署名"可因次郎"的来稿表示理解，直指重男轻女观念是导致这桩纠纷的罪魁祸首：

> 然使接生者不顾产妇之垂危，更不必问其心理之何若，竟直相

---

① 《医院换婴疑案二十志》，《越华报》1931 年 8 月 18 日，第 5 页。
② 《医院换婴疑案廿八志》，《越华报》1931 年 8 月 26 日，第 5 页。
③ 《医院换婴疑案廿三志》，《越华报》1931 年 8 月 21 日，第 5 页。

告，男则男之，女则女之，则此是非已无发生之可能，更或示之以与来之稳婆，眼同鉴别，亦不致狐疑相猜，免起纠纷。然医者固以博爱为怀，见此可怜垂危之产妇，不忍其悬念不释，偶一慰之，亦职内之事，并不足奇。所可哀者，我国重男轻女之见，至今尚未铲除，否则此类之事，吾敢必其罕见也。①

另有一篇署名"黄慰民"的来稿也表达了同样的观点：

不过我国轻女重男之恶习不除，则此剧重演，在在可能，一般同业，后此常知所警惕矣。②

不过，笔者未见社会新闻本身就换婴疑案背后的重男轻女问题明确表态。综观报纸报道，不仅围绕换婴疑案对重男轻女议题的讨论相当微弱，而且在其他事件报道中直接表态同情追求男性子嗣的当事人。男性子嗣的重要性，总体来说仍是当时社会的共识，社会新闻对此未尝质疑。

细析隐藏在社会新闻标题中的"一句话评论"，可以捕捉社会新闻对孝道、对自主择婚、对夫妇离异、对夫妇相处、对男性子嗣问题的明确表态。综观上述表态可以看出，社会新闻的表态只是针对上一节所述社会失序问题，在细节上把新式观念纳入旧式规范体系，例如对父母苛待子女、父母主婚与滥索聘金、男子遗弃虐待妻妾、男子多妻等的批评意见，都是到旧式规范中去寻找批评依据或解决之法，其表态在整体上、系统上是与旧式规范保持一致的。又因为在旧式规范中两性关系从属于亲子关系，这甚至决定了本节对这些表态的分析结构，虽以两性婚姻问题为主要内容，却从亲子关系之孝道问题开始，到亲子关系之子嗣问题结束。

---

① ［日］可因次郎：《换婴案》，《越华报》1931年8月1日，第8页。
② 黄慰民：《偷龙转凤之我见》，《越华报》1931年8月5日，第8页。

第二章 新旧之杂糅：社会议题与社会诉求的表达

本章小结

围绕社会新闻在复杂社会中如何试图"代言"社会大众的问题，本章分别阐述了社会新闻报道中使用的词语、渲染的议题和表达的立场。

在词语使用方面，新闻报道中使用的词语并不一定严格取自作为规范主体的法律文本正文，也不一定严格遵循法律文本当中的原词原意，但这恰恰是社会新闻得以发挥熔炉作用的地方。在这个正式规范新旧交替的时期，对应于旧规范的一整套词语与对应于新规范的一整套词语共存于社会新闻的婚姻家庭纠纷报道中，有新词语被扩展应用于旧式事实，有旧词语被发展出新式含义；有同样的词语，被用于支持传统的表述，也被用于否认传统的表述；也有同样的事实，有时用新词语来表述，有时又用旧词语来表述。这使维护家族等级秩序的词语和支持家庭成员平等身份的词语相互对比、交叉、融合、淘汰，婚约、结婚、离婚、离异、恋爱、夫、妻等词语逐渐固定成兼容新旧、广泛接受的大众词语。

在议题凝练方面，社会新闻以其迎合大众口味的选材取向与叙述角度，呈现出表达当时社会大众焦虑情绪的几大议题：挑战传统家长权的逆伦问题；挑战传统家长主婚权的聘金问题；冲击两性婚姻稳定的离异问题；解构女性家庭身份差序的妻妾问题。从规范层面看，这时期家庭关系中变动最大的是两性关系是否受制于亲子关系以及两性关系本身是否保留等级差序来维持稳定，这是自主择婚与两性关系问题被社会新闻制作者无意间选为主要议题的原因。如果说，主张家庭革新的文化人士审视家族主义传统时看到了身份差序造成的不平等，自许代言"社会"的社会新闻则通过上述议题揭示了身份差序被取消后的社会无序。在新的社会秩序尚未完成，更未成为社会常态之时，这种无序状态着实令大众担忧，社会新闻充分表达并聚合了这种担忧情绪。

隐藏在社会新闻标题中的"一句话评论"是社会新闻对所报道事

件的表态。细析这些表态可以看出，社会新闻的表态只是针对前述社会失序问题，个别地、片断地把新式观念纳入旧式规范体系，例如对父母苛待子女、父母主婚与滥索聘金、男子遗弃虐待妻妾、男子多妻等的批评意见，都是到旧式规范求"和"的目标中去寻找批评依据，到旧式规范维"和"的秩序中去寻找解决之法，它的态度在整体上、系统上是与旧式规范保持一致的。美国学者列文森在其名著《儒教中国及其现代命运：现代中国的三部曲》中说："自利玛窦到梁启超的这段过程中，儒教已经失去活力。正统的儒教主义者虽然继续存在，却已走上湮没无闻之途。在此过程的开端，他们的想法是一个现实社会的势力、产品与知识支撑；到此过程的结尾，在那个生产它又需要它的社会逐渐消解之后，他们的想法就成了阴影，仅仅为存在而存在地珍藏于很多人的主观意识之中。"① 细析梁启超去世（1929年1月19日）前后的这十年，从试图代言大众的社会新闻角度，我们看到传统礼法的活力尚在，列文森的论断在社会大众层面为时尚早。

---

① Joseph R. Levenson, *Confucian China and Its Modern Fate: A Trilogy*. Berkeley and Los Angeles: University of California Press, 1968, pp. Ix, X.

第三章　平等之纷扰：社会新闻视阈下的家庭成员平等

上一章讲述社会新闻对婚姻家庭纠纷的表达，总体上与旧规范体系保持一致，那么它如何在婚姻家庭纠纷报道中表达新规范已确认的平等原则？本章分别从血亲平等、夫妇平等两个方面阐述这个问题。

第一节　血亲之间：财产纷争

关于社会新闻报道中的血亲平等问题，可以分为两个方面来分析：一方面是子女是否可以向父母正式发起争论；另一方面是子女可以向父母争取哪些权利。对于这个新旧规范交替的十年来说，前一个问题是后一个问题的基础。

一　亲子争讼的平等问题

南京政府颁行的新式规范在原则上将家庭中旧式身份等级差序重置为平等权利义务关系，其中一大变化是赋予子女与父母同等的相互争讼权。在传统规范下，父母无须经官即可任意惩戒子女，而子女在任何情况下不得冒犯父母。当父母不高兴时，《礼记》要求子女不要怨恨："父母怒，不说，而挞之流血，不敢疾怨，起敬起孝。"① 父母对子女不仅有自行惩戒的权利，还可以呈控到衙门由地方政府代为执行，"忤

---

① 《礼记》，辽宁教育出版社1997年版，第80页。

逆"是一条地方政府不会不受理的呈控理由。① 但当子女认为父母有过错时，《礼记》要求子女只能好声好气地劝说："父母有过，下气怡声柔声以谏，谏若不入，起敬起孝，说则复谏，不说，与其得罪于乡党州闾，宁孰谏。"② 子女控告父母是传统规范绝对禁止的，《大清律例》以"干名犯义"条专门禁止家庭中卑亲属控告尊亲属，而且惩罚相当严厉："凡子孙告祖父母、父母，妻、妾告夫及告夫之祖父母、父母者，虽得亦杖一百，徒三年。祖父母等同自首者，免罪。但诬告者，不必全诬，但一事诬即绞。"③ 南京政府新颁法律取消亲属间尊卑之别的主要内容之一，就是赋予子女与父母之间控告对方的同等权利。

社会新闻报道了各种各样的父母惩戒或指控子女事件，基本上符合旧规范的要求。例如父亲不经官司直接残害甚至杀死"逆子"的报道：

> 老父戒不肖子之惨酷——番禺狮岭乡杜少甫，前清生员。现在香港某校友会当教员，生三子，长次均业商。惟三子叔基居乡，游手好闲，近且溺于烟赌，赌败则窃卖家具，或窃邻家鸡犬，乡人恨之刺骨。杜以彼玷辱家声，责之不听，乃返乡将其捆绑，挖去双目，叔基以顿成废人，四日闭门自缢而死。④

有父亲不经官司指使二儿子杀死三儿子的报道：

> 兄杀弟家庭喋血惨变——……二珠将弟杀后，急走出埗口，向父报告。杜暧交廿元，市薄棺草草殓葬。及后张氏查悉系家翁嗾使大伯击毙己夫，即归宁向其兄及母哭诉，下午三时许联同至埗口菜摊与杜暧理论，要给予养口费。段警上前排解，以案关人命，即拘

---

① 瞿同祖：《中国法律与中国社会》，中华书局1981年版，第5—15页。
② 《礼记》，辽宁教育出版社1997年版，第80页。
③ 张荣铮、刘勇强、金懋初点校：《大清律例》，天津古籍出版社1993年版，第522页。
④ 《老父戒不肖子之惨酷》，《越华报》1933年5月7日，第6页。

返分局讯办。杜二珠见父被逮，即行逃去。局员提讯，杜暧直认因三子不肖，嘱二子将其枪毙。继据其媳称杜张氏十九岁，坚请为死者伸雪。乃转解公安局讯办。①

父亲擅杀儿子获法庭诸多回护轻判的报道：

父女杀子案判处徒刑——……亚苏……对于其父时加暴行，实有取死之道。检察官认其为减刑之必要，不无可取。且叶才原系乡愚，未受相当教育，知识极为薄弱，因狃于专制恶习，以为父杀其子不犯罪；而何叶氏妇女无知，亦以其父老迈龙钟，每为逆弟所殴，父乃既肯杀子之意，故顺其父意而助之。核其情节，因不知法令所致，自应于本刑范围内递予减轻以示矜恤……②

也有父母依传统做法将逆子呈送官府要求代为惩戒的报道：

老父请局惩戒不肖子——长堤三十六号苏祖德，六十六岁潮州人，有子锦堂，游手好闲，不务正业，且性嗜赌，屡诫弗悛。十四日锦堂又回家窃器变卖，得款输去净收入尽，回家又拟再盗，为父瞥见，向其责罚。讵锦堂不听，竟反将祖德殴打，傍人睹状不值其所为，均谓有此子不如无之为佳。祖德闻之，更形愤怒，乃喊警扯往靖海分局请送惩教场。据锦堂称十七岁，自知不合，请为宽办。局员讯后，以祖德力请将子解局惩教，乃解局办理。③

请将逆子充伕以示惩戒——客居南海属内叠滘堡东村坊民陈云翰，有子继炳，素大逆不道。昨特将之绳绑，送解南海行署，请为惩办，至十六日其母江氏，复行报案，力请将其充伕。经谢承审将

---

① 《兄杀弟家庭喋血惨变》，《越华报》1933年5月7日，第5页。
② 《父女杀子案判处徒刑》，《国华报》1933年12月27日，第2张第3页。
③ 《老父请局惩戒不肖子》，《越华报》1931年8月16日，第5页。

其提堂审讯，亦已自愿，乃即备文将之解省云。①

还有母亲依现行法律呈诉法院控告虐待的报道：

> 老母控告被逆子虐待——锦荣街廿八号童陈氏，五十五岁番禺人，早丧所天，只遗有一子名芥青……特具呈法院，请责令其子赡养米饭，以维生活。其诉状云：为逆子不法，殴辱兼施，乞恩传案惩处，以儆横暴而维伦常事。窃氏子童芥青，自少凶暴，曾于民国十五年九月因家庭小故，竟将氏殴逐，以致遍体鳞伤，当时氏意欲告诉，惟幸得各亲友劝处，饬伊按月供给房租银伙食银十三元，订立字据为证。讵料芥青近复性情乖戾，故态复萌。自去年二月起，分文不交，意图斩绝氏米粮及无处栖宿为快。幸蒙各亲戚以伊有字据为凭，何得翻异，力劝伊依约履行，伊始允交银五元以为屋租之用，并叫氏往伊家食饭等语。氏以伊平日对于氏喜怒无常，笑啼皆罪，实属忍无可忍，势难同处。氏屡欲往追问，不独不允照交，且诸多侮辱，不堪入耳。若非亲友调解，势必又被伊逞凶再殴，忖思此等凶狠成性之人，禽兽不若，且氏年老多病，万一走避不及，复被伊毒殴，何堪设想，迫得据情泣诉钧院察核，伏乞迅传童芥青至案，治以应得之罪。……②

从上述一系列社会新闻报道可以读出多个层次的意义。第一，报道显示，在亲子冲突时，父母一方惩戒儿子的做法很多，有自行杀死的，有绑送官府的，也有提出控告的，前两类做法都超出了现行规范体系的许可范围，但是符合传统规范体系赋予父母一方的无限惩戒权。第二，报道显示这类超出现行规范许可范围的做法，能得到司法系统凭借各种理由付出的宥恕与轻判，令读者看到司法当局本身也是倾向于靠近传统

---

① 《请将逆子充伕以示惩戒》，《国华报》1931 年 9 月 17 日，第 2 张第 3 页。
② 《老母控告被逆子虐待》，《越华报》1931 年 2 月 13 日，第 4 页。

规范体系的。第三，社会新闻标题的表态是，当父母一方不以残害方式惩戒儿子时，仅批责儿子"忤逆"；当父母一方以残害方式惩戒儿子时，一面批责儿子"不肖""忤逆"，有时也感叹事件之"惨"、父母之"酷"。这个针对特定情形批责父母的态度，依据是传统礼法"父慈子孝"的次序之"和"，而非现行规范"权利义务"的平等之"权"。

这时期的社会新闻也报道了少数几宗子女依新颁民法控告父母的事件。南京政府新颁法律在刑法的一些条文当中，在人身方面保留了传统礼法以卑犯尊加重处刑的原则，比如在杀伤、遗弃、妨害自由罪规定，对侵犯直系血亲尊亲属者加重处刑。① 但在民事诉讼法中，诉讼权不再受亲属关系影响，亲属之间与非亲属之间的互相起诉的权利没有区别。不过，在确认亲属间平等诉讼权的《中华民国民事诉讼法》于1930年2月26日正式颁行之前后，已有子女依法控告父母的报道了。下面这篇报道讲述一个守节且有子女的寡媳，早在1926年已提告家翁索要抚养费并且胜诉，1934年10月23日《越华报》报道她迁离夫家后，起诉要求家翁继续付给抚养费，仍然得到法院支持：

　　……一德路恒昌店内进廖学载，其子阿汉，娶妻李氏，爱情极笃，已生一子三女。前年阿汉病逝，李氏誓矢柏舟，抚孤成人。廖虽富有资产，阿汉死后，对于其媳及各孙，不负扶养义务。李氏……具状法院控告其翁，经法院判令廖每月补回赡养费三十三元与李氏及其子女，此民十五年八月间事也。至去年九月李氏以店内地方狭窄，不敷居住，偕子女迁往大新西路南昌店楼上居住。廖自其迁出后，不允给赡养费。李氏到店亦避匿不面。李氏以其推翻原判，复具状法院起诉，于八月十四日奉准查缉廖归案……②

---

① 根据1928年、1935年《刑法》，杀死常人处死刑、无期徒刑或十年以上有期徒刑，杀死直系尊亲属则处死刑或无期徒刑；伤害、遗弃或妨害直系血亲尊亲属自由，则比伤害、遗弃或妨害其他人自由加重刑罚二分之一；施强暴于直系血亲尊亲属未成伤，则处一年以下有期徒刑、拘役或罚金。《中华民国法规大全》第1册，商务印书馆1936年版。
② 《寡妇扭控家翁》，《越华报》1934年10月23日，第6页。

下面这篇 1930 年 6 月 30 日的报道，则是讲述一个无子女且归宁母家的寡媳李如琴，依照民事诉讼法赋予她的控告权提告家姑索要抚养费，报道说李如琴其实是在丈夫死后由婆婆刘陈氏娶进夫家的：

> ……李氏年已三十，新会人，结婚时经立有婚约一纸为媒，入门数年，向安无异。至去年五月间，李氏托词归宁，一去不返。近以家姑盗卖遗产，蓄意遗弃，具呈地方法院，请求判令保全遗产，并月给赡养费。前经唐推事传讯，惟原告刘李氏始终不到案，只由被告人刘陈氏委任代理到案，请求依照民事诉讼律第四百九十二条规定，应为驳回原告人请求之缺席判决，并责令负担诉讼费等词。法官讯供后，昨已依法判决矣。①

儿子反诉寡母的纠纷报道也见于社会新闻。1931 年 6 月 2 日《越华报》《国华报》同时报道这个母子互控纠纷，案中寡妇朱杨氏先控告儿子朱兆洪掘卖祖坟罪名成立，朱兆洪出狱后，朱杨氏再控告他要求脱离母子关系，朱兆洪则提出反诉。报道写道：

> ……惟朱杨氏月来以其不务正业如故，且时去各茶楼追逐女伶，欲与文雅丽结婚，为防范其□□家产计，再具状地方法院民庭，请求判决脱离母子关系。但在未判决当中，朱兆洪亦具状反诉伊母侵占家产。昨……判决，其主文云：朱杨氏与朱兆洪因管理权涉讼反诉，请求撤销亲生子关系案，本件原告人与反诉被告人准予撤销亲生子关系，反诉讼费，由反诉人负担。②

此外还有儿子控告在世父亲擅卖产业的报道：

---

① 《判决寡妇控姑卖产》，《越华报》1930 年 6 月 30 日，第 5 页。
② 《母子争产互控案》，《越华报》1931 年 6 月 2 日，第 5 页。

佛山一分局段内赵公庙第三号黄甜，以搓香为业，性极勤俭。日前置铺业三间，经生二子，长名敬修，次名敬礼，均已娶妻生子。黄近年以己老迈，经将两铺分与两子管业，所余一间则作自己养老。讵去年冬黄因经济困难，将铺向人揭银。现被债主催还，迫得将铺变卖以偿债务，正拟日间交易。讵其长子敬修，出而反对，梗阻买主承受。惟买主不理，敬修无法，竟向法院控父擅卖产业，该院据状后已，于十日传双方到案审讯办理。①

上述报道中，儿媳控告翁姑的权利源于新规范，儿子控告父母的权利亦源于新规范，二者主张的权利，却源于旧规范把财产视为同居共食之"家产"、父母仅仅代表家族控制财产而非个人私产的财产意识。②虽然判决结果不一，但是有关这类控告的报道本身，已向习惯于传统规范的社会新闻读者展示了固有尊卑秩序的松动。

除此之外，就在1930年2月26日确认亲属间平等诉讼权的《中华民国民事诉讼法》生效前夕，广州报纸社会新闻已见两宗女儿控告父亲索要抚养费的报道。第一篇报道未嫁女韩玉英先因私逃与父亲交恶，再控告父亲索要扶养费，法院依照大理院有关判例判决韩玉英胜诉：③

判决女控父请析产案——田心坊蟠龙里廿四号韩仲廉，前因其女韩玉英逃走，呈报各官厅查缉，并遍贴花红寻访，久之始得踪

---

① 《子控父擅卖产业奇闻》，《越华报》1933年2月12日，第6页。
② 滋贺秀三以"同居共财"概念概括传统中国家庭财产观，亦即把家庭财产视为祖先传下来供全体成员共同享用的财产，"分家"前的"家产"，既是家中男子人人有份的财产，又不是任何个人的所有物（参见滋贺秀三《中国家族法原理》，法律出版社2003年版）。《中华民国民法》改变这一观念，把原来的"家产"看成是不同家庭成员个人财产的总和，每个家庭成员分别对各自的财产拥有排他的所有权，它允许未成年孩子拥有通过继承或赠与取得的财产，也允许妻子拥有与丈夫分开的财产（如嫁妆、继承、赠与和个人劳作所得的财产），除此之外的所有财产都归父亲个人所有。
③ 根据大理院1917年上字1257号判例规定"直系尊亲属对于卑亲属有扶养义务"，未嫁女也有权从在世父亲的财产中取得扶养费。郭卫编辑：《大理院判决例全书》，成文出版社1972年版，第253页。

迹。追玉英回家后，以事忤乃父，不敢在家居住。而韩仲廉亦因此置女不理。玉英遂具状法院，请求分析财产，由李耀虎推事迭次票传审讯，现案经判决。兹节录判词如下：原告人韩玉英，被告人韩仲廉，右两造因教养费涉讼一案，本院审理判决如左：……（理由）查现行法例，直系亲属对于其直系卑亲属，应负扶养义务。本案原告人初虽主张请求伊父分析财产，以为教育生活嫁奁之费。因被告人反对，遂仅请求教养费月给一百元，嫁奁费一次四千元。查两造恶感甚深，一时未能和好，而原告人生活费无着，流离可怜……合判令被告人每月给原告人扶养费三十元，原告人其余之请求驳回，讼费依律由两造平均负担。……①

另一篇报道女学生王文雄起诉到法院，向父亲索要扶养费，引用的法律依据也是大理院关于"直系尊亲属对于其直系卑亲属应负扶养之义务"的判决例。不过，王文雄还引用《孔子家语》辩称自己控告父亲并不违背孝道：

……为对父诉请给付教育生活费一案追加理由事。兹将应追加之理由详叙于下：

（1）查答辩状称，以父母为被告，虚构事实，恐为道义所难容等语。按中国讲道义者当推孔子。《孔子家语》载："曾晳建大杖以击曾参之背，曾子仆地而不知人。孔子闻而怒，谓舜事瞽瞍，大杖则逃走，故瞽瞍不犯不父之罪，而舜不失蒸蒸之孝；又告曾子，谓身死而陷父于不义，其不孝孰大焉？杀天子之民，其罪奚若？"（事见家语四）由本案言之，文雄冻馁以死，则使父犯不父之罪，反陷父于不义。且父女感情，今虽有人使之隔阂，终有回复之一日，而教育与生活费，则刻不容缓。毅然诉诸法律，正欲求合于先圣之所谓道义。答辩状泛称道义难容，无所根据，似不必多

---

① 《判决女控父析产案》，《越华报》1930年2月8日，第5页。

辩。……①

像这样由女儿控告父亲要求扶养费的报道,数量极少,但社会新闻以大字号标题报道,详细照录相关文书与争讼过程,显示社会新闻制作者将它们当作新奇而轰动的事件来处理。与那些父母控告、送惩甚至残害儿子的琐屑新闻相比较,这类事件显得特别轰动的原因,当然不在于情节,而在于原告与被告之间的关系属于传统伦理秩序中最不可能成为原告与被告的女儿与父亲。依传统规范应当温良恭顺的女儿,现在拿起法律武器,控告传统规范中连母亲都要恭顺侍奉的父亲,这个做法,连其中一个原告王文雄在答辩状中尚需引《孔子家语》故事来进行自我辩护,实在是太值得社会新闻报道者大书特书了。不过,这种由女儿控告父亲索要扶养费的事件,笔者翻阅十年广州报纸共得此二宗,数量太少不成气候,未能在社会新闻当中聚集成为引起当时社会焦虑情绪的议题。

总之在这段时期,社会新闻报道的亲子争讼事件,显示在父母依照旧规残害或送惩逆子的背景下,父母依新规控告子女虐待者有之,子女依新规控告翁姑、父母索要扶养费者有之。传统礼法严厉禁止的"以下犯上"行为,在允许亲子平等互讼的新规激励下出现了,虽然总数极少,但通过社会新闻报道的刻意渲染,充分表现出尊卑差序已经松动的迹象。

二 遗产继承的平等问题

南京政府颁行的新式规范在原则上将家庭中旧式身份等级差序重置为平等权利义务关系,另一重大变化是赋予女子与男子同等的财产权,这一变化引发的社会纷扰,在社会新闻的遗产纠纷报道中得到充分叙述与渲染。

就规范本身的变化而言,国民党早在南京国民政府成立前就承诺要

---

① 《王文雄追诉生父之呈文》,《越华报》1930年2月24日,第8页。

在遗产继承方面改男女不平等为男女平等。1926年，中国国民党第二次全国代表大会妇女运动决议案就决定赋予女子平等的继承权。1928年10月，南京政府法制局又在刚刚完成的继承法草案中宣称：

> 我国旧习不认女子有继承之权，亲生之女，非其父母特别给予，不许对于遗产上主张任何权利。……旧大理院判例认妇亡无子者，夫有承受其遗产之权，而无子守志之妇，则仅得于立继以前，代应继之人，管理夫之遗产。两相比较，男女间待遇之不平等，亦甚显著。此草案关于一切承继事项，均采男女机会均等主义。亲女无论已未出嫁，对其父母之遗产，均有继承之权，与子男毫无二致。而寡妇鳏夫，对于配偶之遗产，所得享受之权利，亦完全相同。即此外各种亲属，苟与被继承人亲等之远近相等，绝不因性别而有所轩轾。①

基于这个承诺于1931年5月5日生效的中华民国《民法·继承法》，写下了下列有关女子遗产继承权的条文：

> 第1138条 遗产继承人除配偶外依左列顺序定之：一、直系血亲卑亲属；二、父母；三、兄弟姊妹；四、祖父母。……
> 第1140条 第1138条所定第一顺序之继承人以亲等近者为先。
> 第1144条 配偶有相互继承遗产之权，其应继分依左列各款定之：
> 一、与第1138条所定之第一顺序继承人同为继承时，其应继分与他继承人平均。二、与第1138条所定之第二顺序或第三顺序之继承人同为继承时，其应继分为遗产二分之一。三、与第1138条所定第四顺序继承人同为继承时，其应继分为遗产三分之

---

① 谢振民编著，张知本校订：《中华民国立法史》，中国政法大学出版社2000年版，第751页。

二。……

　　第1149条 被继承人生前继续扶养之人，应由亲属会议依其所受扶养之程度及其他关系酌给遗产。①

　　基于以上条文和其他相关规定，新规范在四个层面完全改变了女性的法定遗产继承权。第一，作为丧子之母，她和丈夫都不是儿子的第一顺序继承人，只有当儿子无子女时，他们才有权与儿媳各得一半遗产。在此之前，她作为儿子的母亲，理应由代管遗产的儿媳全力奉养。第二，作为寡妻，无论是否守志，均有同等遗产继承权。若有子女则与子女平分遗产；若无子女则同她丈夫的父母分产各得遗产的一半，若无父母同她丈夫的兄弟姊妹分产亦应得遗产的一半，若又无兄弟姊妹而同她丈夫的祖父母分产则应得遗产的三分之二。此前大理院判决例确认不守志寡妇无权承受夫产，守志寡妻也仅仅有权代替应继人管理遗产并从中取得生活费，民国民法完全取消了这些限制。② 第三，作为丧父或丧母之女，无论已嫁未嫁，均有与在世父母、兄弟平分遗产的权利。1930年2月26日，国民政府司法院长王宠惠专门就女儿继承权作出解释，说明已嫁女与未嫁女一样享有继承父产的权利，还明确女子继承权开始于1926年1月21日国民党第二次全国代表大会妇女运动决议案，不具有溯及既往的效力。③ 在此之前，女儿无论已嫁未嫁，均无权继承亡父母遗产，仅据大理院判决例确认未嫁女有权

---

① 《中华民国法规大全》第1册，商务印书馆1936年版，第85—86页。
② 1914年，大理院上字第7号判例确定："妇人遗产由夫承受管业"。但是，即使是守志寡妇也没有继承夫产的权利。1915年，大理院上字第567号判例明确说明："守志妇得代应继人承受夫产，并非为该财产承继人，"同年，大理院上字第726号判例再次申明："守志妇得代应继人分受财产并管理之，而不得主张所有。" 1923年，大理院上字第448号判例明文规定有权管理亡夫遗产的仅限于有志妇，未守志的寡妇无权染指："合承夫分之权，惟守志妇有之。"不过，守志妇有权从遗产中取得生活费，1916年大理院上字961号判例说："守志妇之生活费用，取给于遗产其数额依财产及地位定之。"郭卫编辑：《大理院判决例全书》，成文出版社1972年版，第284、286、291、206、252页。
③ 《女子继承财产之解释》，《越华报》1930年2月27日。

从在世父亲那儿获得抚养费。① 第四，作为亲生之女，无论已嫁未嫁，均有优先于父亲嗣子的遗产继承权。在此之前，女儿在任何情况下均无父产继承权，其父生有儿子时由儿子继承遗产，未有儿子时由嗣子继承遗产，因为根据传统规范的继嗣制度，男人无子则立嗣，嗣子即其遗产继承人，继嗣和继产是互不区分的。在男性子嗣问题上，民国民法采取了对待妾制一样的回避态度，它把继嗣与继产剥离开来，仅在继承法中规定子女、养子女的继产规则，却不再规定嗣子继产规则，另外又不禁止民间继续立嗣。这对侄子的影响最大，他不能再靠继嗣而享有无子叔伯的遗产继承权，也不属于任一顺序的法定继承人。② 遗产继承规范发生的如此重大变化，使得母亲与儿子之间、女儿与兄弟之间、女儿与嗣子之间的新式争产纠纷与固有兄弟争产纠纷互相叠加，成为社会新闻最为津津乐道的一类家庭纠纷。

1. 男人间的争产报道

社会新闻刊载的遗产继承纠纷，就数量而言仍以男人争产居多。对于报道者来说，男子争产太过稀松平常，只有酿成凶案时才够格登报，所以社会新闻刊载的男人争产纠纷大多为凶杀案。例如《越华报》1931年8月13日《起诉兄弟争产谋杀案》、1933年9月29日《兄弟争产竟枪击胞兄》，《国华报》1933年6月12日《兄弟争产》等报道均属此类。譬如1934年《越华报》报道一桩叔叔为拒绝析产杀侄子的惨案：

> 东莞第八区河男乡宝塘坊方和，混名鸭髀和，原有兄弟三人，长兄方隐、次兄方平均早死。方和以各侄年皆幼稚，自理先人尝产，每年租项千余无，均一手收受。诸侄畏其凶悍，不敢过问。年

---

① 根据大理院1917年上字1257号判例规定"直系尊亲属对于卑亲属有扶养义务"，未嫁女也有权从在世父亲的财产中取得扶养费。郭卫编辑：《大理院判决例全书》，成文出版社1972年版，第253页。

② 南京政府时期的判例表明，在司法实践中，法庭不应再受理宗祧继承纠纷案，如果其中涉及财产争议则应把它看成财产继承纠纷并按新法的条款作出相应的判决。参见［美］白凯《中国的妇女与财产：960—1949》，上海书店出版社2003年版，第95页。

来诸侄渐次长成……遂要求方和析产。而方和独管财历有年所，不愿平分产业。奈诸侄极力主张，方和因之含恨在心……旋瞒报地方警队诬指其侄方亨、方赞成等为匪，前月卅一上午五时当队员到乡围攻剿之际，方和顿起杀机，于秩序纷乱中，率其子阿南、阿佳怀枪械直造其侄方赞成家，但遍寻不获，卒杀死其嫂刘氏（即赞成之母）……于本月八日下午十时许……乘方亨出门冲凉，乱枪击毙，呼啸而去……①

此类报道中的男人争产纠纷，是在美国学者白凯所谓旧式"分家"而非民国"继承"框架下展开的。白凯认为，《中华民国民法》不像中国帝制法律那样把财产看成是家庭共有，相反以前被看作是家庭共有的财产现在成了父亲个人的财产。对财产所有权性质的这种重新定义，必然会导致财产在世代转移的方法上的变迁，《中华民国民法》认定财产从上一代向下一代的转移纯粹是继承遗产，它拒绝了宗祧继承，也否认了分家。"继承"与"分家"的区别在于："在家庭财产和分家的框架内，最为关键的时刻为分家。这可以发生在父亲的生前，也可以在其死后。继承和分家是同时发生的，因为正是通过分家财产发生了继承转移。但在个人财产和遗产继承的框架内，最关键的时刻是财产所有者的死亡。根据定义，继承只能发生在死后，而不可能在生前。……遗产继承和分家按着截然不同逻辑运作。"②

2. 寡妇争产报道

社会新闻报道的寡妇与夫族成员争产纠纷报道，虽有女性为争产一方当事人，但主要是在"分家"框架下，围绕寡妇财产管理权与应继人财产继承权之间的冲突展开：

孀妇处分遗产争执案——光孝街书同巷廿八号妇人谢梁氏，三

---

① 《争家产杀嫂及侄惨剧》，《越华报》1934年9月17日，第6页。
② ［美］白凯：《中国的妇女与财产：960—1949》，上海书店出版社2003年版，第100—105页。

十岁顺德人,其夫谢赞百,已于前四年身故,因无所出,由其弟谢仲元之子承嗣。该屋原系谢赞百自置。去年八月梁氏将余屋租与高要人李志汉居住,旋因乏家用,与李借银一百元,即以谢屋红契作按,后又欠到第七甫水脚五十二号叶奇会银七十元。近因谢仲元着梁氏将该屋契据交回嗣子管业,梁氏遂将欠李叶二人之数,要谢仲元清偿。谢仲元不允,因此争执数日,无从解决,遂于十九上午十一时许,纠缠到光孝分局理论。……①

侄控婶纵火争产案——……据称关兆瑜,即邓关氏,廿四岁……氏夫于前年身故,遗产由氏管理,氏自住三楼,楼下分租与人。因氏侄邓仕禧欲承继氏夫,以图遗产,氏不允肯,遂向法院起诉。初级邓仕禧已败诉,继不服上诉亦败,现尚未了结。今早忽诬氏放火,但彼此两屋相连,不幸成灾,必同遭焚去,氏焉有将自业屋付之一炬之理?②

但有报道显示,当夫族男性倾向于依据"分家"旧规争产时,寡妇们已逐渐学会用"继承"新规争产,由此带来的新式争端渐起:在一些寡妇与夫族成员之间的争讼报道中,寡妇与夫族成员分别站在"继承"与"分家"框架下展开争讼,展现了家庭财产代际传递之新旧规则的直接冲突。下面这篇报道,讲述寡妻陈少清同儿子汪荣满及夫族叔伯对簿公堂争夺产业,陈少清以亡夫遗产购屋"用本人名义,税契登记",是依新规范确认自己继承的遗产;其子汪荣满则同叔伯站在一起,以母亲通奸为由③要求将该物业"判归汪氏",是试图依旧规范排除母亲的家产代管权。双方根据不同的逻辑展开争讼。该报道详情如下:

---

① 《孀妇处分遗产争执案》,《越华报》1930 年 7 月 20 日,第 5 页。
② 《侄控婶纵火争产案》,《国华报》1935 年 9 月 6 日,第 3 页。
③ 儿子等夫族成员依据旧规范,以通奸、改嫁等"不守志"理由向寡妻、寡妾争产的报道还有不少,例如《越华报》1929 年 8 月 21 日《控母挟赘改嫁之奇案》、1934 年 1 月 28 日《争产诬奸养子刺庶母》、2 月 3 日《嫡子捉庶母奸案——争产成仇自谓挟诬陷》等报道,均属此类。

第三章　平等之纷扰：社会新闻视阈下的家庭成员平等

　　昨审孀妇控叔伯夺产案　汪荣满请将物业判归汪氏——本市莲花井机窝第七号妇人陈少清……其夫汪伍于民国廿一年病故。……至民国廿三年间，陈少清曾向吴世亮买受旧南海县街观音庙巷第四号屋业一间，用本人名义，税契登记。讵陈氏之夫兄汪珠、夫弟汪炳，睹陈氏买受该屋，乃向汪荣满进谗，谓该屋业乃伊父汪伍生前自置，并谓陈氏与店伴钟华有染。荣满信以为真，竟向乃母直斥。陈氏以横遭辱骂，愤而将荣满责骂。讵汪珠、汪炳等，竟于六月十七日，偕同荣满，将陈少清殴打成伤，同时复在该观音庙巷四号屋业门首标贴，谓该业权为汪姓所有，他人不得变卖。陈氏……具状地方法院检察处，控其子汪荣满，殴辱直系尊亲属，及汪珠、汪炳等伤害身体之罪。……汪荣满供……民父死后，遗产颇丰，该观音庙巷四号之屋，系先父遗产，民自当有继承法益。标贴该屋，系民所为，与伯叔汪珠、汪炳无涉。民父遗产，民当自承，至陈氏之行为，请法官按址前往一查，便知其实。……①

　　寡妇之间的争产纠纷，也因妻妾身份界限从固有规范下的界限分明到现行规范下的模糊不清（对此本章第二节将详述）变得更加错综复杂，在社会新闻报道中显示出来。例如，1934年12月11日《越华报》报道前琼崖镇守使陆兰清去世后，三个"陆兰清夫人"为争遗产管理权对簿公堂的庭审情形：

　　……首由兰清继室梁氏具状法院控其五妾戴琼华侵占，而戴琼华提出种种证据，认系兰清平妻，应有管理乃夫遗产之权，因此缠讼数月。事为兰清发妻刘氏所闻，亦参加讼案。……首据刘氏供称……民五年间陆在桂林以四百元娶一女子名戴琼华为第五妾，入门时戴援斟茶及叩首于氏，氏改其名为顺好。至民八年氏因感受各

---

① 《昨审孀妇控叔伯夺产案　汪荣满请将物业判归汪氏》，《国华报》1935年7月27日，第3张第1页。

> 方刺激,往香港大庚紫竹林削发为尼……至民十一年氏致函于陆谓决不还俗,劝陆另娶继室,陆遂另娶梁氏女为妻,结缡未及一载,陆便去世……后据戴琼华称:窃氏与陆结婚时,亲友致送礼物及银鼎等,均刻有陆夫人戴琼华之名,而社会人士亦移知侬随陆多年,确为陆兰清之夫人,且曾立有婚约……总之侬确属陆平妻,在理应有共管遗产之权。……①

究竟三位"陆夫人"的争讼结果如何,笔者没有找到后续报道,不过这类报道足以显示寡妻与夫族成员之间、寡妻与寡妾之间本已纷繁复杂的争产纠纷,因为宣称平等原则的新规范强势介入,在主体、依据、主张、结果等方面都增添了诸多可争议要素,于新旧掺杂之间愈发显得错综复杂。

3. 女儿争产报道

社会新闻报道的女子争产纠纷中,女儿与父族成员间的争产纠纷大多是在"继承"框架下展开的,这显然是因为旧规范下女儿全无遗产权,女儿要争遗产权,就只能依据南京政府新规范。笔者从现存的1927—1937年《越华报》《国华报》搜集到女儿争产纠纷报道总共有10篇,其中已嫁女谢燕玉控告兄弟争承父产案占其中7篇,是其中最为轰动的系列报道。

1930年3月4日,就在《越华报》刊载王宠惠关于继承权男女平等始自1926年1月国民党"二大"妇女运动决定案之后第六天,《越华报》开始报道谢燕玉控告其弟争分遗产案。报道说,谢燕玉因法律准许女子有遗产继承权,要求其弟谢恩华、谢国华酌分遗产,其弟置之不理,于是申请广州地方法院先行扣押其父遗产获得批准:

> 女子争承遗产又闻——美侨谢灿,生子女七人,于前年逝世,遗产业几达百万,自政府颁行女子准有继承遗产权后,谢之长女谢

---
① 《陆兰清妻妾争管遗产》,《越华报》1934年12月11日,第6页。

燕玉，即向乃弟谢恩华、谢国华提出要求，酌予生父遗产，中经戚友多方调停，恩华、国华均置诸弗理，谢燕玉乃请求广州地方法院将生父在广市所有产业声请先行假扣押，昨已奉到法院批令照，倘将来调停无效，实行向法院诉追云。①

3月21日，《越华报》又报道谢燕玉正式起诉到法院，请求分给遗产"以维法令而昭平等"：

> 已嫁女子请分产——西关都堂院十二号谢燕玉，现以其父谢灿去世后，遗产甚丰，开列清单，具状法院，谓女子享有同等承继财产权，请求依照法令，将先父遗业，按名分析。兹将原呈录下：为遵照法令，请拆遗产，乞即传案依法办理。以维法令而昭平等事。窃氏先父谢灿字浑南号耀芬，痛于民国十七年夏历八月初八日辞世，所生子女，连氏共七人，遗产甚丰，现未分拆，由胞弟恩华全权管理。查司法部颁布，由前司法行政委员会民国十二年十月通令各省到达之日起，已嫁女子亦应享有同等承继财产权利。但被告人盘踞遗产，坚不允照分，为此迫得趋诉钧院，伏乞传集到案，将令将先父遗产照分七分之一与氏收领，以维法令而昭平等云。②

5月11日，《越华报》不惜篇幅报道了谢燕玉争产一案的庭审过程：

> 续讯谢燕玉争产案——西关都堂院十二号妇人谢燕玉，因争继承遗产，具状地方法院，已见前报。十日由推事胡国祯续讯。是日原告人延律师李湜芳为代表，被告人谢国华、谢恩华延律师杜之枕、叶夏声为代表。法官问原告人云：据称尔父遗嘱，廿一岁始能

---

① 《女子争承遗产又闻》，《越华报》1930年3月4日，第6页。
② 《已嫁女子请分产》，《越华报》1930年3月21日，第5页。

占有遗产,然否?答:是,或未达廿一岁而出阁则不在此例。问:尔兄弟姊妹全达廿一岁否?答:有达有未达,但此遗嘱系在英政府辖境所立。问:尔何以要此时分产?答:氏不止二十岁,且已结婚。……问:谢灿之孙应占一份。答:谢灿之孙未达廿一岁已死。法官转问被告人谢恩华、谢国华,谓原告主张分产,尔竟如何?答:民无权主张分产,因此产此民母谢光氏三人保管,故无权均分。问:何时始主张分产?答:依遗嘱廿一岁以上及已嫁者可分产,而未及廿一岁则不能分……问:尔对原告人主张分九份意见若何?答:民依遗嘱,无权分产,倘若盲从,显然违法。问:照法律女子有分产权。答:民不识法律。问:遗嘱何时定?答:民国十年前立。问:原告人前时若干妆奁?答:此时民年少,故不知,大约四五千元左右。问:现尔兄弟姊妹愿意分产否?答:各人皆愿遵照遗嘱。……①

  1930年5月28日,《越华报》简略报道了广州地方法院驳回谢燕玉请分遗产的请求,又于5月30日在同一主题的报道中追加了法院驳回谢燕玉请求的理由:

  ……查该判词略谓:谢燕玉请析遗产,系以遵照法令为理由。谢恩华等拒绝析产,则以遵守遗嘱为抗辩。按民事法理,凡遗嘱既经合法成立,如果无背强行法规及善良风俗,则为尊重被承继人之意思起见,应认该遗嘱为有效。本案两造之先父谢灿于民国十年予立遗嘱,订定所遗财产交与谢方氏、谢恩华、谢国华共同管理,俟各子及幼女与幼孙瑞桐年龄已届廿一岁,或其幼女于未届廿一岁而早经出嫁时,始行分析遗产等语。经据谢恩华等举证证明,谢燕玉亦已供认该遗嘱为其父所书立,是谢灿已于遗嘱明定析产时期,此项条件附之遗嘱,对于强行法规及善良风俗均无违背,自应有拘束

---

① 《续讯谢燕玉争产案》,《越华报》1930年5月11日,第6页。

两造之效力。兹查谢灿之子女尚有数人，现尚未年届二十一岁，为两造所不争之事实，依照谢灿所立遗嘱，可见析产期限现在尚未到。而谢燕玉现在请求分产，显系违背遗嘱所定析产之时期，自难认为正当，合予驳回。①

从上述报道可以看出，法院并未否定谢燕玉作为已嫁女子的继承权，只是认为当时未到分割遗产的时候。

谢燕玉并未就此罢休。3年之后，1932年10月16日的《国华报》再次向读者报道了广东高等法院对谢燕玉争分遗产案的一次庭审。报道中说，这次庭审是"缠讼多年"之中的一次，此前谢燕玉被广州地方法院、广东高等法院相继驳回起诉后，上诉至南京的最高法院，经最高法院认为广东两级法院所作判决不合法律，因而发回广东高等法院更审：

> 昨审出嫁女争遗产业——缠讼多年之已嫁女子谢燕玉与伊弟谢恩华、谢国华等争承先父谢辉南遗产一案，因谢燕玉在地方高等两级审判失败不服上诉于南京最高法院，月前奉判，认定原审之法律见解不合，发还高等法院更审。当经该院民庭推事罗赓嵩迭次传审，一度命两造回家试行和解无效。日前谢燕玉复具状请求办理，并具呈妇女救济会声请援助。十四日下午三时，高等法院派出民二庭推事杨灼熊莅庭票传审讯。是日妇女救济会派出职员何翠琼到庭旁听。惟是日因谢恩华、谢国华未有到案，无从质讯。只向谢燕玉询问毕（供词大致与前审同从略），即由其代理律师彭守仁、李湜芳先后陈述意见，推事乃着签供退庭听候核办。②

由于现存报纸和档案的缺失，今天的读者已经无法得知谢燕玉争分遗产一案最终结果如何，但是这些报道已经向读者叙述了一名已嫁女子

---

① 《判决谢燕玉请分产案》，《越华报》1930年5月30日，第5页。
② 《昨审出嫁女争遗产业》，《国华报》1932年10月16日，第1张第2页。

争分父亲遗产案件的诉讼进程与庭审实况。

上述社会新闻报道的三类不同亲属争产纠纷，即在旧式"分家"框架下展开的男子争产纠纷，新旧掺杂的寡妇争产纠纷，以及在"继承"框架下展开的女儿争产纠纷，分类之后再作综合对比，可离析出以下五层意义。

第一，新规范确立女子平等继承权是这类纠纷展开的既定前提。在谢燕玉争产系列的每篇报道中，都提到了这条新法令，它是原告提出控告的依据，被告亦始终未正面否认姐姐的继承权，各级法院更是如此。谢燕玉还向法院呈诉，一直声称请分遗产以昭男女平等，还在再审前向妇女救济会声请援助，妇女救济会则派人到场旁听庭审，这些情节赋予了该案社会意义，使它看起来不只是个别人的家庭争产纠纷，更是触及固有伦理秩序的女子争权问题。

第二，现政权所颁正式规范的影响力明显引导着一些个人的行动与报纸的报道。就在王宠惠于1930年2月26日确认女子平等继承权可从1926年1月21日起算，谢燕玉等人即向法院提告，相关新闻亦载于报端，使这一年成为女子争产新闻最集中的一年。

第三，尽管女儿争承遗产有新规范正式支持，却不易成功。从报道提供的史料可看出，谢燕玉不仅有法令支持，其父亲也立遗嘱分给她遗产，理由已算充分，但谢燕玉的诉讼之路，持续了至少3年。在本地诉讼时，谢燕玉认为其父遗嘱的意思是每一个继承人满廿一岁或出嫁后即可分别分得遗产，5月11日庭审中其弟也在回答法官询问时表达了对遗嘱同样的理解，而广东省两级地方法院却在判决书中将谢父遗嘱的意思解释为全部继承人都满足上述条件后才开始析产，并以有其他继承人未达此项条件而驳回谢燕玉的析产请求。可见，对于谢父遗嘱中的遗产分割时间存在争议，法庭则做出了不利于争产女儿的解释。① 在其他案

---

① 在此还应注意被告方聘请的两名律师杜之杕、叶夏声。杜之杕是自民国初年广州成立律师公会以来直到日据时期的广州律师公会会长，叶夏声则在抗日战争结束以后接替杜之杕就任广州律师公会会长，这两个人是解放前广州司法界最有势力的律师。聘请有势力的律师显然有助于胜诉。胡雪莲：《1930—1949年的广州律师公会》，硕士学位论文，中山大学，2001年。

件报道中，也可看到法庭以解释遗嘱的方式驳回女儿争产诉请，例如下面这篇报道中，法庭根据遗嘱中"准同居同食"一语解释其"已声明此项产业留作公共尝业"，却不论遗嘱中"论名分给"一语，在此基础上强调陈第嫡母陈邓氏对遗产的管理权，同时强调陈第作为六个兄弟姊妹之一无权单独要求析产：

> 女子争遗产案又一宗——南海人陈芬，系安南西贡巨商，死后立有遗嘱，处置产业。其庶出之女陈第……根据女子享有同等承继财产权利之法令，向法院起诉，请求判令将陈芬在粤遗落之产业，按名分析。法院按现行法例……惟陈芬遗嘱内载，粤东产业，该租项多少，概交正室邓氏收管，妻妾子女在家居住，准同居同食，论名分给等语。是该遗嘱业已声明此项产业留作公共尝业。况陈邓氏系陈第嫡母，既主张该屋田留作蒸尝，陈第岂宜反抗。且陈第既分得西贡财产不少，现争产业仅屋一间，田石余，又陈第兄弟姊妹计共六人，仅陈第出而为分析主张，察核情形，殊无分析必要。是陈第请求分析该田屋，按照上开法例，并非适当主张……至陈第并请着伊母陈邓氏开出其余产业再为分析，质之陈邓氏则称并无其他产业，而陈第又不能确切证明，应将其请求驳回。①

正因司法系统对固有规范中男子继产权诸多袒护，未见已嫁女争承遗产顺利成功的例证，这类报道在1930年短暂涌现之后即告消退。

第四，报道的女儿争产纠纷多为法庭案件，因而社会新闻制作者虽以大字号标题详细追踪记载，却很审慎地不评论是非对错。这类事件被选为社会新闻的报道重点，不像男子争产纠纷报道那样以暴力情节吸引读者，而是以其对固有继产规则的冲击性吸引读者。这种冲击性本身的吸引力，从报纸描绘该案在广州地方法院一审时人们争睹庭审的盛况就可见一斑："旁听者约百余人，该十二庭前已

---

① 《女子争遗产案又一宗》，《越华报》1930年3月26日，第6页。

被塞满。其后仍纷至沓来,皆无门可入,只从窗口窥望。"①但对极少数女儿未诉至法庭的争产纠纷,社会新闻毫无顾忌地在标题中以"活剧"一词表达对争产女儿贪财无情的讥讽之意。下面这篇报道标题即是如此:

  父死女争买水大活剧 屋契缴回唔忿 麻衣脱下返夫家——佛山普群墟上巷妇人冼苏氏,年届古稀,其夫早丧,遗产颇丰。但无子嗣,只生一女名亚珍,年前嫁升平路某聚酒楼少东霍某为妻。本月中旬苏氏抱病缠绵,自知不起,遂分私蓄二百元与夫弟亚佩,所余西纸金饰屋契共约值三千余元,则交其女亚珍。廿四日苏氏逝世,家人为之备办后事,亚佩循例往河边买水,当出门之际,亚珍夫妻二人忽夺去水盆,亚佩不服,与之相持,水盆因而坠地粉碎,吵闹不休。苏氏遗骸逾时不能入殓。卒召集冼氏族人调解,结果判由亚佩捧水盆,并责令其女交还屋契二纸与亚佩收受。当苏氏入殓时亚珍夫妻大忿,掷下草绳麻衣不顾而去。②

上篇刊载于1934年的报道表明,已嫁女亚珍对新规范赋予自己的继承权一无所知,虽然母亲去世前已将其父所遗屋契金饰等"私"交给了她,她仍然未与亡父族人力争,最终依照旧规范把屋契"交还"给了她叔叔。社会新闻在这篇报道标题中"代言"大众,讥讽争产女儿贪财无情的表态,应当是除胜诉艰难之外,阻止已知或未知"平等继承权"的女儿们依法争产的一大原因。

  第五,尽管女子作为寡妇或女儿依据新规范争承遗产的报道数量不多,报道者也慎作评论,但女性继承权给旧秩序造成的冲击已报道中显现。"三审林秀英争遗产案"③"女子争承遗产又闻"④"孀妇携子改醮

---

① 《女子谢燕玉争产案》,《越华报》1930年5月21日,第5页。
② 《父死女争买水大活剧》,《越华报》1934年9月27日,第6页。
③ 《三审林秀英争遗产案》,《越华报》1930年6月12日,第5页。
④ 《女子争承遗产又闻》,《越华报》1930年3月4日,第6页。

鬻产纠纷"①"算旧账叔嫂对簿公堂"②"卖大屋妻妾争之"③"姑嫂争遗产比武活剧"④，等等，仅仅标题就显示了女子成为争产纠纷主角的新现象。

1930年2月26日是中国人亲属关系发生重大变化的日子，前后时间的社会新闻反映并凝聚了由此触发家庭财产纠纷更趋复杂的纷纷扰扰。这一天生效的民国民事诉讼法确认旧式规范中的卑亲属与尊亲属可以互相控告，同在这一天，民国政府司法院长王宠惠确认男女平等继承权从1926年1月21日国民党"二大"通过妇女问题决定案开始，这使女子不仅获得了实体上的财产权，而且获得了程序上的诉讼权。因此这十年间，在父母依照旧规范残害或送惩逆子、男子依照旧规范争夺家产的多数报道中，亲子之间依照新规范互相指控、女子依照新规范争取在世父亲扶养费或已故夫父遗产权的纠纷报道，也作为报道中的新内容或者新元素出现了。尽管报道者对庭审案件慎发评论，却在其他纠纷标题中表态讥讽女子作为争产主角是贪财又无情。社会新闻对女子控告父母兄弟索要财产纠纷的报道，一方面向读者示范了这种新权利之行使；另一方面向读者表达了这种新权利带来的纷争。从提倡女权的文化精英角度看，这种纷争归咎于旧式规范对女权的压制、新式规范对女权的保留、司法系统对女权的排斥；但从社会新闻情感叙事而非理性讨论的角度看，这种纷争可以简单归咎于新权利的取得与行使。这是力图代言"一般民众"的社会新闻，在表达家庭财产纠纷事件时，与激进文化精英之间的重大视角区别。

第二节　夫妇之间：妻妾纷争

南京国民政府成立后为做出"提升女权"的表态，主要做法包括

---

① 《孀妇携子改醮鬻产纠纷》，《国华报》1935年12月26日，第3张第1页。
② 《算旧账叔嫂对簿公堂》，《国华报》1935年9月5日，第3张第1页。
③ 《卖大屋妻妾争之》，《国华报》1936年1月7日，第3张第1页。
④ 《姑嫂争产比武活剧》，《越华报》1933年9月9日，第6页。

在1931年5月5日开始实施的《中华民国民法·亲属编》赋予女性同样的离婚权、取消妾的法律地位。但正如前文多次提到，民国民法取消的仅是妾的法律地位，但仍允许妾合法地存在，这就使得妻妾问题在规范层面就特别复杂，更不用说在事实层面了。而且，妻、妾纷争虽属夫妇中女性与女性的纠纷，但它本身就是夫妇地位的一个方面，也是夫妇离异的一个争议焦点。因此，本节专以妻妾纠纷报道为切入点，透视社会新闻如何在夫妇纠纷报道中表达"平等"问题。

一　规范变动背景下的妻妾身份纠纷

在《民法·亲属编》相对于此前亲属法所作的诸多变化之中，有两项变化直接影响两性关系中的妇女身份。

其一是取消了中国固有亲属法当中妻为家长、妾为奴仆的地位差异，而通过司法解释把妻、妾视同为家属。清代法典《大清律例》中的《妾为家长族服之图》明定妻是妾的家长，[①] 北洋政府时期该图作为"暂行律民事有效部分"继续有效。[②] 南京国民政府成立后，在《民法·亲属编》修订过程中，时任立法院院长的胡汉民曾在1928年12月24日的演讲中向妇女协会承诺："中国女子的人格，将由本党的主张和本院的立法，提高起来，保障起来。"[③] 正是囿于"男女平等"的承诺，国民党中央政治会议1930年7月23日递交给立法院的《亲属法先决各点审查意见书》声称"妾之制度，亟应废止。虽事实上尚有存在者，而法律上不容承认其存在。其地位如何，无庸以法典及单行法特为规定"。[④] 其结果就是1930年12月颁布、次年5月实施的《民法·亲属编》不再就妾的法律身份作出规定。然而，妾的家属地位仍然得到司法解释的承认。综上观之，国民党所谓"法律上不承认其存在"，不是

[①] 张荣铮、刘勇强、金懋初点校：《大清律例》，天津古籍出版社1993年版，第77页。
[②] 谢振民编著，张知本校订：《中华民国立法史》（下册），中国政法大学出版社2002年版，第742—743页。
[③] 胡汉民：《我们立法要具有建设革命的精神》，1928年12月24日。胡汉民著，吴曼君选：《胡汉民选集》，帕米尔书店1959年版，第822页。
[④] 《立法院公报》第20期，南京出版社1989年影印版，第7—212页。

不承认妾的存在，而是不承认妾相对于妻的仆从地位。由此，妾不仅可以继续存在，其相对于妻的地位还得到了提升，妻、妾同为家长之家属，二者在法律上的身份差异消除了。

国民党立法时承诺提高女子人格，最终以提高妾的人格来落实，这种偷换概念的倾向在《民法·亲属编》生效前后有广泛的社会基础。已经有研究者指出，中国在晚清、民国时期并没有形成强大的反纳妾社会舆论，即便是反对纳妾的文章也多从男子本位论述。[①] 而那些旨在迎合普通民众口味的通俗读物，更是惯常把妻妾纠纷及其遭遇的责任归于女子本身，指责妻或妾的行为破坏家庭和睦、有损贤良妇道，实质上是要求女子继续维护妻妾有序共处的固有妾制。比如1927—1937年广州销量最大的《越华报》，在它赖以吸引读者、以家庭婚恋纠纷为主要内容的社会新闻版面上，充斥着妾侍受到虐待、纳妾受到大妇干涉的新闻报道。这类新闻报道大多对妾的遭遇抱同情态度，冠以"悍妇虐妾""妒妇搜宫"等类似的标题，谴责的矛头不是指向妾制，而是指向破坏妾制的"悍妇"和"妒妇"。换句话说，这类报道虽然本着妾侍易受虐待、值得同情这一认识，但并不主张彻底废除妾制，而是主张保护妾不受虐待，尤其是不受"悍妇""妒妇"的虐待。南京国民政府法律面对妾制不人道的舆论，以提升妾权而非废除妾制作为应对，和上述报道本着同情妾之遭遇的态度主张保护妾侍而非废除妾制，在逻辑上同出一辙。

然而把妾提升到与妻并列的家属身份，决不意味着女权得到提升，虽然妾也是妇女的组成部分。在妻妾并存仍获准许的前提之下，妾的地位提升只会使妻的地位受到更多威胁。妻、妾同为家属，意味着纠纷发生时妻、妾的身份难以区分，而《民法·亲属编》赋予妻子才享有的在婚姻关系中相对于男子的多项新权利，比如指控丈夫重婚、离婚后获得赡养的权利，都将因为妻之身份不确定而难以行使。

其二是法律确认了简化的结婚程序，使得固有习俗中聘妻、纳妾的

[①] 程郁：《民国时期妾的法律地位及其变迁》，《史林》2002年第2期，第72页。

礼仪差别不再具有法律效力。

《礼记·内则》有云，"聘则为妻，奔则为妾"，①可见固有习俗中娶妻、纳妾的区别在于有无"聘"的程序。在20世纪前20年的广州地区，民间用以证明合法聘妻的礼仪就是体现"父母之命、媒妁之言"的三书六礼，"男女双方都把'三书'妥为保存，作为婚姻的凭证"。②而纳妾的仪式则没有严格要求，一般由妾向妻斟茶并叫声"大姐"就行了。③即使男子宠爱妾侍举行一定仪式，也不得用红花轿迎娶，以区别于聘妻。④事实上，在聘妻有严格程序要求从而使妻之身份无可争议的前提下，无论纳妾是否举行仪式、仪式是否隆重，都不难区分妻、妾的身份：先娶者为妻，后娶者为妾。若男子以聘妻的规格纳妾，就触犯了《大清律例》和"现行律民事有效部分"的"以妾为妻""妻妾失序"等律文，并且有"三书"为证，无从抵赖。

然而1931年5月开始实施的《民法·亲属编》对于"结婚应有公开之仪式及二人以上之证人"⑤的放宽要求，固然符合20世纪20年代以来社会精英践行"俭婚""文明婚"的意旨，却会造成法律上无法区分聘妻与纳妾的混乱。首先，"公开之仪式及二人以上之证人"的程序

---

① 崔高维校点：《礼记》，辽宁教育出版社1997年版，第86页。
② 刘正刚：《二十世纪广东婚俗大观》，广东旅游出版社2005年版，第1页。
③ 《二十世纪广东婚俗大观》载晚清从化男子纳妾"一般不举行婚礼。丈夫把妾侍带回家，叫她向大老婆斟杯茶，叫声'大姐'就可以了"。另外，1924年《广州民国日报》的一则琐闻报道了一个妻子找到其夫背着她在外同居的女子，并要求该女子献茶来承认作妾引起的纠纷，1937年《越华报》报道乡妇关瑞心要求其夫的后娶之妇谢氏向自己斟茶叩头并接受改名，均可证明前者所述妾向妻斟茶的习俗并不限于从化，也不限于晚清时期。刘正刚：《二十世纪广东婚俗大观》，广东旅游出版社2005年版，第56页；《悍妇搜宫之恶剧》，《广州民国日报》1924年7月15日，第7页；《乡妇争身份起诉重婚》，《越华报》1937年3月31日，第9页。
④ 《二十世纪广东婚俗大观》载晚清花都男子"纳妾时，一不许拜堂，二不许用红花轿迎娶"，而1937年《越华报》的一则法庭新闻报道男子丁鹿鸣举证自己迎娶女子卢少珍过门时只用青衣轿，所以系纳妾而非娶妻。两相印证可知，广州民间在晚清至民国的相当长时间内仍以是否用红花轿迎娶来区别聘妻和纳妾。刘正刚：《二十世纪广东婚俗大观》，广东旅游出版社2005年版，第49页；《审讯过气官太离婚案》，《越华报》1937年3月10日，第9页。
⑤ 《中华民国民法》第982条。《中华民国法规大全》第1册，商务印书馆1936年版，第79页。下文所援引法律条文，凡引自该法的，均以括号列法条序号于正文，不再别行加注。

要求过于宽泛,从因循旧俗者以"三书六礼"聘妻到文明婚实行者在三五友人见证下互相鞠个躬,均属法律上的"结婚",然而后者显然具有公示范围过窄、证据无法保存的弱点,在纠纷发生时难以举证为结婚。然后,在法律承认文明婚为有效程序,而纳妾仍被允许的前提下,一对男女在三五友人见证下结合,究竟属于公开的结婚还是不公开的纳妾,抑或是姘居,就极易成为当事者各执一端而法官等外人无从查证的事。最后,根据该法,纳妾被排除于任何公开仪式之外,那么妾如何举证自己为妾从而享受前述妾作为家属应获家长扶养的权利(第1114条),又是一个难解之题。

对于《民法·亲属编》在结婚程序上留下的大量可争议空间,南京国民政府试图另行制定礼制来加以厘清的草案迟迟未果。1931年南京国民政府内政部在国民党"四大"的工作报告中说:"共和肇建垂二十年,婚丧一切礼制,概未厘定。或沿古制,或习欧风,纷曼支离,将何以正人心而移世运。本府有鉴及此,于十七年(1928)六月即令内政部筹设礼制服章审定委员会,慎重办理……所有婚丧各礼草案,现尚在审查中。"[①] 在"五大"的工作报告上再次提到礼制草案一事:"至二十四年一月所有婚礼、丧礼、相见礼,以及文官就职宣誓各草案,均经拟就……当将拟就婚丧礼各草案,连同十八年颁布之服制条例一并抄送在案。"[②] 可见,《礼制草案》一直是南京国民政府的议题,但至少直到1935年仍未颁行。在广州,一份1935年的法庭判决书表明,男子谭光彦在1934年迎娶女子黎风时曾向公安分局领取"婚嫁证",上面填写"娶大基头黎姓女子为妻",[③] 似可证明当时广州实行过婚姻登记制度。然而该"婚嫁证"竟然含混填写当事女子之姓名,而且是向主管社会治安的公安局而非主管民间事务的社会局领取,可见它更多是为治

---

① 《中国国民党第四次全国代表大会内政部工作报告》,载中国国民党中央委员会、党史委员会编《革命文献》第71辑,1977年,第70页。
② 同上书,第285页。
③ 广东高等法院:《对于谭光彦重婚不服第二审判决声明上诉答辩书》,1935年3月29日,存广东省档案馆7/4/71,第18页。

安管理而发放的聚会许可证，而非为管理婚姻而发放的结婚证明。当然，"婚嫁证"亦可作为大型婚礼举行之凭据，但没有其他材料证明民国广东政府曾在较长时间内大范围实行过"婚嫁证"制度。1927—1937年广州《越华报》报道的大量婚姻纠纷案件里，绝大多数当事人沿用旧俗，以有"父母之命，媒妁之言""三书六礼"来举证自己的婚姻；而法官则依《民法·亲属编》，以是否"举行公开仪式"来判别婚姻是否成立。总之，在1927—1937年的广东，依据"婚嫁证"之类官方文书来判别是否娶妻的做法未能成为通例。

综上可见，《民法·亲属编》生效后，不仅妻、妾之间的身份界限被取消，而且娶妻、纳妾、姘居三者之间的程序界限也变得十分模糊。而妻、妾、姘妇三者在两性关系中的法定权利又是互不相同的。根据《民法·亲属编》的条文及相关司法判解，妻享有作为家属得到扶养的权利（第1114条），享有以丈夫重婚、犯奸、虐待、遗弃、杀害等理由提出离婚的权利（第1052条），享有因判决离婚而作为无过错方向其夫索要赔偿费、赡养费的权利（第1056、1057条）；妾享有无条件与家长脱离关系的自由，享有作为家属得到扶养的权利但须以有与家长永久共同居住意愿为前提，即离异之妾无权要求扶养；[①] 姘妇则没有任何法定权利和义务。这些权利区别使两性关系中女子究竟为妻、妾还是姘妇的身份界定成为必要，而上述身份与程序界限的模糊又使这个身份界定成为难点。正是基于这样的背景，两性关系中女子是否为妻、为妾的身份争议成为报纸案件报道的新内容。

二　妻妾身份争议案件在《越华报》的呈现

《民法·亲属编》生效前，与纳妾习俗并存的妻妾争宠纠纷并不新

---

① 1933年7月21日最高法院上字第88号判例："妾如不愿与其家长同居，原属其自由，在法律上本无何种限制，固不必以诉请求别居。惟妾之所以得为家属，原以与其家长以永久共同生活为目的而同居于一家之故。若欠缺同居之条件，即不得谓之家属，更何得于不同居之后而请求给付抚养费。"《最高法院判例汇编》第24集，法学编译社1934年版，第39页。

鲜，这类纠纷是以确定无疑的妻、妾身份为前提的。而《民法·亲属编》生效后，因为妻、妾身份不确定而涉及妻妾身份争议的纠纷开始见诸报端。笔者翻阅1927—1937年广州《越华报》，收集到37篇报道，刊载了共25起涉及妻、妾身份争议的个案。兹按见报时间为顺序列简表3－1。

表3－1　　1927—1937年《越华报》所载妻、妾身份争议案件

个案	报道标题	登报时间	页码	案情概述
1	审讯妾侍请正名份案	1930.3.26	6	袁氏自称为王孝问第六妾，控告其夫遗弃，请求法院确认家属身份。王孝问辩称1917年始与袁恋爱同居，但袁氏未回乡谒祖，所以系姘妇非妾侍。法院依据民法"以永久共同生活为目的而同居一家之人均为家属"之规定，判决袁氏胜诉。袁氏再诉至法院要求王孝问给付扶养费，获得胜诉。
	审讯王袁离婚案情形	1930.5.8	5	
	判决妾侍请求赡养案	1931.11.30	5	
2	审讯冯陈离婚案情形	1931.12.4	5	陈雪琼年前由母作主嫁西关耀华南冯锦邦为妻。陈雪琼控诉称：冯于1931年2月间"用正式结婚仪式娶李氏为平妻"，要求离婚、支付扶养费及返还妆奁。冯称娶李氏女为妾，而非平妻。结果不详。
3	姘妇改嫁发生小风波	1931.6.22	6	男子李芳甫在警局指其妻杨兰芳挟带私逃，杨兰芳称系由他人"介绍嫁芳甫为妻，但未受过礼金，系临时住埋"。警局认为二人非正式夫妻。
4	一塌糊涂之拆姘争执	1931.6.25	6	西装男子邱某执住一少妇马陈氏，指为逃妾。马陈氏"坚不认为该男子逃妾"，"直供昔曾与彼自由结合，后悉其行为不正，故返母家暂避，并非私逃"。
5	审讯控夫骗婚离异案	1933.6.29	5	关佩环控夫毕尚初骗婚虐待。关称系正式嫁毕为妻，后得知毕此前已娶刘氏女为妻，要求离异、付给扶养费、返还嫁妆首饰。毕称关是其发妻，刘氏女"不过跟民为妾，并无经过若何手续"。结果不详。
6	曾肖颜通奸案不受理	1933.7.20	5	曾肖颜系周锡墀之妻，数年前因案诉讼离去夫家，1932年改嫁廖景全。1932年10月10日周锡墀路遇曾氏，控其重婚。检察官"以被告曾氏虽认改嫁廖景全为妻，惟未举行结婚仪式"，故不成立重婚，仅以通奸论。

续表

个案	报道标题	登报时间	页码	案情概述
7	审讯控夫骗婚遗弃案	1933.7.22	5	黎阿甜控夫伍南周骗婚遗弃。黎称伍并未声明乡间原有发妻崔氏,坚决不允作妾。伍称当初与黎商妥,一旦崔氏发觉,"必要时黎氏愿为侍妾,由她改名"。现他面临崔氏控告重婚的威胁,而黎氏不愿为妾,不能供给黎家用。
8	愤夫纳妾之叠起讼簾	1933.9.2	6	伍季生纳妻潘氏姪女为妾,称曾得潘氏允许,而潘氏不承认此妾。
9	分心别恋无调解可能	1933.11.4	6	赋闲男子陈继光与女子范淑英共赋同居,后扭控范私逃。范称"与彼结合,并非正式夫妻"。
10	拆姘另嫁	1934.1.9	6	失业男子吴全指何氏私逃,称"与妻来和睦,今改嫁别人,纯系赵氏唆使,请求究办"。何氏则称"与吴全系属自由姘识,并非正式结婚",否认是吴妻。
11	拆姘潮	1934.9.11	6	自梳女刘氏储有千余金,与男子李毅恋爱,秘密同居。其后李赋闲,刘氏离去,被李指为妾侍私逃,要求共返澳门同居。刘氏称"当时系与李姘识,并非正式夫妇",决不再与李同居。
12	嫡庶正名潮	1934.10.1	6	何明之妻李氏,要求何明之妾邓爱卿返家同住,接着"以大妇资格着爱卿斟茶候改名","以明嫡庶名份"。邓不服,要李氏退居妾侍地位。双方打作一团,被警员斥责遣去。
13	弃妻别恋争宠起风波	1934.10.15	6	梁锡泉在罗定乡下娶陈氏为妻,后来省城广州谋生,向女子周素馨"伪称尚未有妻,求为夫妇"。后陈氏来省城寻夫,得知实情,欲控梁弃妻之罪。三方纠致警局,周素馨指陈氏夺其丈夫,而梁"只认与周素馨姘识,并非正式夫妇"。
14	新婚制下又演活剧	1935.10.6	9	关云卿自称与男子余焯汉互换指环为证婚物,二人于1934年9月同居并生有一子,在余焯汉与李洁平的婚礼上指余为骗婚重娶。余焯汉称与关云卿"只作姘头,并未经过订婚手续"。

续表

个案	报道标题	登报时间	页码	案情概述
15	重婚西妇案波平复起	1935.11.20	9	女子李遇颜诉其夫关永林重娶西妇麦莲娜,遗弃十载,双方协议离婚。后李再起诉要求关赔偿损害及扶养费。关称当日在巴拿马经商时,"系娶西妇麦莲娜为妾",所以无须赔偿。
16	弃妇索赡养费数万元	1936.11.18	9	周璧玲自称 7 月 2 日始与军官陈瑞明同居,"并无举行结婚仪式",不久迁去与陈妻同住,后被迫立约脱离关系,因而控诉陈遗弃,要求付给扶养费 6 万多元。陈称已与周脱离关系,且二人属"无媒苟合姘居",无须付给赡养费。
	妾控索偿六万余元	1936.11.27	9	
	弃妾索偿	1937.1.27	9	
17	续审过气团长骗婚案	1936.11.28	9	钟瑞珍告陈济棠之堂弟陈玉光骗婚遗弃。称陈玉光迎娶自己时声明发妻已死,"入门后始知尚有大妇,正欲忍痛同居,讵竟遭遗弃",要求离异并支付赡养费 1 万元。法官要求钟氏出示四项证据举证结婚:媒人、三书六礼、婚时之设筵、证人。
18	中学生弃妻别恋被控	1936.12.14	9	池念馨于 1933 年由父作主凭媒嫁黄鼎钟为妻,举行旧式婚礼。后黄鼎钟与关瑞清举行秘密婚礼,池控告黄重婚。黄鼎钟称与关瑞清"并未举行结婚仪式,实为妾耳"。黄鼎钟、关瑞清分别以有配偶而与人相奸、与有配偶之人相奸罪,被判处徒刑 3 个月,缓刑 2 年。
	审中学生别恋重婚案	1937.1.1	9	
	判决中学生弃妻别恋案	1937.1.24	9	
19	女招待阻婚再有新闻	1937.1.8	9	陈舜英在其夫黄汝球娶陈心时登女家门阻止,自称为正室,有三书六礼为凭,并告黄汝球重婚。陈心称订婚时并不知黄已经有妻室,且因陈舜英阻止而未上轿举行婚礼。黄汝球称因陈舜英阻止未能举行婚礼,不算重婚。
	审讯登门阻婚案详情	1937.1.28	9	
20	教员重婚被控之惯闻	1937.1.21	9	陈惠英控告其夫、教员麦铭成重婚。陈称 1931 年与麦在广州新亚酒店结婚,麦又于 1936 年 5 月在英德与沈少卿正式结婚,将自己遗弃,只要麦"能承认娶沈为妾,与侬同居,并立约不得遗弃",即可谅解。沈则称嫁麦时,"麦称尚未有室",后得知麦为有妇之夫,只得"哑忍从之",表示"甘居妾位"。其后陈、沈二人协议和解,沈又不允作妾。最终三人达成协议:沈少卿作平妻,麦铭成每月付给陈惠英 30 元作为赡养。
	进行诉讼求和解 妾与平妻闹不清	1937.1.23	9	
	控夫重婚案和解成立	1937.1.24	9	

续表

个案	报道标题	登报时间	页码	案情概述
21	公审控大学生重婚案	1937.1.29	9	何苏英控夫张绍文与梁月嫦重婚，要求补给生活费、赡养费，予以法办。张绍文辩称梁月嫦并非妻室，只作妾侍。结果张绍文被判处徒刑2月，缓刑2年。
	同日判决大学生弃妻恋妓案	1937.2.3	9	
22	官太遭遗弃请求离婚	1937.3.4	9	少妇卢少珍控告丁鹿鸣遗弃，要求脱离关系，返还妆奁，支付生活费3千元。卢称：丁佯称尚未娶妻向她求婚，在东兴三泰庄举行婚礼，所有送礼纳聘、汽车鼓乐，均照结婚仪式，并有东兴公安局长李肇坤为证婚人，后来才知其早已有妻。丁则称自己已告知有妻，因卢父女恳求作妾，便纳聘金千元娶她为妾，"过门之日只用青衣轿，并无举行结婚仪式"。
	审讯过气官太离婚案	1937.3.10	9	
23	乡妇争身份起诉重婚	1937.3.31	9	关瑞心控诉梁德芬重婚，称于1927年与梁结为夫妇，而梁于1936年与女子谢氏正式结婚，要求梁"着谢氏揌茶叩头改名""当可罢讼"。
24	麦炳荣重婚潮	1937.3.31	9	小生麦炳荣与名妓花丽华在桃李园举行结婚礼时，被发妻刘亚葵会警到场扭送二人及证婚律师到公安分局。后来麦刘二人达成和解协议，其中包括"麦须承认刘为发妻"，但麦与花丽华婚姻无须撤销。
	麦炳荣重婚和解成立	1937.4.5	9	
25	虐待遗弃索偿三千元	1937.6.13	9	陆何氏控诉其夫陆永欢虐待遗弃。何称于1929年8月嫁与陆为妻，要求离异并支付赡养费三千元。陆称何"非民之妻"，"民与她并未举行仪式"，双方不过是"共赋同居"，"自无负担原告赡养费可言"。

由于报纸缺损加上笔者疏漏等原因，相关报道和个案的实际数量肯定不止上表所列，但妻妾身份争议呈现的脉络已经可见一斑。第一，笔者收集到《越华报》最早报道的妻妾身份争议案件，是1930年3月26日刊载的王袁氏控告王孝问要求确认妾之身份案（个案1），次年11月30日刊载王袁氏胜诉并获判扶养费。尽管该案首次起诉时间比1930年12月26日《民法·亲属编》正式公布还早9个月，但法庭以次年5月5日才生效的《民法·亲属编》关于家属的定义为依据，判决确认王袁

氏妾之身份，可见司法实践中援引《民法·亲属编》条文的做法并不严格始自其生效时间。第二，王孝问承认该案兴讼前王袁氏已在王家同居长达13年，法官认为其家属身份已经相当明了，所以不采纳王孝问关于王袁氏未谒祖不算妾的辩解。此后其他的妻妾身份争议中，多数存在身份争议的女子不具有如此充分的同居证据，因而举证仪式之存在成为必要。第三，1935年7月1日新《中华民国刑法》实施，第239条"有配偶而与人通奸者处一年以下有期徒刑，其相奸者亦同"，①使男子未获妻同意的纳妾也成立通奸罪，因而黄鼎钟（个案18）、张绍文（个案21）等男当事人获刑。在本书所述时段的后期，虽然男子继续辩称纳妾、姘合以图规避刑罚，然在法律上不再完全奏效。

此外，《越华报》并不是这段时间内唯一一份刊载了涉及妻妾身份争议案件的报纸。例如当时广州销量仅次于《越华报》的《国华报》，亦有多篇此类报道，诸如1935年12月3日《余关婚讼案再议驳回》、1933年12月9日《蒙陈婚变案判决理由》，所载案件均涉及后娶女子身份之争议。妻妾身份争议案件在当时各报新闻报道中均有所体现。

三 报道呈现当事人的控辩策略

在表3-1所列25宗个案中，虽然不是所有的妻妾身份争议纠纷都诉诸法庭，但当事人的控辩基本上是以现行法的规定为依据，并且男女各方根据自己的处境有相对固定的控辩策略。

男子在面临重婚指控时通常的办法是辩称后娶女子为妾或者姘妇。上列25宗个案当中，共有12宗是男子被指重婚，其中6宗个案的（个案2、5、7、15、18、21）男子辩称或逼迫后娶女子为妾，1宗（个案13）男子辩称后娶女子为姘妇，1宗（个案14）男子辩称先娶女子为姘妇，1宗（个案19）男子因为后娶的婚礼被发妻阻止，辩称婚礼未成不算重婚，另有3宗（个案20、23、24）男子的辩解未见报道。在这些个案里，意图逃避重婚罪责的男子们以未举行仪式来举证自己不是

---

① 《中华民国法规大全》第1册，商务印书馆1936年版，第149页。

娶妻，而是纳妾或者姘合。

如是弃妇控告男子遗弃并追索扶养费，但未兴重婚之诉，则男子通常辩称提出控告的女子是姘妇，无权要求扶养。上列25宗个案当中，共有4宗是男子仅被控告遗弃而追索扶养费的。其中，2宗（个案1、16）案中男子以"未回乡谒祖"或者"无媒苟合"为由，否认已被遗弃的女当事人为妾，指其为姘妇；1宗（个案25）男子以"未举行仪式"为由，否认女当事人为妻，指其为姘妇。只有1宗（个案22）男子丁鹿鸣因为被撤职赋闲，不愿与女当事人脱离关系，以"过门之日只用青衣轿"举证女当事人是妾不是妻，而妾要求脱离夫妾关系是无权要求扶养费的。在这些个案里，决意遗弃的男子们又以未举行仪式来举证自己不是娶妻或者纳妾，而是姘合。

可见，同样是"未举行仪式"这个理由，有些男子用它来举证是纳妾不是娶妻，有些男子却用它来举证是姘合不是纳妾，完全随着男子意图不同而发挥着不同的功效。而在男子借仪式之举行与否来主导妻、妾、姘妇三种身份界定的另一面，就是女子须以"有举行仪式"来举证自己为妻或者为妾的身份。

对于丈夫另娶行为，先娶女子必须先确定自己为妻，再证实丈夫另娶为娶妻，然后以控告重婚要挟丈夫承认自己为大妇并支付扶养费，或者控以重婚并要求离异、支付赡养费及赔偿金。对于大多数先娶女子而言，妻之身份不成问题，她们或有"三书六礼"为凭，或有大型婚宴为证。上述个案中共有16宗由男子另娶引发的纠纷，其中仅有1宗（个案14）案中先娶女子妻的身份因为"互换指环为证婚物"而被当事男子否认，还有1宗因为（个案5）双方对于先娶、后娶各执一词而不明确。但要证实丈夫的另娶是娶妻，却不容易成功，如前所述，丈夫往往以纳妾、姘合为词进行抵赖。即便举证艰难，控诉丈夫重婚另娶也只是多数先娶女子捍卫自己大妇身份的手段。表3-1中共有11宗是先娶女子指控丈夫另娶的，其中7宗（个案12、13、14、20、21、23、24）的先娶女子不愿离异，而是要求后娶女子承认为大妇或者丈夫不得遗弃。只有2宗（个案2、15）的先娶女子明确提出离异要求，另外

2宗（个案18、19）先娶女子仅指控重婚，是否离异意愿不明。然而有些先娶女子的大妇身份亦难自保，两宗先娶女子接受和解的个案中（个案20、24），陈惠英承认后娶女子沈少卿为平妻，刘亚葵则认可丈夫麦炳荣与后娶女子花丽华的婚姻无须撤销。先娶女子捍卫大妇身份的种种努力，说明她们作为妻的地位受到后娶女子的严重挑战。

  与先娶女子相比，后娶女子的身份更难界定，所以后娶女子的控辩策略完全依当事男子的态度为转移。在当事男子未遗弃她的前提下，后娶女子面对先娶女子争大妇资格的压力，有时自甘为妾（个案8），有时不允做妾（个案7），有时甚至恃宠争夺平妻地位（个案12、20、24）。在当事男子已经遗弃她的情况下，后娶女子则力证当事男子隐瞒娶妻、重娶自己为妻，从而争取作为弃妻或离异之妻才能享有的扶养费、赡养费以及补偿金。此时后娶女子须举证结婚仪式之存在，以应对当事男子称其为妾或者姘妇的辩解。在表3-1中，共有5人自认被弃的后娶女子提出控诉，其中1人（个案22）声称有结婚仪式为证而当事男子称该仪式为纳妾仪式，1人（个案17）声称有媒人为证而法官要求她还须提供"三书六礼"、婚礼筵席及证人，其余3人（个案5、7、13）未强调有此类证据。可见，后娶女子在被当事男子遗弃时想要争回妻之身份，获胜概率甚微。她们的身份在妻、妾、姘妇之间游移难辨，既给先娶之妻带来威胁，又使自身居于不确定地位，而当事男子的意志却对其身份定位起着决定作用，从而掌握了以妾为妻、指妻为妾、指妻妾为姘妇的可操控空间。换句话说，妻、妾、姘身份界限的模糊强化了当事男子在两性关系中的主导地位。

  当然，因妻、妾、姘身份界限模糊而使自身主导地位得到强化的只是那些有能力供养家庭的男子，一些无力供养家庭的男子则被同居女子自认姘妇而离弃。上表中，共有5宗女子否认是当事男子妻妾的纠纷，其中3宗（个案9、10、11）当事男子为无业者，2宗（个案3、4）当事男子处境不详。这些女子均辩称因未行仪式，与当事男子没有夫妻或夫妾关系。可见，在那些女子无须男子供养的两性关系中，未行仪式同样可被女方用作离弃同居男子的合法依据。

这种男子经济地位低下易被女子离弃、女子经济地位相对较高则易脱离男子的态势，在离婚案件中也有明显反映。根据统计，1936年广州地方法院一共判决离婚58宗，其中无业者男13人女3人，失业者男20人女8人，人事服务者男2人女7人，自由职业男2人女17人，公务员男3人女4人，交通运输男1人女1人，商业男13人女6人，工业男3人女11人，矿业男女各1人。① 亦即离婚男女各58人中，无业失业的男占33人女占11人；有业的男占25人女占47人，两相比较，充分说明男子无业易失妻、女子有业易弃夫的基本态势。

以上男、女各方在妻妾身份争议案件中的控辩策略表明，法律上妻、妾、姘身份界限的模糊，既被承担供养责任的男子利用来操控同居女子，又被无须男子供养的女子利用来离弃同居男子。两性关系中供养者相对于被供养者的优势地位，在这些妻妾身份争议案件中得到强化。而这既包括供养男子相对于被供养女子的优势地位强化，也包括经济独立女子相对于经济不独立男子的优势地位强化，不能简单归纳为男权的强化，也不能简单归纳为女权的提升。

四　王文舒杀妾分尸案及其传播

上文已述，南京国民政府修订1931年《民法·亲属编》，取消妾相对于妻的仆从地位、降低娶妻的程序要求，其本来目的是向"保障女权""婚姻自由"等社会舆论做出回应。但事与愿违，这些改变严格来说只是缩小了妻、妾之间的地位差距和娶妻、纳妾、姘合之间的程序差距，并未缩小男女之间的地位差距。而妻、妾之间身份与程序差距缩小的法制背景，使原来泾渭分明的妻、妾、姘界限变得模糊不清，催生了两性关系中女子究竟为妻、为妾还是为姘的身份争议案件。对《越华报》所载妻妾身份争议案件中男女各方控辩策略的分析表明：重娶的当事男子可以充分利用当时法制下妻、妾、姘妇难以区分的混乱，指娶妻为纳妾或者姘合，以逃避重婚罪的指控和扶养费、赡养费的支付。

---

① 《去年离婚案件统计》，《越华报》1937年2月3日，第12页。

而先娶女子与后娶女子之间互争身份的局面，不仅无益于向男子争权利，反而强化了两性关系中男子的主导地位。不过，女子只争夺有供养能力男子的妻或妾身份。面对无供养能力的男子，自食其力的女子亦可利用妻妾与姘妇界限的模糊，力证自己非妻非妾来离弃他们。总而言之，法律上妻、妾、姘三者身份与程序差距缩小，既未如立法者所愿带来女权的整体提升，也未带来男权的整体强化，而是被两性关系中的供养者用来强化自身相对于被供养者的优势地位。

正是在这样的背景下，1933年广州发生了骇人听闻的王文舒杀死丈夫新欢王嫄贞一案，成为此后四年间广州报纸社会新闻密集追踪报道的最重要案件之一。1933年7月23日，广州销量最大的报纸之一——《越华报》①，以近5000字的篇幅详细报道前一天上午广东省会公安局长何荦亲自主持、公开审讯的王文舒杀人分尸案，② 广州报纸对这桩侦讯诉讼近四年的家庭血案的密集追踪报道由此开始。③ 此案与伶人罗家权因徒弟唐飞虎与其妾通奸枪杀徒弟案、朱子宽及家人为骗取人寿保险金毒死佣妇邓钟氏案、女教员傅少勤因未婚夫致其怀孕却不结婚而将其毒杀案，被报纸并称为当时广州"四大案"。④

王文舒杀人分尸案是一桩发生在广州上层社会家庭中的血案。根据《越华报》记载，王文舒与丈夫杨少修都是广东钦州（今属广西壮族自治区）人，1933年血案发生时王文舒34岁，杨少修32岁，两人经由父母作主结婚已有11年。杨少修"父名杨修，清代秀才，向在乡□耕度活，家颇小康"，"父故后，投笔从戎，在杨鼎中部当排长，屡建战功，拔充连长，后转充股长（即现职）已多年"。⑤ 杨少修兄弟共5人，

---

① 20世纪30年代广州销量最大的报纸是商办的《越华报》《国华报》，胡雪莲：《以"社会"之名：陈济棠治粤时期的社会新闻》，北京《新闻与传播研究》2012年第2期，第79页。
② 《审讯杀妾分尸案详情》，《越华报》1933年7月23日，第6页。
③ 笔者尚未发现涉及该案的更早报道，再从本篇报道详述案发过程与侦破细节的内容及后续报道的内容来看，应当不存在更早的报道。
④ 《四大案主角狱中生活》，《越华报》1934年12月17日，第6页。
⑤ 《妒杀分尸灭迹案四志》，《越华报》1933年7月27日，第5页。

其中涉案的胞弟杨瑞智是陈济棠第一集团军总部总运输站少尉；王文舒则有胞弟二人，其中涉案的王培林是总部南翔舰中尉管理员。① 这是一个在当时广州居于中上层的军官家庭。

从笔者仅见的一份该案法庭裁决书可以看到，司法审判系统最终认定王文舒杀人案的案情如下："王文舒……民国二十二年三月二十四日上午十二时许，在其所寓之德宣东路门牌六十六号二楼，用菜刀将王嫄贞杀害身死后，意欲装箱埋藏，复用原刀将其尸身头部及两膝斩下，并于翌日嘱其夫弟杨瑞智转雇陈汉华到寓，用刀将尸身斩开分装三只藤篮，运往龙眼岗埋藏……而其杀人之前，先遣其胞弟王培林及妻王潘氏、婢女王春桃、仆妇张阿巧、苏潘氏等均上三楼回避，伪称与王嫄贞磋商条件，继将房门关闭，用所备之菜刀将王嫄贞杀害。迨其杀死之后，经王培林将门用力启开，并将菜刀夺下，上诉人且声称'我之事不用你管'"；就其杀人动机则认定为："其杀人原因，系以王嫄贞欲嫁其夫杨少修为平妻，篡夺其身份，并事前约王嫄贞随同其到寓中"。②

把现存多份报纸巨细无遗的追踪报道与南京国民政府最高法院判决书互相印证，即可还原本案从发生到定案的各个重要环节（见表3-2）。

表3-2　　　　　　　　王文舒案各个重要环节时间

时间	侦审机构	事件内容
1933.3		王文舒在家中杀死其丈夫杨少修的新欢王嫄贞。
1933.7	广东省会公安局	公安局长何荦主持对此案的第一次公开审讯。
1933.8		6个妇女团体联合通过、发表《广州妇女团体对王文舒案之感想》。
1933.10	广东省会公安局	案件送交广州地方法院审理。
1933.11	广东省会公安局	案件送交法院以后，缉获涉案运尸人陈汉华。

① 《妒杀碎尸案提起公诉》，《越华报》1933年11月24日，第5页。
② 《最高法院刑事判决》（1937年1月11日，上字第2150号），中国第二历史档案馆馆藏7/515，第16页。

续表

时间	侦审机构	事件内容
1933.11	广州地方法院	检察官黄文澜就此案提起公诉。
1933.12	广州地方法院	一审法院首次公开审理此案。
1933.12	广州地方法院	一审判决王文舒预谋杀人,死刑,无期褫夺公权;陈汉华损坏及遗弃尸体,有期徒刑5年,褫夺公权8年。
1933.12	广东高等法院	王文舒不服一审判决提起上诉。
1934.1	广东省会公安局	一审判决后,公安局仍未能捞获碎尸,本日着警按线人提供线索再次打捞两日,仍未捞获。
1934.3	广东高等法院	传闻王文舒染神经病,不知"此说真否,或其另有作用"。
1934.8	广东高等法院	二审改判王文舒无期徒刑,驳回陈汉华上诉。
1834.8	最高法院西南分院	王文舒不服二审判决,再次上诉。
1935.7前	最高法院西南分院	裁决王文舒上诉部分发回广东高等法院更审,陈汉华部分维持原判。
1935.12	广东高等法院	更审判决仍对王文舒处无期徒刑,褫夺公权终身。
1937.1	南京最高法院	裁决驳回王文舒上诉,维持广东高等法院判决结果。

从1933年7月22日第一次公审到1935年12月2日广东高等法院更审宣判的这段时期内,这桩案件以多种渠道向外广泛传播。

第一,公开审讯与审判本身给予围观者目睹此案当事人与审理过程的机会。报纸记载,1934年6月底7月初,广东高等法院审理此案过程中,只要听闻是王文舒本人接受讯问,则"旁听者鱼贯而至,百数十人,互相围绕于庭外,争引颈观望"①,"均属摩登女性,长袍革履,香风满庭"。② 这些"摩登女性"显然是文化水平相对较高而且享有闲暇的民众,她们的现场围观以及围观之后可以想见的口耳相传,即是此案对外传播的第一种、也是最基本的渠道。

第二,报纸大篇幅的密切追踪报道,向全部读者提供了由专门机构——报馆采集制作的案件消息。从数量上来看,目前笔者已从现存《越华报》《国华报》搜集到的该案报道篇数就分别有59篇、26篇,

---

① 《复讯妒杀碎尸上诉案》,《越华报》1934年7月3日,第6页。
② 《昨日研讯碎尸案证人》,《越华报》1934年7月1日,第6页。

两者相加共有85篇，实际的报道篇数还应大大超过这个数目，因为现存两份报纸均有较多缺损，而且笔者在搜寻过程中难免疏漏。从内容上来看，报纸的报道不仅对侦查、审理进程步步跟进，对起诉书、辩护词、判决书等司法文书和庭讯问答逐字照录，还对当事人、涉案人、证人、苦主的履历、外貌、衣着、神态等逐个描绘，甚至把办案侦缉员、检察官、法官、律师的姓名和犯人证人关押情况也一一披露，尽可能使未能亲临审讯现场的读者能够知悉每一个细节。从传播地域范围来看，除了本城大小报纸密切聚焦此案，省城以外的香港报纸如《香港华字日报》①《香港工商日报》②《天光报》③等都对此案进行连续追踪报道。从读者数量来看，1935年广州共有日报25家之多，其中销数最多的《越华报》《国华报》每日销数分别达到2万多份④，鉴于当时广州茶客流行租报阅读，茶楼门口每份报纸的读者数量还远远不止一人，⑤可以想见阅读此案的报纸读者人数之多。

第三，从传播介质来看，除报纸外应当还有无线电广播参与过此案的传播。虽然笔者尚未见到这个时段内广州本地广播电台有播放新闻的节目预告，但香港的广播电台的确会在晚间播报由本地十几家报纸联同送来的新闻⑥，深受香港报纸重视的王文舒案应当会以这种方式由报馆送交电台播报，不过这种广播新闻并非由广播电台独立采集制作，而只

---

① 比如《王文舒在狱近况》，《香港华字日报》1935年2月23日，第2张第2页。
② 比如《凶妇杀妾碎尸案昨日判决》，《香港工商日报》1933年12月21日，第2张第3版。
③ 比如《碎尸案之关系人竞相开释》，《天光报》1933年8月29日，第2页。
④ 何昶旭：《广州市新闻报纸的总检阅》，《报学季刊》第1卷第4期，上海申时电讯社1935年版，第75—79页。
⑤ 出生于1916年的民国报人梁俨然先生回忆说：20世纪30年代广州各茶楼门口都有报摊，茶客进门前付一点钱给摊主，拿一份报纸进茶楼去阅读，出来时将报纸返还给摊主，摊主则返还扣除租报费用之后的钱（访问时间：2013年5月19日中午；访问地点：广州梁俨然家中；访问者：胡雪莲）。
⑥ 如1933年12月21日香港的广播节目单包括：晚十时半曲目完毕后，"续将《南强报》《超然报》《工商晚报》《东方报》《中兴报》《平民报》《新中报》《大光报》《循环报》《华字报》《工商日报》《华侨报》《南华报》《南中报》联同送来新闻传播"。《今日广播秩序》，《香港工商日报》1933年12月21日，第3张第3版。

是对报馆选送新闻的转播,可以视为报纸新闻的一种衍生品。这样,报馆通过新闻采集、制作与传播等一系列行动,使王文舒案的侦查与审理成为一桩上层民众皆可围观的公共事件。

此外,该案还被改编为文艺作品。1933年年底,由省港日月星班编写、演出的粤剧新剧《碎尸案》,于11月16日①、12月18日②晚在广州太平戏院公开演出,"颇得观众欢迎"。③据报载,专门制作唱片、电影的百代公司,因见日月星班演出受欢迎,就专门请来明星李幽慈,准备以碎尸案为题材制作唱片。④ 另外,还有人回忆称,广东省会公安局长何荦也曾授意将此案侦破过程写成小说,不过小说最终没有写出来。⑤这类经过文学加工而成的作品,也是使王文舒案为众人所知的一种传播渠道。

对比《越华报》《国华报》报道和省港日月星班的《碎尸案》剧本⑥,可以看到二者的区别相当明显。报纸的报道全部用白话文书写,必须是识字的人才能阅读;随着案件从公安局移交法院审理,其内容亦从报道警探侦查过程为中心转到报道法庭审理过程为中心,围绕被告人罪与非罪、罪轻与罪重这一法律焦点展开对一切事实细节的报道。粤剧的剧本则是用地道的粤方言书写,由剧班用粤语表演,就是一字不识的观众亦能看得明明白白;剧本创作与开演时间是在广州地方法院作出一审判决之前,其内容完全是以警探侦查过程为中心,以大量的生活描摹和文学想象,突出该案当事人间的情感纠葛、案情的惊悚神秘和警探的破案如神。两相比较,就可以很清楚地看到,报纸对读者文化水平的要求比戏剧对观众文化水平的要求更高,而前者给识字民众提供的内容,更加忠实于案件进展的实际情况,表达方式更加理

---

① 广告《日月星剧团》,《越华报》1933年11月16日,第5页。
② 广告《碎尸案》,《国华报》1933年12月18日,第2张第4页。
③ 《李幽慈灌音碎尸案》,《国华报》1933年12月19日,第1张第1页。
④ 同上。
⑤ 麦思敬:《陈济棠踞粤时期的广东省会公安局见闻》,载广州市政协文史资料研究委员会编《广州文史资料》第11辑,1964年,第117页。
⑥ 省港日月星班:《碎尸案二本》,粤剧研究社(出版时间不详)。

性，它展现的这桩案件更像是一个伦理与法律事件；后者给识字、不识字民众提供的内容，则更加偏重于文学塑造而脱离实际案情，表达方式更加感性，它展现的这桩案件更像是一个集情感纠葛与惊悚情节于一身的侦探故事。

换句话说，当时文化与收入水平较高的民众可以从庭审现场和报纸报道中接触到此案在伦理与法律层面的理性辩论，而文化与收入水平更低的民众仅能从道听途说和戏剧表演中体会此案带来的情感宣泄。

五 报纸与法律、政治

抗战前的"黄金十年"，陈济棠统治下的广州商办报纸与同时期上海《申报》等藏身公共租界的报纸所处政治环境大不相同。前者处在陈济棠高度集中的军事、政治控制之下，后者则是处在多国侨民共同自治的特殊区域内，因此广州报纸与政治当局的关系值得另外专门探究。

在陈济棠统治的政治中心广州，报纸不可能有独立评论时政的自由空间，于是纷纷采取以貌似跟政治无关的社会新闻吸引读者的营销策略，不仅《越华报》《国华报》等商办报纸如此，《广州民国日报》等官办报纸亦有此举。[①] 为了避免与政治发生纠葛，《越华报》《国华报》等商办报纸都没有开设当时新闻学者认为报纸必备的言论或评论专栏，因此被时人讥笑为"只有记载而没有言论的'名副其实的新闻纸'"。[②] 事实上，《越华报》《国华报》等商办报纸奉行所谓"与政治无关"的原则，其实只是不对时政事件发表专门评论，但始终保持有多个版面的时政新闻，而且其所刊载的时政新闻，在选材与叙事角度上都完全符合割据一方的广东执政当局意旨。所以，在时政新闻方面，商办报纸对执政当局是完全恭顺的。

《越华报》《国华报》等对王文舒案长达三年的追踪报道，虽属典

---

① 拙文对此已有详细论述。胡雪莲：《以"社会"之名：陈济棠治粤时期的社会新闻》，北京《新闻与传播研究》2012年第2期，第79—80页。
② 沈琼楼、陆遯翁：《从清末到抗战前的广州报业》，广东省政协文史资料研究委员会编《广东文史资料》第18辑，1965年版，第1页。

型的社会新闻，但因为该案进程涉及警局与法院的运行、法律的运用，仍然无法避免与政治发生关联。事实上，该案足以引起报纸重视的争论焦点颇多。

一是案件事实之争议。王文舒一直辩称，是王嫄贞向她提出要当平妻，自己不答允，致起激烈争执，王嫄贞先取出四方刀砍向自己，自己夺刀时错手杀死了王嫄贞。① 根据《中华民国刑法》第36条规定，"对于现在不法之侵害而出于防卫自己或他人权利之行为不罚，但防卫行为过当者，得减轻或免除本刑"②，因此，王文舒杀死王嫄贞究竟是预谋杀人还是正当防卫的争论，贯穿着侦查与审理的全过程，其结果直接关系到王文舒能否减免刑事责任。

二是王文舒染神经病之疑惑。王文舒被广州地方法院一审判处死刑之后的上诉期间，报载有传言称她在牢房中有神经病表现。③ 根据《中华民国刑法》第21条规定，"心神丧失人之行为不罚，但因其情节得施以监禁处分；心神耗弱人之行为减轻本刑，但因其情节得于执行完毕或免除后施行监禁处分"④，那么，王文舒是否真有神经病，以及她患神经病的传言是否会被法庭采信，亦关系到她能否减免刑事责任。

三是法律与法理脱节之质疑。1928年起担任南京国民政府立法院院长的胡汉民，在各种演讲中反复承诺"男女平等的原则，是本党已经决定了的"⑤，国民党中央政治会议也将写有"妾之制度，亟应废止"⑥ 的决议递交给了立法院，但1931年5月5日施行的《中华民国民法·亲属编》却对废妾一事只字不提，仅以取消妾对于妻的仆从地

---

① 《审讯杀妾分尸案详情》，《越华报》1933年7月23日，第6页。
② 《中华民国刑法》（1928年9月1日施行），《中华民国现行法规大全》，商务印书馆1936年版，第157页。
③ 《王文舒是否染神经病》，《越华报》1934年3月10日，第6页。
④ 《中华民国刑法》（1928年9月1日施行），《中华民国现行法规大全》，商务印书馆1936年版，第157页。
⑤ 胡汉民：《我们立法要具有建设革命的精神》（1928年2月24日），胡汉民著，胡曼君选：《胡汉民选集》，帕米尔书店1959年版，第819页。
⑥ 《立法院公报》第20期，南京出版社1989年12月影印版，第30页。

位来代替"废妾"。① 此后，不仅男人可以照旧纳妾，而且传统的"妻—妾"身份差序被取消，妾之身份的取得与否完全取决于丈夫的个人意愿，失宠时可被赶出家门，得宠时甚至可以成为事实上的"平妻"，妻妾关系因为妻之地位受到严重威胁而趋于紧张。杨少修究竟是纳妾还是娶平妻？由于这完全取决于他的个人意愿，所以他可以一边对王文舒说是纳妾，另一边对王嫄贞说是娶她做平妻，面对法官讯问时又称是纳妾。事实上，他干脆就向王文舒说，他"爱哪个哪个便是大婆，无分大小"②。恃宠而骄的王嫄贞死前也向王文舒说，她不是要做妾，而是"丈夫爱谁，即谁作大妇"③。基于这样的原委，王文舒律师在辩护意见中一再强调，她作为妻子的利益受损害，但因法律没有明文禁止纳妾，没有给她提供公共救济的途径，所以迫不得"为自救而犯罪"④。律师这一辩护理由是否成立，也将影响王文舒所受刑罚。

但是对于诸如此类涉及法律运用与法理讨论的焦点问题，报纸完全照录公安局、法院的现场问答与相关法律文书，未曾议论过司法当局的行为与法律本身的是非，表现出对这套法律规定和司法当局的尊重与信赖。

值得一提的是，广东司法当局审判王文舒案所援用的法律，是南京国民政府颁布施行的，而陈济棠已于 1931 年 4 月底公开反蒋⑤，不再承认蒋介石政府的各种政制。陈济棠反蒋自立，却唯独承认南京政府所颁法律的原因，在于国民党粤籍要员胡汉民"是陈济棠政治上的恩人，对陈济棠屡有提携、扶助之功"⑥，加上陈济棠与胡汉民对于立法问题有诸多共识，"民国十六年余自苏俄返国后，即与胡展堂（胡汉民）先生交换意见，余以为此后中国非经过法治、宪政，前途恐难成功，胡先

---

① 胡雪莲：《〈民法·亲属编〉实施初期的妻妾身份之争》，《广东社会科学》2011 年第 5 期，第 237 页。
② 《碎尸案王文舒处死刑》，《国华报》1933 年 12 月 21 日，第 2 张第 3 页。
③ 《审讯杀妾分尸案详情》，《越华报》1933 年 7 月 23 日，第 6 页。
④ 《两律师为王文舒辩护（续）》，《越华报》1934 年 8 月 14 日，第 2 页。
⑤ 肖自力：《陈济棠》，广东人民出版社 2002 年版，第 95—96 页。
⑥ 同上书，第 94 页。

生皆深以为然，遂决心就任立法院院长职"①，而南京国民政府修订实施的一系列法律，大都是在1928—1931年胡汉民担任立法院院长期间完成的。所以，陈济棠治下的广东在政治、军事上割据一方，却在法律上与中央保持一致。广州报纸在对王文舒案进行报道时，未就南京政府颁行的法律提出任何异议，仍是对广东执政当局恭顺的表现。

《越华报》《国华报》等在报道王文舒一案时，除了对执政当局态度恭顺，还与政治权势人物利益相连，事实上当时广州大多数商办报纸就是政治权势人物或其亲属的私人产业。如开办于1915年的《国华报》和1926年的《越华报》均由惠民公司老板王泽民全资开办，王泽民是民国政要王宠惠的从兄弟；1928年出资从王泽民手中购得《国华报》的刘荫孙则是"总商会中……接近当权派的人物"，"在陈济棠时代，刘是邹俨邦的羽翼，常在报上利用新闻报道，制造空气，操纵金融，抑扬物价，商人受其害者不少，因恨刘乃并恨国华报"；1929—1930年逐步从王泽民手中购得《越华报》的股东陈柱亭，本是把《国华报》经营起来的经理人，为了摆脱依附于王泽民等出资人的命运，邀集自己的亲家麦少藜等人共同出资，逐步购得《越华报》的全部产权。其中，出资最多的麦少藜当时是广东省会公安局的分区区长，此人又送出股份给自己在警察学堂时的同学、当时担任广东省会公安局行政课长的钟午云，还推钟午云为股东董事会长。② 钟午云所执掌的广东省会公安局行政课，正是陈济棠主粤期间独揽社会新闻检查权的机构。③ 有了这层关系，《越华报》不仅享有刊载社会新闻的更大尺度，还独享获取新闻信息的最好渠道：《越华报》每天派三人分早午晚进入公安局采访社会新闻，消息最为快捷详确。④ 又因为这层关系，当王文舒案告破，钟午云的顶头上司、公安局长何荦急于把它当作一大政绩对外宣传

---

① 陈济棠：《陈济棠自传稿》，传记文学杂志社1974年版，第41页。
② 沈琼楼、陆遞翁：《从清末到抗战前的广州报业》，广东省政协文史资料研究委员会编《广东文史资料》第18辑，1965年版，第12、15、17页。
③ 胡雪莲：《以"社会"之名：陈济棠治粤时期的社会新闻》，《新闻与传播研究》2012年第2期，第80页。
④ 梁群球主编：《广州报业（1927—1990）》，中山大学出版社1992年版，第115页。

之时,《越华报》不遗余力地反复强调何局长之神明:有友人在闲谈中告诉何荦,他曾在街上听过有女子喊声"救命",何荦感到蹊跷,便派出侦探对杨家暗访三月余,发现蛛丝马迹,遂将王文舒的丫鬟仆妇诱至公安局讯问,查出真相。① 对比后来《越华报》对法官、检察官、律师等办案人员的简略提及,它对公安局长何荦及其探员的着墨特别多,为他们吹捧的迹象相当明显。总之,在当时广州报纸与政治的复杂关系当中,经济利益与政治权力是相生相长、密不可分的。

可见,处于割据的政治威权中心广州的商办报纸,比处于同样"割据"的外侨自治地域上海公共租界的《申报》等报表现得更不关心政治理想,但它们摆出与政治无关的姿态,只是一种营销策略,并非真的与政治利益无涉。

六 报纸与性别、伦理

前文论述广州报纸在王文舒案报道中,涉及代表政治威权的法律及办案人员时,采取了相当现实的态度,即是不关心政治理想,只迎合政治利益。那么在涉及政治威权不大在意的家庭关系时,它们是否坚持家庭理想?坚持怎样的家庭理想?

与报道者写到办案人员时恭顺甚至奉承的态度相比,他们写到该案当事人的时候,态度既不恭顺也不严谨。王文舒理所当然地被报道者定位为反面人物。为了突出公安局长的破案如神,她首先被描绘成狡诈成性的"凶妇",报道者在案未开审时即预定她为预谋杀人:

> 此案凶手杨王氏即王文舒对于诱杀王嫄贞行为之诡秘,布置之

---

① 《审讯杀妾分尸案详情》,《越华报》1933年7月23日,第6页;《妒杀分尸案侦查经过》,《越华报》1933年7月28日,第5页。报纸此说无法解释局长办案的针对性为何那么强:为何针对一声可能是嬉戏的呼喊,局长就会派出侦探,卧底数月进行侦查,整个过程完全针对杨家,却又不惊动杨家。粤剧《碎尸案》亦不采用此说,该剧本揭示是杨家佣妇当中有人投寄匿名信到公安局,公安局侦缉课遂派出侦探暗地侦查。笔者以为,剧本说法更为合理。

第三章 平等之纷扰：社会新闻视阈下的家庭成员平等

周密，固非寻常所可比拟。若无非常之手腕，恐难破获。①

〔王文舒〕虽极力装作镇定，而秋霜满面，目露凶光，活现凶狠狼毒之状。审讯多时，词极狡展，经再四究诘，不肯吐露，只操钦州口音答谓"我冇有做得，那肯供认"。②

再进入婚姻家庭层面，在两个女人即她与被害人王嫄贞之间，王文舒被报道者描绘成为"妒妇"：

〔王文舒〕盖事前既侦知其夫与嫄贞来往……曾使婢仆两人潜尾其后，侦知其果系往访嫄贞，见彼俩痴情如此，虽极力制止其夫纳嫄贞，亦不可能。③

在家庭中的两性关系层面，即她与丈夫杨少修及其家人之间，王文舒被报道者描绘成"悍妇"：

〔王文舒〕至民十一年始由父母作主嫁杨少修为妻……嫁后杨畏之甚，至今无子嗣，又不许杨纳妾。④

其〔王文舒〕平日行为之凶悍，可以想见。兹查得该凶对于家内，无分尊卑老幼稍不如意，便咆哮如雷。其夫杨少修久慑雌威，向不敢过问家事；其家姑杨陈氏见伊媳如此行为，只有诈作痴聋，故彼得以为所欲为。对待婢仆，更贱若马牛，稍有触忤，辄呵责不已，鞭挞随之，平日所雇使妇，未有能忍受者，多不过数月，少或十余日，即行告辞。至其婢春桃系伊同村侄女，虽啼笑皆罪，然在压迫之下，欲逃不得，求死不能，只得忍辱图存而已。其家庭

---

① 《妒杀分尸案侦查经过》，《越华报》1933年7月28日，第5页。
② 《破获杀妾分尸案余闻》，《越华报》1933年7月24日，第5页。
③ 《妒杀分尸案事前布置》，《越华报》1933年7月30日，第5页。
④ 《妒杀分尸灭迹案四志》，《越华报》1933年7月27日，第5页。

黑暗如此。①

事实上，杨少修胞弟、军队少尉杨瑞智亲自帮助其嫂运尸抛尸，以至最后被判处徒刑两年②，家人婢仆见到此案发生，亦未立即揭发，还跟随主妇迁居别处，连对杨少修本人也守口如瓶③，从这些事实可以推知王文舒平素在家表现应当没有报道者描述的那么恶劣。

报道者把王文舒描绘成集凶妇、妒妇与悍妇于一身的坏女人，却把其夫杨少修描绘得相当善良和无奈。在报道者笔下，这个男人首先畏妻："少修与王氏结婚十一载，并无所出……杨母以王氏久未生育，抱孙念切，且为后嗣计，屡嘱少修纳妾。少修亦久有此心，奈素有季常癖，虽迭向氏请求，仍未得王氏同意，故未敢实行"④，领受母命想要纳妾，却又畏惧其妻不敢实行；然后是惜妾："伊〔王嫄贞〕实乃一薄命女子，民〔杨少修〕聆言恻然动怜，因怜生爱，遂求剑祖〔杨少修之友〕撮合娶之为平妻"⑤，对王嫄贞相当爱惜；最后是可怜："〔王文舒〕既侦知其夫与嫄贞来往，虽极力阻挠，但其夫〔杨少修〕仍不忘情于彼〔王文舒〕，每夕外出，每至夜半始返，风雨无间。去年隆冬之时，朔风最烈之夕，杨仍披褛外出"，⑥ 正是后来《碎尸案》剧本借剧中杨少修之口所说"妻多夫贱"⑦ 的写照。

进入报载时已经尸骨无存的王嫄贞，在报道者笔下则是个身世飘零、自尊自重、乖巧顺从的可怜女子。在一篇报道里，报道者以"王嫄贞拒婚"为小标题，叙述杨少修在朋友家中结识王嫄贞后，"获悉嫄贞乃一薄命无依之可怜女子，因怜生爱，遂向之求婚"，但王嫄贞颇为自持："嫄贞知其已有妻，不允作妾，极力拒之"，杨少修便转求王嫄

---

① 《妒杀分尸案事前布置》，《越华报》1933年7月30日，第5页。
② 《碎尸案余声》，香港《天光报》1933年12月29日，第2版。
③ 《审讯杀妾分尸案详情》，《越华报》1933年7月23日，第6页。
④ 《妒杀分尸灭迹案四志》，《越华报》1933年7月27日，第5页。
⑤ 《破获杀妾分尸案余闻》，《越华报》1933年7月24日，第5页。
⑥ 《妒杀分尸案事前布置》，《越华报》1933年7月30日，第5页。
⑦ 省港日月星班：《碎尸案二本》，粤剧研究社（出版时间不详），第8页。

贞之母王周氏,称"愿以正式婚礼娶嫄贞作平妻",王周氏答应之后,"力劝嫄贞与少修结婚",此时王嫄贞才"顺从母命,始行允诺"。①从这个过程来看,王嫄贞所谓"拒婚"仅是拒绝做妾,目的就是要挟杨少修娶她为妻,但在报道者笔下王嫄贞是自重的、顺从的,因而也是完全无辜的。

报道者用如此爱憎分明的笔调描述这桩情杀案中的几个重要关系人,凸显出报道者所持有的中国传统伦理秩序中的男性中心意识,甚至比传统礼法要求的"夫和妇顺"更进一步。中国传统礼法要求妻妾顺从丈夫,妒忌更是《大清律例》等多代法律认可的"七出"之一②,但男子纳妾亦有规矩,即夫为妻主、妻为妾主,有严格的身份秩序,不准丈夫因个人好恶而改变,所以《大清律例》就有明文禁止"妻妾失序":"凡以妻为妾者,杖一百。妻在,以妾为妻者,杖九十,并改正。若有妻更娶妻者,亦杖九十。"③ 但在这个政治、法律精英众口一词宣称"男女平等"的时代,杨少修不仅公然纳妾,还与王嫄贞二人商议娶做平妻,要求王文舒接受,报道者在描述三人时对此视而不见、缄口不语。

面对这种以报纸倾向性报道为中心的社会舆论,广州的妇女团体愤起集会,表示强烈反对。当时广州的妇女团体经常出动,为女子争取平等权利,她们的努力主要包括以下三个方面。一是应女当事人请求介入有关女权的民刑案件。报章上时有女子呈请妇女团体援助的报道,例如,1928年女子温丽卿因被丈夫及其先娶之妻驱逐,分别呈请国民党广州市党部妇女部、女权运动大同盟、中华女界联合会请求援助④;1936年广州女联会应女子梁佩兰请求,代请律师包天放控告其夫囚妻殴岳⑤等,均属此类。二是引导妇女参与社会活动,主要是救国爱国的

---

① 《妒杀分尸灭迹案四志》,《越华报》1933年7月27日,第5页。
② 张荣铮、刘勇强、金懋初点校:《大清律例》,天津古籍出版社1993年版,第225页。
③ 同上书,第219页。
④ 《既娶卿又逐卿,进而诬陷亲矣》,《广州民国日报》1928年5月10日,第9页。
⑤ 《囚妻殴岳》,《越华报》1936年12月24日,第9页。

活动。例如1932年广东女界联合会组织了妇女救国募捐委员会,向妇女界募捐,报道称"各住户妇女界莫不乐捐,尤以苦力妇女为最热心捐助"。① 三是促进妇女职业平等。报纸报道广州发生的多起酒楼茶室男女职工争业案,均有妇女团体积极参与。1934年1月,广州天华酒楼雇佣妇女会派出的会员担任女职工,而该酒家男工认为女工抢夺利权,群起反对并去函公安局请求禁止,而妇女会则开大会讨论应对办法,最后以酒家承诺不辞男工告终。② 1935年5月,广州市党部向国民党"中央执行委员会"西南执行部的一篇呈文中说,广州酒楼茶室业职工会以抢夺工作、有伤风化为由,呈文市党部请求制止女工执业,广州妇女会及广东女界联合会也针锋相对,先后呈文市党部,指出男女职业平等载于党纲,要求维护妇女职业③,此案促使广州市党部建议拟订《酒楼茶室雇佣男女职工暂行办法》。④ 妇女团体是在家庭、就业和社会生活等多个角度帮助女性争取平等权利。

1933年8月5日,广州的女权会、女联会、市妇女会、女青年会、广东妇女习艺所、广东妇女提倡国货会六大妇女团体,在国民党广东省党部集会,专门讨论王文舒一案。会议修正并通过了由女律师陈霭贞起草的《广州妇女团体对王文舒案之感想》。"感想"认为:一、王文舒杀死王嫄贞,应受法律严惩,但两女相争究竟谁先动手,仍待司法机构审定;二、因为王嫄贞不甘做妾,要做平妻,王文舒本已将"一己独占之爱情……让他人,冀存固有之名份尚不可得",切齿痛恨于王嫄贞,纯属人之常情;三、王嫄贞不自爱,明知杨少修已有妻室,仍然不顾王文舒再三警告,与杨少修订立婚约,另行税屋同居,所以王嫄贞亦属"自作孽";四、杨少修才是此案罪魁祸首,应予严惩:"夫少修身为国家官吏,自极懔守国法,而乃初则伪为无妻,以肆欺罔,继则巧称平妻,以行诱惑,此其对于社会之罪恶,诚无可恕;且其蓄妾制度,实为

---

① 《女联会昨日募捐情形》,《国华报》1932年3月4日,第2张第3页。
② 《天华男女工纠纷》,《越华报》1934年1月24日,第6页。
③ 《酒楼男女职业之争潮》,《越华报》1934年1月25日,第6页。
④ 《解决男女争业案原呈》,《国华报》1935年5月13日,第1张第2页。

现行法律所不容。"五、社会舆论受到男权支配，王文舒残杀情敌固然罪责难逃，但"何以男子因妒仇杀……社会上毫不以为奇，而独于女子则相惊伯有，奔走骇告，戟指唾骂，几有欲食其肉而寝其皮之势，究何居心？而乃至此，岂非男权支配下之社会怪现象乎？"六、希望司法审判尊重事实、公平适法，不要"别开法门，以显示男女不能平等生息于同一法律之下，以贻文明国家之笑柄"。① 此外有报道称，妇女团体还打算以纳妾为由起诉杨少修，使之受到法律惩罚。②

但是妇女团体的声音对于报纸立场和一审判决均未发挥多少实际作用。就报纸而言，《越华报》既刊载了妇女团体的集会消息及其"感想"全文，又立即采访律师就该案发表看法，然后以"妒杀分尸案之法律谈"为题，将反击妇女团体的意见刊载于报纸："如该凶妇因妒死者夺其夫，自可提出法律解决"，"就报章所载，如确系事实，则该凶妇杀人之行为，罪当处死"。③ 就法律而言，妇女团体想将杨少修绳之以法的打算最终不了了之，《天光报》以大字号副标题"有欲置杨于法者，法律无不准纳妾之明文"，报道现行法律对于纳妾问题的真实态度不会支持妇女团体的指控④，而杨少修真的置身事外，于 1933 年 8 月间就呈请开释⑤，后来法院审理此案需要询问杨少修时，还要"等待"杨少修得空到庭才能开庭。⑥

更重要的是，1933 年 12 月广州地方法院一审判决王文舒死刑，判决书对妇女团体及王文舒辩护律师提出的"王嫄贞自作孽""王文舒为自救而犯罪"等意见未作出任何回应。相反，对于王文舒辩称是死者先用自带四方刀砍向自己，自己反击时错手杀死她的供词，由于王嫄贞的尸骸最终未能寻获，四方刀的来历未能查明，案发初始时没有第三人在场，判决书是以逻辑论证的方式认定王文舒预谋杀人的，而王嫄贞要

---

① 《妇女界对分尸案建言》，《越华报》1933 年 8 月 10 日，第 5 页。
② 《碎尸案余声》，《天光报》1933 年 12 月 29 日，第 2 版。
③ 《妒杀分尸案之法律谈》，《越华报》1933 年 8 月 15 日，第 5 页。
④ 《碎尸案余声》，《天光报》1933 年 12 月 29 日，第 2 版。
⑤ 《碎尸案之关系人竟请开释》，《天光报》1933 年 8 月 29 日，第 2 版。
⑥ 《研讯碎尸案》，《越华报》1934 年 7 月 12 日，第 6 页。

做平妻的言辞就成为王文舒预谋杀人动机成立的理由。细读《国华报》抄录的判决书，会发现其遣词用句与《越华报》描述死者和案情时高度一致，连杨少修对王嫄贞"因怜生爱"、王嫄贞"自愿薄命"等语句都被写进了这份正式司法文书。① 这样的判决结果，究竟是以案件报道为中心的社会舆论影响了司法判决，还是省会公安局求功心切的侦查意见先影响案件报道之后再影响司法判决，还是以男权为中心的社会心态直接影响了公安局消息发布、案件报道、司法判决，还是所有这些因素互相影响、共同发酵，现今笔者尚还无从知晓。

另外值得注意的是，《越华报》对后来王文舒案改判理由的忽略。王文舒上诉后，其律师坚持认为本案的根本原因是现行法律没有明文禁止与惩罚纳妾，"多妻制下之为妻者，其利益既被侵害，乃公救及自救，两均不许……足见现行法律之缺点"，王文舒案即为多妻制下妻之利益受害又无从寻求公共救济酿成的惨剧。在这种情况下，"刑罚女性，即无异奖励男性"。② 对此，广东高等法院予以采纳，于1934年8月改判王文舒无期徒刑，理由即是"其犯罪动机又系争夺正妻身分，尚非穷凶极恶、绝无可原"。③《越华报》仅以二三百字的短文简述这一改判结果，并且没有报道改判的理由。④

总而言之，在广州商办报纸尤其是《越华报》报道者笔下，王文舒案虽有妇女团体的抗议、法理与法律的讨论，但它主要还是一桩"大妇残害妾侍"的案件。翻阅当时广州的报纸，可见这样的家庭惨剧不是孤立的、偶然的，妾侍遭到大妇排挤、虐待的报道充斥于"社会新闻"。就在王文舒案二审判决之后，又一桩妾侍江财喜受虐致死案引起报纸连续追踪报道。据检察官指控，凶犯郑杨氏及其夫郑瑞廷"用柴刀、烫斗将其妾江财喜后脑砍伤，并手足各部烙伤，嗣因伤重毙

---

① 《碎尸案王文舒处死刑》，《国华报》1933年12月21日，第2张第3页。
② 《两律师为王文舒辩护》，《越华报》1934年8月13日，第5页。
③ 《最高法院刑事判决》(1937年1月11日上字第2150号)，中国第二历史档案馆藏7/515，第16页。
④ 《高等法院判决王文舒上诉案》，《越华报》1934年8月29日，第6页。

命",江财喜临死前"脑壳穿烂脑浆频流",①《越华报》《国华报》追踪此案,不厌其烦地细述江财喜全身伤痕,突出她遭大妇及夫主虐待的惨状。② 另外,1935 年 4 月《国华报》连载的社会短篇小说《妾苦》,同样刻画了妾侍善良无辜、受到大妇荼毒的弱者形象,并且谴责大妇狠毒:"鸨母狼毒者多……而鸨之良心,胜于大妇多矣。"③ 此类报道和小说,均如王文舒案报道一样,矛头指向的是大妇,而非妾制本身。

就这样,中华民国时期政治与文化精英们信誓旦旦的"男女平等""废除妾制",落实到法律上就变成了取消妾相对于妻的仆从地位的"女人平等",再体现到商办报纸的个案报道里面时,更变成了对大妇残害妾侍的控诉。这样,处于知识人士最底层的社会新闻报道者在"男女平等""废除妾制"的新式家庭理想与中国固有家庭伦理秩序之间找到了出路:把反对男人"纳妾"偷换成反对大妇"虐妾",让男人置身于"男女平等"的事外。这种倾向性报道的核心理想,仍是维护由男权支配的男尊女卑的固有家庭伦理秩序。

本章小结

本章针对社会新闻如何在婚姻家庭纠纷报道中表达新规范已确认的平等原则,分别从血亲平等、夫妇平等两个问题进行阐述。回顾针对这两个问题的分析发现,血亲平等问题最终落脚到了男女平等问题,夫妇平等问题最终落脚到了妻妾"女女"平等问题,这是因为,家庭关系从差序到平等的转变,不是单一的、局部的,而是关联的、系统性的。

社会新闻呈现了新规范之平等原则下,家庭财产纠纷更趋复杂的纷纷扰扰。这十年间,在父母依照旧规范残害或送惩逆子、男子依照旧规范争夺家产的多数报道中,亲子之间依照新规范互相指控、女子依照新

---

① 广东高等法院检察官王作谦:《对于被告郑杨氏不服本院判决共同伤害人致死声明上诉一案答辩书》(1935 年 8 月 13 日),广东省档案馆藏 7/4/71,第 53 页。
② 《炮烙妾侍案验伤情形》,《越华报》1934 年 12 月 14 日,第 6 页。
③ 觉今是斋:《妾苦(四)》,《国华报》1935 年 4 月 7 日,第 2 张第 2 页。

规范争取在世父亲扶养费或已故夫父遗产权的纠纷报道，也作为报道中的新内容或者新元素出现于报端。尽管报道者对庭审案件慎重发表评论，却在其他纠纷标题中表态讥讽刚刚有权成为争产主角的女子贪财又无情。社会新闻对女子控告父母兄弟索要财产纠纷的报道，一方面向读者示范了这种新权利之行使；另一方面向读者表达了这种新权利带来的新纷争。

社会新闻还呈现了新规范之平等原则下，夫妇关系变得更加漫无标准。法律上妻妾身份界限被取消，既使男子获得了任意以妻为妾、以妾为妻的操控权，也使妻妾关系因差序消除而更趋紧张，夫、妻、妾之间有关身份确认问题的争议大量涌现于报端。1933年广州中上层家庭之妻王文舒杀死丈夫新欢王嫄贞一案，就是这种紧张关系的极端表现。社会新闻因为此案骇人听闻而密集追踪报道，使之成为一桩上下层民众皆可围观的公共事件，但与戏剧等文学加工色彩更强的传播方式相比，识字民众从报纸上读到的此案，更像一个理性的伦理与法律事件，能接触更多关于法律与伦理的理性辩论。

细析社会新闻的王文舒案报道，可见报道者对案件办理过程中涉及政治当局的法律、司法方面和不涉及政治当局的家庭、婚姻方面的态度大有差别。对于前者，报道者的态度恭顺甚至是奉承的，避免任何质疑和非议，不关注政治理想，只迎合政治利益；对于后者，报道者的态度则是肆意褒贬、自由挥洒的。在后面这个政治威权不在意的方面，报道者自由表达出来的理想是维护由男权支配的固有家庭伦理秩序：分析其对这桩案件中两女一男爱憎分明的描绘，可见社会新闻报道者倾向于把同类案件写成"大妇残害妾侍"案，把矛头指向大妇而非妾制。这样，报道者就在有意无意之中把反对男人"纳妾"的理想偷换成为反对大妇"虐妾"的理想，使改变妾的遭遇成为与男人纳妾无关的女人的事情。

总之，社会新闻向读者呈现了亲子平等、男女平等、妻妾平等在财产关系、夫妇关系中带来的诸多困扰：血亲之间为争财产互相控告，不惜以卑犯尊；妻妾之间为争身份互相防范，不惜举刀相向。从社会新闻报道来看，固有规范力图构建的温情脉脉的父慈子孝、夫和妇顺，现在已经处在新权利的挑战之中。对于提倡平等的政治文化精英来说，亲子互控是"平等"的表现，妻妾相争是因"平等"的缺失；但从社会新闻情感叙事而非理性讨论的角度看，这类失序现象均可以简单归咎于各种"平等"权利的行使。这是力图代言"一般民众"的社会新闻，从自下而上视角表达婚姻家庭纠纷，与政治文化精英从自上而下视角所见的重大差异。

第四章 自由之恶果：社会新闻视阈下的婚恋自由

导论和第一章已述，在梁启超等报业提倡者看来，思想、言论、出版自由是现代报纸生存的必备前提，广州报纸社会新闻在1937年反对执政当局抽检的风潮中，甚至不惜采取行动，以地方军政首脑余汉谋"解放言论"的承诺为依据，挑战新的广东执政当局的权威，试图力争自身继续刊载社会新闻的宽松条件。那么，1927—1937年，在社会新闻报道的其文本之外和文本之内，报道者是如何对待与表达"自由"诉求的呢？

第一节 "自由女"报道

1927年以后大约十年间，包括《越华报》在内的广州商办报纸社会新闻，直接使用"自由"二字最多的就是社会新闻当中有关婚恋家庭类的报道，其中相当多的"自由"二字都被用于"自由女"一词。

"自由女"不是1927—1937年广州报纸社会新闻的独创，但它较早被广州报刊所使用，而且那些较早出现在通俗读物中的"自由女"常常以广州为场景。"自由女"一词始于何时何地尚不可考，在"全国报刊索引数据库"输入"自由女"一词，可见在标题中最早使用"自由女"的是1906年广州《祖国文明报》刊载的《挽颓风：看看自由女害及亚扎仔》，讲述一个男子受到新思想影响，让女儿放足，后来听说了"自由女"的行径，因为担心女儿变成"自由女"，转而强令女儿重新缠足的故事。① 再全文检索《申报》，可得 641 条包含"自由女"的标题或语句，其中 1908 年 7 月 20 日刊载于上海的《自由女请禁婚嫁陋欲禀》为时最早。② 1909 年 11 月 16 日至 12 月 31 日，《申报》刊登连载社会小说《自由女》，讲述几个青年男子到广州遇上几个"自由女"的故事。小说结尾综述"自由女"是这样的："究竟这个自由女是什么东西？原来这个自由女简直就是个变法改良的妓女。贫苦人家的女儿，进过三年半个月的女学堂，犯了规例斥革出来，就把自己的小影交给珠江第一楼的侍者，叫他挂在壁上……接着了一个有钱客人，也要和妓女一般地大大敲一下竹杠。"③ 从这些早期通俗读物来看，广州是"自由女"和"自由女"一词的起源之地，该词专指那些未经父母之命、媒妁之言而私自与男子恋爱、同居或者成婚的女子，而不论该女子是否专情于同一男子，其同义词还有"浪漫女"等。总而言之，"自由女"之"自由"是个贬义词。

那么在第一章所述政治与法律环境发生变化的 1927—1937 年，广州商办报纸的"自由女"报道是否呈现出不同以往的意义呢？在这方面，开办于 1927 年 8 月 1 日，并在以后十年间在广州拥有最多读者量的《越华报》最具代表性。这份报纸开办之时声称要"适应时势之要求，恰作革命精神之良导"，"以纪载宣传粤省一切光荣之政象，与夫一切光荣之社会状况"为要旨。④ 观其版面内容可见，随着广东政局进入 1930 年时日益趋于平稳，《越华报》报道的重点也逐渐从之前以军政匪乱为主的时政消息转向以婚姻家庭纠纷为主的社会新闻，这个时期《越华报》上所见的"自由"一词，几乎全部是在婚姻家庭纠纷报道当中。

据笔者所见，不带贬义的"自由女"一词在这段时期的《越华报》

---

① 汉铎：《挽颓风：看看自由女害及亚扎仔》，《祖国文明报》1906 年第 8 期。
② 《自由女请禁婚嫁陋欲禀》，《申报》清光绪三十四年六月二十二日，第 2 张第 4 版。
③ 《自由女》，《申报》清宣统元年十一月十九日，第 2 张后幅第 3 版。
④ 柱公（应为该报发行人陈柱亭）：《本报出版弁言》，《越华报》1927 年 8 月 1 日，第 3 页。

上出现了一次，是在《中华民国民法·亲属编》最后修订并公开颁布的 1930 年。这年 5 月 22 日，《越华报》以"自由女退婚结婚之爽快 推倒盲婚唱凯歌"为题，报道一名叫梁玲玉的女子，幼时已被父亲许嫁乡间一个浪荡子，后在广州求学时与男学生李某相恋，"谓近来婚姻以自由为原则"，回乡以死相逼要求退婚成功，并与李某结婚。在这篇报道的结尾，报道者表达自己的担心："未知此一对自由婚嫁之夫妇，将来幸福何如耳。"①

正如上述标题中的"自由女"出现在"反对盲婚"的报道中一样，其他不带贬义的"自由"一词也主要出现在"反对盲婚"的报道中。所谓盲婚，是指完全遵从"父母之命，媒妁之言"，而不过问当事人自己意愿的传统婚姻。在《越华报》社会新闻当中，有关当事女子依据"婚约应由男女当事人自行订定"之法律精神来反对盲婚的报道较为常见，报道中当事女子反对盲婚的激烈方式主要有诉请解约、自杀自残和私自逃走几种，报道者一般不在这类报道中表达对自由婚恋的反感态度。第一，对于女子诉请解除婚约的结果未知的法庭案件，报道多为据实陈述，不表达报道者的主观倾向。第二，对于已由法庭判决胜诉，即当事女子反对盲婚的行为已通过司法程序赢得法律保护的事件，报道大多会明确表达对自由婚恋的赞赏。如 1934 年 3 月 27 日《越华报》报道的一名叫冯亚好的女子请求法院判准解除盲婚获法庭判准的消息时，即以"难谐佳偶，尊重自由"为副标题，表达对法庭判决的赞扬；② 同年 10 月 7 日《越华报》报道另一名叫苏启芳的女子自行出逃与意中人成婚，法庭判决其父偿还男家聘金一百元的消息时，亦以"婚姻尚自由，私遁成佳偶"为副标题，表达对该女子赢得自由婚姻的肯定。③ 不过，这种赞赏或者肯定，与其说是对婚姻自由的推崇，倒不如说是对法庭判决的奉承。第三，当报道中的当事女子因父母择配明显不妥而以盲婚为由提出反对时，报道者也会以婚姻自由为词表达同情。一般来说，这包

---

① 《自由女退婚结婚之爽快 推倒盲婚唱凯歌》，《越华报》1930 年 5 月 22 日，第 6 页。
② 《盲婚准解约》，《越华报》1934 年 3 月 27 日，第 6 页。
③ 《逃婚偿聘金》，《越华报》1934 年 10 月 7 日，第 6 页。

括父母贪图聘财，①将女儿许配给他人做妾、②做继室，③或者许配给品行不端之人④为妻的各种情况。这种同情，虽以"婚姻自由"为由，矛头所指只是父母滥用主婚权的行为，而非父母主婚权本身。总的来说，为数不少的"反对盲婚"报道，表现了报道者对新法有关"自订婚约"规定的迎合姿态，却不能算是出于"自由"之内在动力而积极充当的鼓吹者。

与此同时，贬义的"自由女"及其同义词"浪漫女"用法在报道中更为多见。仅1934年《越华报》就有《自由女误嫁薄情郎》《浪漫女自悲失身投水》⑤《荡女孽果》⑥《浪漫女复娼运动》⑦《浪漫女子之穷途末路》⑧《浪漫女挥刀斩兄》⑨，等等。1934年1月11日，广州《越华报》已经专辟为"社会新闻"专版的第6页，以"自由女误嫁薄情郎"为题，刊载了这样一个广州女子的浮生：

<blockquote>
西关医灵横巷第六号女子陈沃香，二十岁新会人，在私塾读书，略识之无。民国二十年九月常往各公司观剧，由女友介绍与少
</blockquote>

---

① 广州女子刘彩虹，因与家境贫穷的同事相爱，而母亲将其另外许配富家子，遂自缢抗争，得救后仍然誓死不愿听从母命。《越华报》报道此事时，以"婚姻论财，太过愚呆"表达对这个母亲的指责。《女教员反对盲婚自缢》，《越华报》1933年7月16日，第6页。

② 佛山人袁佳染上烟瘾、懒惰成性，将次女月喜视为摇钱树，许给老叟为妾，月喜四处躲藏反抗。《越华报》报道此事时以"逼嫁何殊卖肉"为主标题，以"只愿黑粮充足，不理自家骨肉"为副标题，表达报道者对这个父亲的指责。《逼嫁何殊卖肉》，《越华报》1934年9月26日，第6页。

③ 女子邝顺意寄居在广州外祖母家，外祖母将其许配于人为继室，邝顺意遂请律师起诉到法庭，要求解除婚约。《越华报》报道此事时以"乡女勇气"为标题，表达报道者对这个女子的赞同。《乡女勇气》，《越华报》1937年3月26日，第6页。

④ 广州女子崔道之称母亲为其择配时未经自己同意，后来了解到未婚夫习染烟赌，向母亲抗议不成，起诉到法庭。《越华报》报道此事时，把这个女子在法庭上主张的"婚姻须自由"写进副标题。《女学生反对盲婚诉请解约》，《越华报》1936年12月17日，第6页。

⑤ 《自由女误嫁薄情郎》《浪漫女自悲失身投水》，《越华报》1934年1月11日，第6页。

⑥ 《荡女孽果》，《越华报》1934年1月13日，第6页。

⑦ 《浪漫女复娼运动》，《越华报》1934年2月12日，第6页。

⑧ 《浪漫女子之穷途末路》，《越华报》1934年7月30日，第6页。

⑨ 《浪漫女挥刀斩兄》，《越华报》1934年10月3日，第6页。

年龙容姘识，税居光复北路二百六十五号罗恒记铺尾，双宿双栖，俨如一对新夫妇。惟龙容乃王魁之流，工于踢索，饱食则飏，数年来其衣食住皆仰给于一般意志薄弱之女子。近日，以陈沃香床头金尽，感情遂日疏，并时籍小故将陈沃香殴打。陈还手抵御，被其扭折右手骨，痛极大呼救命。段警到场带二人返光孝分局，陈沃香请求判令离异。被告龙容称，卅岁番禺人，赋闲家居，前与陈姘识，彼自愿供给民毕生衣食，今无款供民应用，故愤而将其殴打，自知不合，请求轻办。局员以其一榻（塌）糊涂，留候严办。陈沃香则送往市立医院医理。①

就在同一页，又以"浪漫女自悲失身投水"为主标题，以"情同柳絮飘无着，命比浮萍一样轻"为副标题，刊载了一个养女黄妙珍的经历：

> 十日晨十时廿分，海珠桥脚有一女子投水自杀，幸旁人救起，交警带返蒙圣分局讯办。查女子名黄妙珍，廿五岁桥里庄头乡人，父早去世，其母唐氏因家贫出外佣工，女八龄时由唐氏卖与河南尾爱育新街第五号保安订香店东陈某为婢，得身价银八十元，唐氏乃携资过埠佣工。惟女素性放荡，习染自由，常不听主人约束，好与男子交游，久之与住草芳横巷小贩吴某结识。吴乃薄倖之流，始乱终弃，女旋与别一男子相识。其主人陈某以女如此行为，恐玷辱门户，于前年六月俟女母唐氏由外埠返省，即与之磋商，宁愿牺牲身份，无条件交还其女与唐氏。唐氏带女返庄头乡居住，俾使约束。无奈野性难驯，要自由嫁人，不听母教训。因此，母女间发生意见，唐氏以女如此放荡，将来终无好结果，即驱之出外。女至是欲求吴收留，又为吴拒绝。欲往河南尾太平南其妗姨处暂歇，妗姨恐被累，亦不允。女以自己一时误交歹人，弄至无地藏身，一时感

---

① 《自由女误嫁薄情郎》，《越华报》1934年1月11日，第6页。

触,顿萌死念……①

另外在极个别报道中,报道者甚至直接对法律规定的婚恋自由原则本身表示反感。1935年11月7日,《越华报》以"育女私逃侈言争婚嫁自由权"为标题报道了一名叫妙荷的育女(即养女)向主母争取婚姻自由权的事件,标题中"侈言"一词直接表达出报道者对该女子如下言论的反感,内文也直斥此女"高谈法律":

> 河南基立道六日发生一起育女背主私逃与人同居,被主母寻获,该育女与主母高谈法律,力争婚嫁自由案,缠绵曲折。……又据妙荷称,廿十岁,台山人……平日对谊叔耀威感情独厚,彼此相爱,已订婚姻。因养母顽固,故未有明言,决俟氏届法定年龄,始对养母提出。去年自港商欲娶氏为继室之议,被氏反对后,已提出婚嫁自由之要求,先征得养母准许,后又告知经已与耀威订婚……不料事后反悔,要氏与之解除婚约。氏以从一而终,乃吾女子应有之美德,且婚姻自由,法律所许。氏现已届结婚之年,婚事自不能受他人支配,亦不能被养母剥夺……②

还有直接批评法律规定的"新婚制"的报道。1935年10月14日,《越华报》报道的一桩婚姻案件以"新婚制下又演活剧"为主标题,以"受贺新郎方得意,忽来弃妇苦纠缠"为副标题。这则新闻所报道的案件,属于报上常见的男子瞒婚再娶纠纷:男子余焯汉与女子李洁平结婚,另一女子余关氏报警闯进婚宴,自称为余焯汉之妻,指责余焯汉"立心遗弃"。余关氏声称:

> 去年凭堂叔介绍与余焯汉订婚,事前经征求兄长同意,互换指

---

① 《浪漫女自悲失身投水》,《越华报》1934年1月11日,第6页。
② 《育女私逃侈言争婚嫁自由权》,《越华报》1935年11月7日,第9页。

环,为证婚物。去年九月同居于庙前街,但未正式结婚,今年二月氏已生一子名阿苏……①

这类报道用女子实行婚恋自由的悲惨遭遇与社会上婚姻关系的混乱来传达其警戒意义,意图十分明显。在报道中,"自由女"们不论出身高低贵贱,大都难以逃脱包括上述结局之内的三种遭遇:第一,被所爱之人厌弃,但只得留在男家,忍受殴辱、无处诉冤,如上述报道中的陈沃香;第二,被所爱之人驱逐,无家可归、沦为娼妓或者自杀了事,如上述报道中的黄妙珍;第三,所爱之人已有家室,但只得自吞苦果、甘为妾侍。如1930年广州《越华报》报道一个名叫阿香的"荡女",因为恋上一个戏班里的林姓男子,坚拒其母为其择配的婚姻,终于赢得母亲同意,与林姓男子成婚,不料婚后随林姓男子回乡,才发现林姓男子已有妻妾多人,阿香"始知为林所骗,然米已成炊,追悔莫及,惟日夕暗自唏嘘,叹遇人之不淑而已"。②

报道中"自由女""浪漫女"的悲惨遭遇,被全部归因于她们染上了"自由"这种病症,咎由自取:

  芙蓉坊女子阿香,年华双十,肄业于女校,深染自由恶习,且酷嗜观剧,因恋某男班旦角林某,多方设法,与之结识,于是深种情根……③

  顺德□江乡庵前市西约广兴杂货店东高某,其女亚才,年仅及笄,素染自由风气,前年其母曾凭媒许字中和坊陈某为妻,虽未过门,而屡至其未婚夫家中坐谈,且时在此住宿……④

---

① 《新婚制下又演活剧》,《越华报》1935年10月14日。
② 《荡女恋伶甘沦妾媵》,《越华报》1930年2月6日,第6页。
③ 同上。
④ 《顺德强徒暗杀浪漫女》,《越华报》1930年9月1日,第6页。

南关怀安里廿二号二楼余肇基，有女名秀芝，年华双十，姿容秀丽，曾毕业于某女职业学校，而性不羁，深染自由风气，对于终身婚事，注意异常……①

　　河南同仁巷九号住户妇人李史氏……其长女李瑞珍，现十七岁，在大东门外敏捷学校肄业。日前托媒介绍许字一德路果栏利荣果店伴何桂为妻，订明聘金二百元。惟女醉心自由，性极浪漫，与男同学伍维忠结识，遂于前月十号乘其母不觉逃去无踪……②

　　女子张令，二十岁开平人，在沙面英租界一百一十四号佣工。近伊母以其年已长成，凭媒许字邻乡某氏子，婚事已成，其母于前日由乡来省说与知之。不料张令习染自由风气，大为反对，并言事前未得伊同意，婚事万难承认……乃蓄意私逃，翌日即辞工他去……③

　　凡此种种的"深染自由恶习""素染自由风气""醉心自由"等短语，透露出报道者不只是不提倡婚恋自由，尚且认为婚恋自由是一种恶习：要想避免不幸，必须根除自由恶习。

　　那么，这类报道着重渲染的"自由女"下场是否属实呢？已有研究者论述过，20世纪20—40年代很多知识女性与男子结交、恋爱，甚至发生非婚性关系，却无法摆脱社会旧式贞操观念的束缚，一旦与男友分手或被骗婚，就会郁郁终身甚至以自杀谢罪。④ 据此可知，尽管报纸在个别报道中可能存在刻意渲染甚至凭空杜撰的情况，但报道所述"自由女"的悲惨遭遇总体属实，与此前直到清末民初时期相比没有明

---

① 《又有五个痴男女轻生》，《越华报》1934年2月25日，第6页。
② 《浪漫女私逃当街殴母》，《国华报》1933年4月20日，第2张第4页。
③ 《女子因反对盲婚私逃》，《越华报》1933年6月3日，第6页。
④ 如余华林《20世纪20—40年代知识女性恋爱悲剧问题述论》，《首都师范大学学报》（社会科学版）2008年第1期。

显变化。①

真正发生了重大变化的是女子婚姻悲剧实际原因的构成比例。随着1927—1937年法律环境的变化，报道者着力渲染的"自由"婚恋已不再是女性婚恋悲剧的唯一主要原因，"传统"婚姻已日渐上升为女性婚姻悲剧的另一个主要原因。从法律层面来看，在1927年南京国民政府成立到1931年5月5日《中华民国民法·亲属编》生效前，一方面民初确定沿用的"现行律民事有效部分"，即《大清律例》中包括"户律·婚姻"在内的民事法律，规定"嫁娶皆由祖父母、父母主婚。祖父母、父母俱无者，从余亲主婚"继续有效。②另一方面，民初十年间的大理院判决例陆续赋予婚约当事人解除婚约的自主权、禁止父母强迫子女履行婚约、规定婚姻之缔结须经婚姻双方当事人同意。③两相结合，则婚姻之成立需要兼具传统"父母之命"与新式"本人意愿"，"传统"婚姻无法确保后者，"自由"婚姻则无法确保前者，二者面对的法律困境是一样的。到1931年5月5日《中华民国民法·亲属编》生效，法律规定婚姻之缔结与否完全取决于当事人自身意愿，而且结婚仪式仅需"公开之仪式及二人以上之证人"，④则"自由女"的婚姻极易具备合法要件，传统婚姻却极易被当事人借口"迫于父母之命"予以否认，两相比较，前者更加符合法律意旨，理论上更易赢得法律保

---

① 已有学者如李兰萍以包括通俗读物在内的"自由女"记载为依据，论述了清末民初"自由女"现象及其争议。李兰萍：《清末民初"自由女"现象分析》，《学术研究》2013年第8期。

② 薛允升著，胡星桥、邓又天主编：《读例存疑点注》，中国人民公安大学出版社1994年版，第208页。

③ 大理院判决例1916年抗字69号："婚约当事人合意或依法解除婚约，父母无权禁止"；1919年上字284号："定婚具备形式要件外，更须两造有一致之意思表示"；1921年上字1010号："成年男女不同意不得强其履行"；1922年上字1007号："父母为未成年子女所订婚约，子女成年后不同意不得强其履行。"载郭卫编辑《大理院判决例全书》，成文出版社1972年版，第216、222、226、227页。

④ 《中华民国民法·亲属编》第972条："婚约由男女当事人自行订定"；第973条："男未满十七岁，女未满十六岁者不得订定婚约"；第974条："未成年之男女订定婚约，应得法定代理人之同意"；第975条："婚约不得请求强迫履行"；第982条："结婚应有公开之仪式及二人以上之证人"。载《中华民国法规大全》第1册，商务印书馆1936年版，第78—79页。

护。从实际层面来看，经由"父母之命，媒妁之言"出嫁的女子，由于其婚姻的缔结无须过问当事人意愿，从一开始就受到丈夫嫌恶的可能性并不比"自由女"更小。最后，从报道的层面来看，《越华报》等广州报纸本身也报道了许多经由"父母之命"成婚的女子，指控丈夫"瞒婚另娶""拒绝供给""立心遗弃"，等等。不过，报道者对这两类婚姻中女子不幸遭遇的表态有着明显区别：他们对那些经由"父母之命，媒妁之言"之传统程序出嫁的女子表示同情，把她们的不幸归因于所嫁之人而非父母之命；但对那些自由婚恋的女子表示指责，用"自甘堕落"①"自悲失身"②"自取其咎"③"饮恨终身"④等词语指其咎由自取，把她们的不幸归咎于自由婚恋而非所嫁之人。

在同样可能的婚姻遭遇中，报道者倾向于突出"自由女"咎由自取的警世意味，至少有两个方面的原因。首先，虽然"自由女"被厌弃的可能性与传统婚姻中的女子一样，但前者被厌弃的后果确实比后者更加严重。遵从传统程序出嫁成婚的女子，因为甘愿听命于"父母之命，媒妁之言"，与娘家保持着联系，也与她所生存于其中的民间社会保持着一致，所以无论是在婚姻中受丈夫殴辱还是被丈夫驱逐，都比较容易获得娘家的援助或者收留，也容易获得社会的同情与支持，即使是听从主人之命出嫁的婢女亦可仰赖主人作为自己的后盾。"自由女"则不同。"自由女"为追求自由而违背家长意志，与父母、主人决裂，一旦被所爱之人遗弃，大多数人又不具备自食其力的能力与环境，遂立即陷于绝境。1930年《越华报》记载一个"自由女"被吴姓男子驱逐之后的哭诉，即是这种处境的典型写照："……予当时与吴结合，出自个人主张，父母头脑顽固，大不谓然，严词申斥，将予推出门外，谓此后不许再入其门。故自出阁后，未尝归宁父母。今事已至此，实无面目再

---

① 《荡女恋伶甘沦妾媵》，《越华报》1930年2月6日，第6页。
② 《浪漫女自悲失身投水》，《越华报》1934年1月11日，第6页。
③ 《人各有心恋爱前途多黑暗 自取其咎追求哲学太高明》，《越华报》1937年3月15日，第6页。
④ 《自由恋爱之饮恨终身》，《越华报》1934年3月24日，第6页。

见双亲。然既已不容于父母，复见摈于丈夫，出门之后，进退维谷，暂寓旅店，而旅费无着，茫茫前途，不知如何是可，是以悲哭耳。"① 其次，报道者本身倾向于将"自由女"看作离经叛道的异类。《越华报》等广州商办报纸社会新闻的供稿者是一帮受雇于报馆、只能赚取微薄薪水的底层文人，报馆经营者则是一些困于生计、只能俯首听命于投资者意旨的职业办报者，他们以男性居多，为吸引读者赚取利润，在报道中力图摆出代表"社会一般人士"的姿态。② 他们的文化、性别和办报旨趣，共同影响着他们在报道中认为"自由女"的遭遇是自找的，而传统婚姻中女子的同样遭遇则是无辜的。

综上可见，在本书所述时期内，对于婚恋自由这个议题，以《越华报》为代表的广州商办报纸一方面在迎合法律与反对家长滥权主婚的层面，有限度地肯定婚姻缔结时女子自由意愿的正当性；另一方面在迎合"社会一般人士"口味的层面，极力渲染女子自由婚恋的恶果。这类报道选择性地突出"习染自由风气"与女子婚恋悲剧之间因果关系，表明报道者的根本倾向是对自由婚恋持消极态度，或者至少可说是不对自由婚恋持有比现行法律更积极的倡导态度。在与"自由女"相关的婚恋自由这个议题上，广州商办报纸没有表现出主动趋向"自由"的内在动力。

不过，在这个既反对父母滥权主婚又训诫女子慎行"自由"的夹缝中，社会新闻正面达成了一个介于新规范之婚恋自由与旧规范之父母主婚之间的结合点，即父母主婚同时兼顾子女本人意愿。这个结合点，符合中国历史延续而来的"父慈子孝"的固有家庭伦理，但又顺应新颁法律规范要求，强化婚姻当事人本人意愿的正当性。以下这篇有关母亲支持女儿取消"盲婚"的报道，以"誓拒盲婚女儿求解约　自悔孟浪慈母任寒盟"为标题，向读者提供了这种兼顾父母与子女共同意愿的理想范例：

---

① 《自由恋爱结果如斯》，《越华报》1930年2月6日，第6页。
② 胡雪莲：《以"社会"之名：陈济棠治粤时期的社会新闻》，《新闻与传播研究》2012年第2期。

中华北路长秦里二号二楼黄澄清即黄清,向充汽车司机,民廿年凭媒聘第三甫高第坊廿九号女子吴爱明为妻。爱明廿二岁,缔约后迄今未行婚礼。近爱明以违背婚约为词,具状法院恳确认与黄缔婚之约为无效,受理此案之民庭推事孙平十八午在民八庭传审此案。是日……据(爱民之母邓氏)称四十岁,民廿年七月间凭媒以氏女爱许字黄澄清为妻,事后氏女曾与黄会面。惟订婚时氏未据情告知氏女,迨越半年始向氏女言其事,伊闻言曾提出反对,氏力劝伊仍执意不回。氏因久未面黄,故无从对他说知……氏实深悔一时孟浪,不先征求氏女同意,致生此纠纷。伊既不愿嫁黄,氏亦无法相强,现惟任伊解除婚约去。①

第二节　女子三角恋血案报道

从生活实际的角度来看,正如男子多妻会导致女子相残的极端事件一样,女子婚恋自由也可能会导致男子相残的极端事件。这段时间内,珠江三角洲地区发生了两起男子枪杀情敌的案件,第一桩是歌星黎明晖的前度情人郑国有雇凶枪杀其现任情人冯德谦;第二桩是粤剧名伶罗家权枪杀与其妾谭妲已通奸的徒弟唐飞虎。这两桩案件与王文舒杀人案一样引起广州报纸社会新闻的密集追踪报道。在这两桩案件报道中,报道者对案中人物也一样进行了倾向性相当明显的描摹刻画,比一般"自由女"报道更进一步地表达出对女子婚恋自由的态度。因为该两案均为涉及两男争恋一女的仇杀案,且均有娱乐明星牵涉其中,报道者对两案的叙事模式又高度一致,故在此合并阐述。

一　黎明晖血案始末与报道内容

黎明晖血案发生于1932年的香港,是1927年《越华报》创办以后

---

① 《誓拒盲婚女儿求解约　自悔孟浪慈母任寒盟》,《越华报》1935年10月,日期不详。

连续追踪报道的第一桩恋爱纠纷案件，香港、广州的报纸都进行了密集追踪报道（详见表4-1）。

根据报道，该案案情如下：1932年3月24日晚，男子冯德谦同女明星黎明晖"联臂偕行"至香港黄泥涌奕荫街口时，被凶徒放枪狙击毙命。事后，黎明晖的前度情人、广海记少东家郑国有，因为涉嫌雇凶谋杀冯德谦而被警察扣留落案。① 1932年5月起，香港审判衙门开庭审理郑国有主谋枪杀冯德谦一案。1932年10月14日香港高等法院判处郑国有死刑，郑国有不服判决，一方面向英国伦敦的英廷枢密院请求上诉至英国最高法庭的上诉权；另一方面准备在上诉权不获英廷准许的情况下向港英总督提交香港华人绅商联名签署的赦免请愿书，内中所开理由是指摘审判官轻信证人证言并发表意见影响陪审团作决定。② 12月19日，香港绅商约230人二度联名请愿，请求港英总督赦免郑国有，此次提出的两条理由，完全避开了对港英高等法院的指摘，而是一味求情：一是"郑国有年才二十，年少英慧，今虽犯罪，若政府能赦其死，俾在狱中，经长时间忏悔，将来出狱，亦可在社会服务，将功赎罪"；二是"其祖于星洲开埠，及欧战时，服务英政府，勋劳卓著"。③ 1933年1月19日，请求赦免郑国有的第二次禀章，终于获得香港当局批准，郑国有被改判为终身监禁，消息传出后"郑家人均喜形于色"。④

表4-1 《越华报》《国华报》对黎明晖案的报道

新闻标题	报名	登报时间	内容提要
十二审三角恋爱血案	越	1932.6.9	7日下午，在香港裁判署第十二次续审谋杀冯德谦一案，先传三位律师上堂作证，后传证人基利士地上堂作证，法官逐一讯问。
黎明晖恋爱十一审（续）	国	1932.6.9	7日下午，第十二次续审谋杀冯德谦一案，先传三位律师上堂作证，后传证人基利士地上堂作证，法官逐一讯问。

---

① 《刑庭审讯郑国有续详》，《国华报》1932年8月10日，第2张第3页。
② 《郑国有上诉案之近闻》，《越华报》1932年11月20日，第5页。
③ 《请赦郑死禀章已呈递》，《华字日报》1932年12月20日，第2张第3页。
④ 《赦免郑国有死刑续闻》，《越华报》1933年1月21日，第5页。

第四章 自由之恶果：社会新闻视阈下的婚恋自由

续表

新闻标题	报名	登报时间	内容提要
十三审三角恋爱血案	越	1932.6.11	郑国有主使谋杀疑案，经十二次提讯，10日仍在巡理府提堂，传中西药房司理、中亚药房伙计上堂作证。
续审黎明晖情侣血案	越	1932.6.15	13日下午，在香港裁判署刑一廷由荣司继续第十四次审讯冯德谦血案，由被告郑国有辩护人布律端律师盘诘黎明晖。报道对庭上观众反应到讯问的每个细节都作了详尽的描绘。
再审黎明晖别恋惨案	越	1932.6.22	20日，第十五次审讯黎明晖别恋惨案，主控副律政司连些路讯问黎明晖、苏沙、刘柱雄三人。
黎明晖血案再捕五人	越	1932.6.23	21日下午，由云司第十六次开堂审讯黎明晖血案，讯问刘柱雄。至20日警察当局又捕获与血案有关之嫌疑人5名，1名在沪捕获，4名在港捕获。
十七次审恋爱仇杀案	越	1932.6.24	22日下午，第十七次审讯恋爱仇杀案，荣司频频宣读黎明晖、管房张胜口供，讯问各证人口供无多。
十八次审恋爱仇杀案	越	1932.6.25	23日下午，第十八次审讯恋爱仇杀案，荣司先传62号西探目美度士呈供，再传弥敦酒店管房胡根、张胜、弥敦酒店四楼房管果全、东山酒店六楼管房黄九等作供。
十九次审恋爱仇杀案	越	1932.6.29	27日，第十九次审讯冯德谦被杀案，副律政司连些路陈述此前所收集之有关证据于此次庭审公布，锁定凶手王能相，亦查清基本案情，港方要求将案犯解归案讯办。
十九次审恋爱仇杀案（续）	越	1932.6.30	
廿二次审恋爱惨杀案	越	1932.7.3	30日下午，第二十二次审讯黎明晖三角恋爱惨案，首传香港大酒店街坊车司机汤金奎作证，次传蒋家矛作证。
廿三次审恋爱惨杀案	越	1932.7.6	4日下午，第二十三次审讯黎郑冯三角恋爱惨杀案，荣司负责庭审，连检察官负责讯问，传蒋年鹤上堂作证。
刑庭审讯郑国有续详	国	1932.8.10	8月9日，初级法庭讯审凡33次后，高等法庭正按察司金培源在正刑庭开审之详细情形。
刑庭续讯郑国有续详（十）	国	1932.8.19	8月15日，高等刑第五次开庭审讯，曾建大律师盘问证人施文口供。
港臬司九审黎明晖案	越	1932.8.21	19日下午，在高等刑庭由金正臬司作第九次审讯，传主要证人车夫徐镛琛、汤金奎到堂，由被告律师曾建盘问。

续表

新闻标题	报名	登报时间	内容提要
刑庭续讯郑国有续详	国	1932.8.21	19日下午，在高等刑庭由金正臬司作第九次审讯，传主要证人车夫徐镛琛、汤金奎，由被告方律师曾建盘问。
刑庭审讯郑国有续详（十四）	国	1932.8.23	先由连些路检察官讯问徐镛琛证人，再由被告方律师曾建对证人进行盘问。
黎明晖血恋案辩论终结（续）	国	1932.8.29	陈述证人施文对相关案情之介绍。
郑国有上诉英京理由	国	1932.10.5	郑国有拍电报呈递于英庭，主要是辩驳证人证言不能说明郑确有雇请凶手。
三角恋爱惨案之我见	越	1932.10.23	23日，"崩伯"撰文评论三角恋爱，分别从郑、冯、黎三人的不同角度进行评论。
郑国有上诉案之近闻	越	1932.11.20	郑国有上诉案自上月将请求裹邮寄英京以来的传闻，香港政府已判郑氏缓期徒刑3个月限已近，本港商绅联衔请赦郑氏死刑等消息。
赦免郑国有死刑续闻	越	1933.1.21	19日上午，行政局例会，港督主席提议商绅二次联衔请特赦郑国有死刑之呈义，会议通过这一请求，改郑之死刑为终身监禁。报道描绘了这一消息公布后各方之反应。
驳回杀冯凶手上诉案	越	1933.8.10	受雇枪杀冯德谦的凶手王能相由上海第一特区法院判处无期徒刑后不服上诉，再由江苏高等法院第二分院宣布将王能相上诉驳回。
郑国有狱中近讯	国	1933.11.18	其友杨仲明探望狱中郑国有，传出郑之近况，经常读书，写写小说之类的文章。

　　从这桩案件的报道可以看出，广州报纸与香港报纸在重大社会新闻报道方面保持着高度一致。尽管19世纪后半期的一系列不平等条约使香港置于英国统治之下，但粤、港两地居民仍可自由往来，在两地同时居住、经营的居民甚多。笔者所见现存最早的1895年1月31日《香港华字日报》，只有"选录京报""羊城新闻""中外新闻"三个栏目，从这个分类可见该报当时是把羊城（即广州）看成所在地区的中心城市。直到20世纪30年代，《广州民国日报》《越华报》《国华报》等广州报章以地域为标准分类编排新闻，大体上区分为广东本地新闻、国内新闻和国际新闻三大类，而发生于香港的新闻事件均被纳入广东本地新

闻的范围之内。再从《香港华字日报》来看，到20世纪30年代该报已把最初的"羊城新闻"栏目分成两个"粤闻"和两个"港闻"，虽然这种分类方法使"香港"这个地域得到强调，但是"粤闻一"总是置于"港闻"之前，还另设"各属新闻"栏目报道广东其他辖区的新闻事件，可见它仍是把香港视为广东的属地来看待的。具体就黎明晖血案的报道而言，选取表4-1中广州《越华报》《国华报》均保存完好的1932年6月9日可以看出，《国华报》刊载的消息比《越华报》滞后1天，二者分别比《香港华字日报》的消息滞后2天和1天，而三者所载相同消息的内容与措辞均高度一致。① 可见，对于该案而言，广州报纸主要转载香港报纸内容，并且因为这个转载过程而共享着同样的价值观。

二 杀虎案始末与报道内容

1933年3月7日，广州发生了另一宗男子杀死情敌的案件——粤剧人寿年班台柱罗家权枪杀徒弟唐飞虎案，引起报纸密集追踪报道（详见表4-2）。

据报载，1933年3月7日晚人寿年戏班重要台柱罗家权在花县（今广州花都区）悦贤书院内，趁徒弟唐飞虎（即唐润生）入睡后将其枪杀。罗家权枪杀唐飞虎的原因，是因唐飞虎与罗家权之妾谭少宜（即谭妲己）私通被发现，唐飞虎立约求饶，后又买枪练习，向罗家权示威。② 1933年6月唐飞虎之母唐翁氏、妻陈氏聘请律师苏汉生、谢英伯提起刑事自诉，③ 7月检察官黄文澜向广州地方法院提起公诉，该公诉书在提出控诉的同时，又以"该被告犯罪原因，实因其徒奸污己妻，

---

① 这4篇用于对比的报道分别是：《黎明晖恋爱案十一审（续）》，《国华报》1932年6月9日，第1张第2页；《基利士地作供已毕 基施供词如出一辙》，《香港华字日报》6月7日，第2张第3页。《十二审三角恋爱血案》，《越华报》1932年6月9日，第5页；《基利士地自述骗郑计划 虚研法律以坚郑信》，《香港华字日报》6月8日，第2张第4页。
② 《罗家权杀徒案公诉书》，《越华报》1933年7月26日，第5页。
③ 《告诉罗家权杀唐飞虎》，《越华报》1933年6月20日，第5页。

复敢买枪示威,迫而出此"为由,要求法官酌减刑罚。① 罗家权则延聘广东律师公会会长杜之杕等以"正当防卫"为词为己辩护。② 8月5日,广州地方法院就此案进行首次公开审理。③ 1933年11月25日广州地方法院轻判罗家权有期徒刑9年,罗家权听到判决后亦"喜形于色"。④ 这是远低于当时刑法有关杀人罪最低十年徒刑的刑罚,也远远低于同年3月案发、12月一审判决死刑的王文舒杀妾分尸案。很明显,广州地方法院采纳了本案检察官公诉书中关于"其徒奸污己妻、复敢买枪示威"的理由作为"可悯恕情状",对罗家权予以轻判。

其后,罗家权上诉至广东高等法院未获改判,再上诉至当时西南割据政权又自行撤销,该案一直维持着9年有期徒刑的判决结果。有研究表明,因为罗家权是粤剧人寿年班的台柱,"杀虎案"发生后,戏班班主何萼楼担心惹祸上身,一走了之,直接导致人寿年班的解散。抗战期间广州沦陷,日军放出关押在顺德县监狱的囚犯,其中包括罗家权与王文舒。⑤ 罗家权先到香港,后在上海召集流落的失业伶人,重组人寿年班,经营惨淡,以失败告终。⑥

表4-2　　　　　《越华报》《国华报》对杀虎案的报道

新闻标题	报名	登报时间	内容提要
罗家权与郑国有	越	1933.4.14	评论郑国有与罗家权,冯德谦与唐飞虎、黎明晖与谭妲己。
狱中之罗家权	国	1933.4.20	罗家权在狱中教狱友习戏,罗诲人不倦,引吭高歌,罗唱众随,狱中常歌声缭绕。

① 《审罗家权杀徒案详情》,《越华报》1933年8月6日,第5页。
② 同上。
③ 《罗家权杀徒案公诉书》,《越华报》1933年7月26日,第5页。
④ 《判处罗家权徒刑九年》,《越华报》1933年11月26日,第5页。
⑤ 《杀虎案与碎尸案要犯罗家权王文舒已脱狱》,《工商晚报》1938年11月8日,第2版。
⑥ 沈有珠:《从岭南小红船到国际大舞台——粤剧"人寿年班"的发展历程及其启示》,《戏曲研究》第98辑。

第四章 自由之恶果：社会新闻视阈下的婚恋自由

续表

新闻标题	报名	登报时间	内容提要
唐飞虎命案原告催讯	国	1933.6.11	原告唐家以该案久未起诉，来省延请苏汉生律师于10日具状高等法院检察处，请饬令花都分庭刻日起诉。
告诉罗家权杀唐飞虎	越	1933.6.20	唐飞虎之母翁氏提起刑事控诉，转录起诉书内容。
逮解回市之罗家权	国	1933.7.7	昨罗家权由花都分庭逮解回市，经由广花公路，乘汽车到达。罗容颜憔悴，骨瘦如柴。
罗妾妞已通奸不为罪	国	1933.7.7	苏汉生女律师就杀虎案谈当时法律，称妾娴人为无夫奸，是以罗妾妞已通奸不为罪。
罗家权解省后之辩诉	国	1933.7.15	罗家权解省后，原告具状驳斥罗第一次辩诉呈词，罗请辩护律师黄俊杰逐条驳复原告之辩诉状。
罗家权杀徒案公诉书	越	1933.7.26	检察官黄文澜提起公诉，转录起诉书内容。
审罗家权杀徒案详情	越	1933.8.6	轰动社会之人寿年班丑生杀弟唐飞虎一案，于五日中午一时三十分，由刑庭长林瑯、推事林熙绩、检察官黄文澜票传被害人之母唐翁氏、妻陈氏及两造律师到庭作第一次公开审讯。
杀虎案旁听速记	国	1933.8.9	5日公审，两造人马在庭审时神情各异，记者逐一描绘。
法院昨日密讯罗家权	越	1933.8.23	22日上午，推事林熙绩以该案各种证据尚待搜集，着法警到看守所将罗家权提解到院，在大礼堂审讯，并着法警守立庭前，不许旁听。
法院继续调查杀虎案	越	1933.9.16	通报案件发生时，各伶人均已他去，故无从调查。现俟调查完竣，当可定期续审。大约本月底或可定期续审。
罗家权杀虎案二审记	国	1933.10.14	13日下午，刑庭长林瑯、推事林熙绩、甘达明，在高等法院大礼堂公开审讯此案，传讯两造人证，告诉人唐翁氏等因事不到。林熙绩分别研讯，林庭长以告诉人不到，尚待调查，着签供散庭。
杀虎案三次公审详情	越	1933.11.14	因当事人请求，推事林熙绩回避，另派推事梁立渠继续审讯此案。13日下午，刑庭长林瑯、推事梁立渠、检察官张耀，在高等法院大礼堂公开审讯此案，传讯两造人证，双方律师当庭辩论。
罗家权杀徒案已终审	越	1933.11.22	21日下午，刑庭长林瑯、推事梁立渠、检察官张耀，在高等法院大礼堂第四次公开审讯此案，传讯两造人证，双方律师当庭辩论。法官宣布该案为终结审讯。审讯时，大礼堂人山人海，其中以歌界伶人妓女为多。

续表

新闻标题	报名	登报时间	内容提要
罗家权案昨辩论终结	国	1933.11.22	21日下午，刑庭长林瑯、推事梁立渠、甘达明，在高等法院大礼堂第四次公开审讯此案。法官宣布该审为终结审讯。
罗家权杀徒案判决期	越	1933.11.25	记者采访推事梁立渠，称该案已经审结，正在拟写判词，26日依法宣判。
判处罗家权徒刑九年	越	1933.11.26	25日下午，梁推事提出罗家权到堂宣判，处有期徒刑9年，赔偿唐家属抚恤金。
四审杀虎案花絮	国	1933.11.26	21日，在高等法院大礼堂四审杀虎案，旁听者多达千人，记者描绘各色人等之形态。
判决罗家权徒刑理由	越	1933.11.27	详细分析罗家权判刑的理由
罗家权上诉问题	国	1933.12.7	旖旎生署名文章，评论罗家权在广东高等法院判决后，再向最高等法院西南分院上诉的原因。
杀虎案上诉西南分院	越	1934.5.14	5月13日，罗家权对判决不服，特请律师向最高等法院西南分院上诉。
杀虎案撤销刑事上诉	越	1934.5.27	罗家权上诉后，自觉未有减刑希望，申请撤销刑事诉讼，民事诉讼部分仍请上诉。
罗家权狱中生活	越	1934.9.12	罗家权撤诉后，即解广东第一监狱南二仓执行刑期，被派在监狱印刷工场见习，可以会见其妾贵妃。
伶人罗家权出狱问题	国	1936.1.1	罗家权申请假释未获批准。

三 两案中的女主角——黎明晖、谭妲己

无论是转载自港报的黎明晖案，还是采写于广州本市的杀虎案，都对当事的男女主角进行着充分描绘与渲染，其中最首要的描写对象当然是作为证人出现在法庭上的女明星黎明晖。

黎明晖因为在19世纪20年代参演中国早期电影，并且演唱了由他父亲黎锦晖作词作曲的中国第一首流行歌曲《毛毛雨》，被认为是中国第一代电影明星、第一位流行歌星。美国学者安德鲁·琼斯在著作中写道：1923年黎明晖在杭州登上上海实验剧社的表演舞台，第一个打破了男、女演员不能同台表演的禁忌，这种做法很快因警方认为这是一种不道德的商业行为而被取缔，同样的经历在以后她随父亲前往东南亚等

地时也有遇到。安德鲁·琼斯引用黎锦晖的回忆说：那时候的上海还是年轻女孩子们梳着辫子、穿着长袍的年代，黎明晖和其他剧社成员披着短发、赤着双脚，像小鸟一样在舞台上又唱又跳，让封建势力感觉天都要塌了。① 所以，黎明晖父女在血案发生前就已经是在女子道德方面备受争议的人物，此时一桩血案因她而起，报纸社会新闻自然有兴趣对她进行连篇累牍的报道与描写：

……而黎明晖则穿蓝底白边之长袍，袖长仅过肩少许，玉臂毕现，发光可鉴，耳环长垂，摇动有致。是日天气颇热，黎氏香汗，被面如濯，间又频开手袋，揽镜自照，从事修饰，间亦偷看郑国有。……当女仆戴桂贞作供时，语中有解人颐者，黎掩口吃吃笑不已。自开堂至终审，黎迄坐旁听，时而手托香腮，聚精会神，时又作讨厌不耐烦状，手执白帕，卷成小鼠形，使之跳跃，如弄把戏。……②

是日案内人黎明晖女士如期到堂，与案中死者冯德谦之弟冯才坐于旁听前座。黎女身衣黑白点薄绸长衫，足登白皮高跘鞋，态度暇豫，无甚戚容。听各证人作供时，其或时有解颐之处，则每忍俊不禁。……而头上短发亦时被风吹动，乱如飞蓬，黎乃以手频掠其发……其动作为旁听中之男性特加注意，惟黎则若熟视无睹。……③

郑国有主使谋杀疑案，经提讯十二次仍在巡理府提堂，旁听男女甚挤拥。郑氏态度仍沉默。而黎妹妹则每次到堂，均盛饰衣装，

---

① Andrew F. Jones, *Yellow Music: Media Culture and Colonial Modernity in the Chinese Jazz Age*, Duke University Press, 2001, pp. 88 – 89.
② 《春申江畔赋双栖》，《华字日报》1932年5月20日，第2张第3页。
③ 《留将完璧待婚期》，《华字日报》1932年5月27日，第2张第3页。

其所穿长袍周而复始,逐日更换,昨已回复第九次到庭时之服饰矣。①

如此香艳的文字,一方面是"玉臂毕现""发光可鉴""耳环长垂""香汗如濯""手托香腮""揽镜自照""频掠其发",等等,无不为报道内之"旁听男性特加注意"作铺垫,又充分体现了报道外之报道者自身的男性视角;另一方面是"从事修饰""不耐烦状""忍俊不禁""态度暇豫""无甚戚容""盛饰衣装",等等,都表现出对男性具有如此诱惑力之黎明晖其实毫不关心那两个争恋她的男人。这些报道很清楚地向读者警示:美艳女子对男性具有诱惑力但其实很无情,男性需小心提防。

在报道中,黎明晖这类美艳女子不仅无情地对待因爱被杀或者面临牢狱之灾的男子,甚至利用这种血案带来的知名度牟取利益。报道透露黎明晖在案件审理过程中迫不及待有意地接拍电影:

闻黎(明晖,引者)对于此案,拟俟完结即赴沪一行省视其父。且沪上慧冲明星天一三影片公司均已派人来港争请黎重现身银幕,黎意已动,但刻尚未能决定耳。此案情形复杂,未尝完了,预料七月份臬署刑案尝不能列入,故非俟八月不能详臬,而详臬后之审讯又不知须时几何,故黎对此颇费踌躇。②

因为不是杀虎案在场证人而无须出庭的谭妲己,在有关杀虎案的报道中,虽然深居简出,却同样有"对于各事似无介于心"的无情和"冀得明星荣誉"的打算:

又闻目为祸水之罗妾妲己,即谭少宜,已自前时一度往花县监

---

① 《十三审三角恋爱血案》,《越华报》1932年6月11日,第5页。
② 同上。

第四章　自由之恶果：社会新闻视阈下的婚恋自由

狱探候罗家权后，即深居简出。近闻其携同幼女、佣妇税居十八甫新街，颇醉心于电影，欲投身入电影界，冀得明星荣誉，对于各事似无介于心也。①

据笔者了解，当时黎、谭二人不约而同急于出演电影的报纸消息并非空穴来风。出生于1916年的民国报人梁俨然先生回忆说：三角恋血案发生后，黎明晖主演了以该案为蓝本编写的电影《追求》，黎明晖在电影中饰演她自己。② 此电影播放预告可见于《越华报》，广告词为"不日放映黎明晖女士大杰作《追求》"；③ 随后正式放映广告亦可见于《越华报》，广告词为"一新影院有声影片，（1934年）8月16日至17日映黎明晖女士唯一杰作，奇情国产片《追求》"。④梁俨然先生还回忆说：罗家权因杀虎案入狱，后来日本人占领广州，将监狱中的非政治犯全部放出，罗家权到达香港，与谭妲己一起主演电影《杀虎案》，由罗家权饰演罗家权，谭妲己饰演谭妲己，梁先生还看过这部电影，个人感觉是"不好看"。⑤ 由于笔者尚未成功搜集到电影《追求》与《杀虎案》，所以无法印证其中情节与实际案件的相似度，但这些回忆至少可以证明当时报纸所载消息不是完全虚构。这些行为，不止是在当时，即使是今天笔者所处时代的中国也会被看成是不道德的。

根据这些消息而发的相关副刊文章对二女切齿大骂，直指二人"人尽可夫""女戎贾祸"，是两案的罪魁祸首。一篇署名"崩伯"的副刊文章指出，黎明晖"虽与其（指郑国有，引者）同榻若是之久，狎亵举动几已无所不能，而仍不肯允诺其最终目的（指结婚，引者）者……是知恋爱之成功虽经过若是之金钱、之时间，亦已现有必不可能之势"，责骂她是"娼妓拆白式之一妇人"。⑥ 另一篇署名"何伯华"

① 《审罗家权杀徒案详情》，《越华报》1933年8月6日，第5页。
② 访问时间：2013年5月11日下午；访问地点：广州梁俨然家中；访问者：胡雪莲。
③ 《追求》，《越华报》1934年7月30日，第6页。
④ 《追求》，《越华报》1934年8月18日，第6页。
⑤ 访问时间：2013年5月11日下午；访问地点：广州梁俨然家中；访问者：胡雪莲。
⑥ 崩伯：《三角恋惨案之我见》，《越华报》1932年10月23日，第1页。

的副刊文章则责骂道：黎、谭二人"人尽可夫……此种荡妇，不逐张公子，则随刘武威，弃如敝屣可矣！"① 该何伯华还写道："至彼（黎）明晖与（谭）妲己，方且徜徉舞台，逍遥法外也。……嗟乎！一顾倾人城，再顾倾人国，自来女戎贾祸，而至破家亡国者，何可胜道？兹之一家（家权）一国（国有）皆为所败，特其小影耳。"② 此句一语双关，意指这类女性的多角恋行为，不仅贻害男子，终将贻害国家。

这种将血案责任归咎于多角恋女子的看法，在上述文章作者、报道者与妇女解放运动者之间达成了一致。《国华报》一篇有关杀虎案的报道写道："惟本案祸源，实由其妾妲己。所谓美人祸水，自古皆然。日来外间人士，咸以妲己即犯通奸罪，则应受法律处分，以维风纪。顷据苏汉生女律师语记者……妲己虽为本案祸根，但妾侍为无夫之妇，无夫奸不为罪。妲己虽姘多几个男子，法律亦不干涉。"③ 在这篇报道中，报道者既表明了自身对"本案祸源"的看法，又写出了"外间人士"的意图，还记录了自称"干妇女解放运动十余年"的女律师苏汉生，也认为谭妲己是"本案祸根"，只是根据现行法律并不能对其绳之以法而已。

然而，在"谭妲己是杀虎案祸根"这个貌似一致的观点背后，隐藏着报道者、"外间人士"与女律师之间的重大分歧，这个分歧就在于什么才是"祸根"的祸根。报道者通过上述报道中的人物形象描绘，"外间人士"通过上述文章中的直接表态，将"祸根"背后的祸根指向美艳女子的性情放荡，在这个意义上把作为"恋人"的黎明晖与作为"妾"的谭妲己相提并论，寄望法律制裁这些女子本人；"干妇女解放运动十余年"的女律师，则将"祸根"背后的祸根指向妾制，仅就谭妲己一事论事，她认为是罗家权等男子在法律不以妾为有夫之妇的背景下仍然纳妾，导致"家庭发生变故"，血案发生后也无法以通奸罪惩治通奸之妾，所以"主张废妾，实行一夫一妻制度"④。两相比较，可以

---

① 何伯华：《罗家权与郑国有》，《越华报》1933年4月14日，第1页。
② 同上。
③ 《罗妾妲己通奸不为罪》，《国华报》1933年7月7日，第2张第4页。
④ 《罗妾妲己通奸不为罪》，《国华报》1933年7月7日，第2张第4页。

清楚地看到，报道者与"外间人士"在一边，妇女解放运动者在另一边，现行法律在中间。前者希望法律回到从前，制裁女子非婚奸行为；后者则希望法律更进一步，彻底废除纳妾。

报道者与"外间人士"单纯将黎、谭二女视为祸源的保守倾向，和几乎同时的王文舒案报道做个对比，会更加凸显。上一章已经论述，男子杨少修娶妻王文舒，原本情爱甚笃，后又结交新欢王嫏贞，后者甚至向王文舒要求做平妻，称丈夫爱哪一个，哪一个便是大婆，王文舒遂在冲突中将王嫏贞杀死。这是当时报纸报道过亦经法庭确认为真的事实。然而，同样连篇累牍的社会新闻报道，并未将杨少修描绘成为"祸根"，而是将他描写成善良与无奈的可怜男人。若仅论情节而言，杨少修是有妇之夫别恋，而黎明晖与谭妲己均非有夫之妇，则黎、谭二女之罪过远不及杨少修。对比之下，报道者如此不遗余力地突出渲染黎、谭二女之放荡、无情与危险，实因有意无意之中以性别角色而非实际行为为标准进行是非判断的结果。

四　两案中的男主角——郑国有、罗家权

与两桩血案中的女主角相比，被控杀害情敌的两个男性疑凶——郑国有、罗家权，在报道中却被描绘得十分正面。

> 是日郑衣西服，足被殴伤，今已痊可，故改穿革履。其风流潇洒之态，仍不减于往昔，其身虽困于犯人圈中，但其一举一动，亦为旁听中之女性者所注意。①

> 罗伶身穿白摩罗青长衫，黑礼服绒鞋，头戴□帽，鼻架眼镜，手持白纸扇一柄，态度雍容，不减其登台之台步。②

---

① 《留将完璧待婚期》，《华字日报》1932年5月27日，第2张第3页。
② 《审罗家权杀徒案详情》，《越华报》1933年8月6日，第5页。

报道者眼中的两个杀人疑犯，一个是"风流潇洒之态，仍不减于往昔"；另一个是"态度雍容，不减其登台之台步"。笔者未见更多有关郑国有的个人记载，但罗家权的个人履历表明他实际上为人不好。就是这篇描写他"态度雍容"的报道，后文写到他的性格如下："性殊悭吝，班中人咸以'孤寒种'呼之。其发妻善疑且妒，与罗不洽。七八年前……曾因事入狱，年终省释。纳有二妾，二妾名贵妃，三妾名妲己。"①

不过上文是仅见的转述罗家权性格的负面文字，其他一些有关两案的报道都描写了郑、罗二人良好的家庭关系：

> 此消息（指郑国有获赦免死刑的消息——引者注）一经传出，聚于广海记门前而观者甚众。访员时适往广海记查询，见郑家人均喜形于色，郑母尤为雀跃，并致谢中西各界之援手。郑母于欢喜之余，即于下午一时偕郑国和乘车分往各附署呈文者之家道谢。至下午二时，又偕家属及林泉和律师到域多利亚监狱探望国有，告以经获政府赦免死刑。郑闻讯极为欣慰，母子互谈颇久，始话别而去。继有女子晏尼区氏亦偕律师到域多利亚监房求入内面见郑氏，但不获狱官许可。②

> （罗家权）下长途车后，略事瞻眺，似含无限沧桑之感。遂登车，疾驰去。尾随者，有其妻妾数人。法院门前，早有家人侍候，虽不若昔日之堂上一呼、堂下百诺，顾囚徒之处地，得复如斯，要亦不幸中之幸矣。……家人安慰备至。③

报道中的罗家权不仅和家庭成员关系融洽，还对自己的妾侍深情款款，甚至在身陷囹圄之际仍对坑害自己的谭妲己关心备至：

---

① 《审罗家权杀徒案详情》，《越华报》1933年8月6日，第5页。
② 《赦免郑国有死刑续闻》，《越华报》1933年1月21日，第5页。
③ 《逮解回市之罗家权》，《国华报》1933年7月7日，第1张第1页。

第四章 自由之恶果：社会新闻视阈下的婚恋自由

审讯毕，罗（家权——引者注）先行提回候审室时，其家人如潮涌至，咸相慰藉。贵妃（罗家权之妾——引者注）之泪且夺眶而出，相继凝视有顷，方与贵妃作情愫语。直至罗送返特别室看管，斯时贵妃泪下更多，怅然而别，时已四时许矣。①

罗（家权——引者注）摇首叹息，只曰：妲己害人哉。而又询妲己近况，众支吾对。山穷水尽，处身危境，犹念念不忘乎妲己，毋乃至死不悟乎。②

那些副刊文章作者，就直接表示对这样两个男子各为一个"荡妇"而面临牢狱之灾的惋惜与不值，对他们充满了同情之意：

……（郑国有——引者注）沉迷其中，耗尽几许金钱，寻来几许烦恼……卒至闯出此杀身大祸！且天下多美妇人，黎亦非具有过人美色，岂舍此娼妓拆白式之一妇人，而举世再无贞淑名贵、才德皆佳之女子可恋哉？矧以此身年少金多，他向求之，又何求弗得，何必以是而至出此凶狠手段，甘蹈刑章，以致身败名裂？……③

最近因三角恋爱而发生命案，为社会人士所注目者，厥有二起。前则郑国有之与冯德谦，后则罗家权之于唐飞虎。……吾独怪郑以袭先人余荫，罗又为起市老倌，自有其相当价值……又何必以妒恨之微，至我犯杀人之重罪，陷身囹圄乎？……今者郑耗资无算，幸免于死，罗□□未定案，亦……候刑事之裁决。④

---

① 《审罗家权杀徒案详情》，《越华报》1933年8月6日，第5页。
② 《逮解回市之罗家权》，《国华报》1933年7月7日，第1张第1页。
③ 崩伯：《三角恋惨案之我见》，《越华报》1932年10月23日，第1页。
④ 何伯华：《罗家权与郑国有》，《越华报》1933年4月14日，第1页。

社会新闻对黎明晖血案凶犯郑国有、杀虎案凶犯罗家权的描绘总体上是正面的、惋惜的，几乎可说是把他们视为各自案件中的受害者，这个态度同样需与王文舒案报道相比较才能更加清楚地凸显出来。上一章已述，杀死丈夫新欢的王文舒，在报道中被描绘成一个凶狠恶毒的凶妇、不容丈夫纳妾的妒妇和在家中犯上欺下的悍妇，显示出报道者认为她死有余辜的立场。和王文舒相比，同样杀死情敌的郑国有被描绘成风流潇洒、家人爱护的年轻男子，罗家权被描绘成态度雍容、家人拥戴的有情男子，正如黎明晖、谭妲已被有意无意地渲染成无情、危险的"美人祸水"一样，凸显出报道者以性别角色而非实际行为来判断是非的价值倾向性。在这两桩案件中，社会新闻报道明显倾向于将两个杀人男子描绘成放荡女子"自由"婚恋的受害者。难怪广州妇女团体就王文舒案集会时指责道："何以男子因妒仇杀……社会上毫不以为奇，而独于女子则相惊伯有，奔走骇告，戟指唾骂，几有欲食其肉而寝其皮之势，究何居心？而乃至此，岂非男权支配下之社会怪现象乎？"[①]

这种倾向性同样体现在广东司法系统对案件的审理结果当中。和王文舒一审被广州地方法院判决死刑、二审被广东高等法院判决无期徒刑相比，同样由广东司法系统处理的罗家权从一开始就获得了难以置信的9年有期徒刑轻判。这个系统自检察官提交法院的公诉文书开始，就把"其徒奸污己妻、复敢买枪示威"的情节作为罗家权的"可悯恕情状"，要求法庭轻判，而法庭明显采纳了这个建议。司法系统的这种倾向性，与其说是受社会新闻报道与男权社会舆论的影响，倒不如说是与社会新闻报道、男权社会舆论共享着一套以性别身份而非以客观行为做依据进行是非轻重判断的价值观。黎明晖血案中，郑国有被港英当局法庭一审判决死刑，再由港英总督照顾华人绅商的意愿，赦免其为终身监禁，其实是由英国殖民司法系统裁决华人社会的杀人案件，与王文舒案、杀虎案没有可比性，自应另当别论。

总之，社会新闻借助黎明晖案和杀虎案报道，对血案中移情别恋的

---

① 《妇女界对分尸案建言》，《越华报》1933年8月10日，第5页。

女子不遗余力进行负面描绘，极力渲染她们极具诱惑实又无情的危险形象，同时把杀死情敌的男子描绘成善良多情的无辜受害者。这些报道虽未直接提及婚恋"自由"，但在当时社会对于女子婚恋"自由"的边界尚未达成共识、相对成熟的具体规则尚未形成的情况下，此类女子实行"自由"婚恋引发的极端事件，突出强调了女子自由婚恋贻害于男子、贻害于社会的警示意味。社会新闻报道者通过这类案件报道，更进一步地表达出反对女子自由婚恋的态度。

第三节　自由与学界

社会新闻报道不只是通过"自由女""三角恋"等极端行为与极端事件来突出强调女子婚恋自由对女性自己、对男性与社会的恶果，还通过特别突出当事者的教员、学生身份来强调新式知识与婚恋自由恶果的密切关联。

事实上，新式知识人士确系婚恋自由的积极提倡者与主要践行者。第一章第三节已经论述过，20世纪20年代，在五四新文化运动提倡民主、科学的思想潮流中，家族制度作为中国传统礼法的核心机制，受到一些激进主义者的强烈批判，在此基础上兴起了新式婚姻家庭应当为何形态的激烈争论，婚恋自由原则从总体上说受到知识人士的广泛支持，一项调查表明1930年北平的114名学生中，认为婚姻仪式不需要、随便或可自创一式的总计占比高达22.2%。① 可是，对于什么是"婚恋自由"，当时的支持者之间本身就理解各异、众说纷纭：对于爱与性之间的关系，有人主张二者不可分，有人单纯强调爱，有人单纯强调性；对于婚恋对象的人数，有人主张恋爱专一，有人主张可恋多人；对于恋爱与婚姻之间的关系，有人认为恋爱与婚姻无涉不一定要结婚，有人奉行瑞典妇女运动家艾伦凯（Ellen Key）的名言：不论怎

---

① 李文海主编：《民国时期社会调查丛编·婚姻家庭卷》，福建教育出版社2005年版，第79—80页。

样的结婚,要有恋爱才算是道德。倘若没有恋爱,即使经过法律上的结婚手续,也是不道德。① 前文已述,1930年4月南京国民政府立法院向全国教育会议代表征求意见时,蔡元培、李石曾、蒋梦麟等代表对于姓氏、婚姻、家庭的存废问题,多以为在理论上"都可不要"。② 尽管上述多数激烈主张并未被南京政府新颁民法完全采纳,但在这些观点发表前后,已有一些知识青年追随并践行男子相对于家长的婚恋自由、女子相对于家长与男子的婚恋自由了,社会上以结婚为目的或者不以结婚为目的非婚同居风气颇盛,其中"陈独秀与高君曼,郁达夫与王映霞,张学良与赵一荻,均属此种情况(指婚外同居),其中鲁迅与许广平的故事最为典型"。③ 仅从新式知识分子内部来看,情爱自由似乎已从观念到形式都已经广为接受,旧式婚姻,甚至任何形式的婚姻,都已岌岌可危。

但是,这些观点与现象直至南京政权成立之后仍然远远不是中国社会的全部面貌,甚至不是主要面貌,比新式文化作品拥有更多读者量的社会新闻报道,突出报道了形形色色的教员、学生婚恋自由事件,且其书写角度多以负面为主。1927年南京国民政府成立后,以职业、性别为标准把民众划分成农、工、商、学、女等"界",成为当局通行的做法,④ 而在社会新闻报道中,当事人从事的职业亦是无所不包,但是只有包括教员、学生的"学界"被塑造出以职业为标签的整体负面形象。

---

① 根据余华林《现代性爱观念与民国时期的非婚同居问题》,《首都师范大学学报》(社会科学版)2009年第1期;余华林《20世纪20—40年代知识女性恋爱悲剧问题述论》,《首都师范大学学报》(社会科学版)2008年第1期。

② 胡汉民:《民法上姓、婚姻、家庭三问题之讨论》,1930年。载中国国民党中央委员会、党史委员会编《胡汉民先生文集》,1977年,第870—871页。

③ 余华林:《20世纪20—40年代知识女性恋爱悲剧问题述论》,《中国近现代思想文化史研究》2008年第1期。

④ 南京国民政府成立以后,国庆或其他典礼、仪式的组织者,把农、工、商、学、女等"界"的代表放在一起作为参加典礼的"民众"。这种按职业团体与性别划分"民众"的社会分析法,是为了同蒋介石反击共产党提出的阶级分化与阶级斗争论保持一致。Henrietta Harrison, *The Making of the Republican Citizen: Political Ceremonies and Symbols in China 1911 - 1929*, New York: Oxford University Press, 2000: 220 - 229.

第四章 自由之恶果：社会新闻视阈下的婚恋自由

笔者不完全地收集了 1934 年广州《越华报》开设"社会新闻"专版后至 1937 年社会新闻大受压缩的 4 年间，该版面含"教员"或者"学生"的报道标题与副标题（见表 4-3）。由于现存《越华报》1935 年全年、1936 年上半年严重缺损，加上笔者仅作粗略收集，所以表 4-3 所列举的同类新闻标题远少于实际数量，但学界教员、学生形象之负面已可见一斑。

表 4-3　1934—1937 年《越华报》含"学生""教员"的报道标题

	主标题	副标题	日期	版面
1934	大学生失恋自杀怪闻	以身殉色，太无意识	1.16	6
	女教员四次搜宫活剧	既畏妻，又爱妾，难左袒，莫解决，子挟械为母复仇，对老父逼人咄咄	1.25	6
	女子控学生诱奸毁约	卢八妹不服上诉，邵仲明否认订婚	3.10	6
	中学教员诱奸少女	见色起心不惜殷殷诱惑，既奸否认其如历历指攻	1.27	6
	女教员不甘作妾	索款未遂　自陷于罪	7.5	6
	大学生两番弃妻	弃置今何道　提起刑事诉	7.15	6
	法院审讯同学骗婚案	既已言明何涉讼　监人赖厚亦糊涂	7.24	6
	女教员嫌贫大闹离婚	失官因守难维系，孳果须知种恶因	7.25	6
	同学赋同居凶终隙末		8.9	6
	大学生婚变	野花原有毒，毕竟养唔熟	8.13	6
	女学生爱河失足惨闻	欲销绮恨留长根，道是良缘实孽缘	10.3	6
	精神恋爱	同为大学生，到店论婚姻	10.31	6
	大学教员强奸佣婢案	斯文败类多淫行，畏罪潜逃累乃妻	11.14	6
	大学生重订婚约	订婚悔约同儿戏，拼费金钱便自由	11.21	6
	大学生失足孽河	青年堕落嗟何及，尤忌同流易合污	11.27	6
1935	女教员控夫骗婚遗弃	失足难翻应自悔，徒嗟天壤有王郎	1.7	6
1936	教员多角恋爱之恶果	暂停止诉讼程序，先控重婚后离婚	12.12	9
	女教员四番离合讼潮	几回离合同儿戏，分娩时期未到庭	12.15	9
	侦查教员四角恋爱案	绛帐花开多并蒂，及门桃李笑春风	12.15	9
	中学生弃妻别恋被控	避重就轻称纳妾，仍难幸免铁窗中	12.16	9

续表

	主标题	副标题	日期	版面
1936	女学生反对盲婚诉请解约	两下有来往，品性不相投；怨母兮不谅，婚姻须自由	12.17	9
	同学试婚被捕	家丑贻讥专制害，常言女大不中留	12.24	9
	教员弃妻案又一宗	不怕洗衫兼捱饿，偏是黉宫佳话多	12.24	9
	女学生解婚约案	强行结合无好果，法庭中诉拒盲婚	12.29	9
	女学生请求解除婚约	习染不良多嗜好，应知烟赌误人多	11.11	9
1937	审中学生别恋重婚案	出嫁全凭母作主，恶因种种为盲婚	1.1	9
	公审教员四角恋爱案	捱饥更有西装熨，此辈偏偏艳遇多	1.7	9
	教员桃色案	大嫂出头反控，要索还钻石针	1.8	9
	黉宫桃色新闻何多	法院公审教员别恋弃妻案（引题）	1.10	9
	教员多角恋爱被拘押	自命风流终堕落，那堪回首十年前	1.12	9
	控中大教授诱奸遗弃	女教员开天索价，要偿给四万余元	1.12	9
	教员重婚被控之惯闻	弃旧怜新憾事，偏多艳迹出黉宫	1.21	9
	判决中学生弃妻别恋案		1.24	9
	女学生见异思迁解除婚约		1.24	9
	终审教员四角恋爱案	两面夹攻难抵挡，瞒婚再娶事昭然	1.27	9
	公审大学生重婚案	犹存古代多妻制，女子终难得自由	1.29	9
	女学生悔婚	是恨爱情不专属，请君入瓮又如何	2.7	9
	中学生服毒殉情		2.8	9
	女学生反对盲婚请解约		2.10	9
	黉宫又增一页桃色史	生前难作比翼鸟，在地愿为连理枝	3.4	9
	法院侦查黉宫韵事		3.9	9
	女教员易姓改嫁被控	离异必须徇手续，岂能利口逞词锋	3.9	9
	指控男同学骗奸寒盟	另娶诿称听父命，自由恋爱又何为	3.12	9

从表4-3可以看出，报道者特别注意在标题中突出作为桃色事件主角的教师、学生身份。这些大大小小的标题文字，显示男教员、男学生实行诱奸、强奸、遗弃、重婚、多角恋或者任意悔婚，女教员、女学生则实行未婚同居、多角恋爱、妒夫纳妾、诉求离婚、随意改嫁或者任意悔婚。它们一方面以事实说明这些桃色案件中男、女主角的滥情；另

第四章　自由之恶果：社会新闻视阈下的婚恋自由

一方面又以"斯文败类多淫行""此辈偏偏艳遇多""偏多艳迹出黉宫""黉宫桃色新闻何多"等评语，把单个案件中主角滥情的形象推及整个学界；第三方面以"订婚悔约同儿戏，拼费金钱便自由""怨母兮不谅，婚姻须自由""犹存古代多妻制，女子终难得自由""另娶诿称听父命，自由恋爱又何为"，等等，显示学界倡行的"自由"其实是形形色色、吉凶未卜的。在这些标题中，学界、自由、滥情，三者以紧密相连的状态呈现在读者面前。

更多报道的内文也处处显示出学界人士之不堪表现。包括前述"自由女""浪漫女"之"习染自由恶习"，是在"肄业于某校"之后。如第一节已述女子阿香"肄业于女校，深染自由恶习"，① 李瑞珍"在大东门外敏捷学校肄业……惟女醉心自由，性极浪漫"，② 秀芝"曾毕业于某女职业学校……深染自由风气，对于终身婚事，注意异常"③等，均属此类。在报道中，多数作为被告涉案的教员、学生其实并没有面对社会"一般人士"目光的勇气，羞于出庭，比如《越华报》连续报道至少8次的男教员颜清泉四角恋爱一案，颜清泉屡次拒不出庭，最终是由法警前往其侄女家中将其寻获并拘押到庭。④ 而作为原告出庭争婚恋自由权的女教员、女学生，常被报道者用描写娼妓的文字来表现其打扮时尚、神态香艳：

> 东山培道女子中学女学生崔道之即崔女，以未婚夫习染嗜好，不惬所意，于十日上午十一时投到广州地方法院诉请调解解除婚约，以还自由。是日崔作摩登装束，衣棕色蓝花格绒长旗袍，足登黄高跷革履，腋挟手袋……粉颈低垂，若有所思。迨传讯人入庭后，两颊尽赤，意殊羞涩，频以香帕自拭朱唇，其态度神情，迥非

---

① 《荡女恋伶甘沦妾媵》，《越华报》1930年2月6日，第6页。
② 《浪漫女私逃当街殴母》，《国华报》1933年4月20日，第2张第4页。
③ 《又有五个痴男女轻生》，《越华报》1934年2月25日，第6页。
④ 《教员多角恋爱被拘押》，《越华报》1937年1月12日，第9页。

笔墨所能形容。①

从各种突出学界、自由、滥情之间关联性的报道标题与报道内文来看，报道者对学界滥情的负面态度是不分性别的，对学界滥情之受害者的同情态度也是不分性别的，这从该时期内社会新闻对"四大案"之一的"傅少勤毒夫案"报道可见一斑。所谓"傅少勤毒夫案"，是指广州东关超平小学18岁女教员傅少勤与该校校长蔡玉池同居怀孕，但蔡玉池迟迟不肯结婚，又别恋另一女子，傅少勤遂趁蔡玉池卧床之际灌毒杀死蔡玉池（详见表4-4）。由于这段时间《国华报》缺损严重，笔者收集到主要来自《越华报》对此案的报道显示，报道者自始至终对这个谋杀了同居男校长的女教员寄予同情。在报道者笔下，1934年7月3日她第一次出现在广州地方法院的形象是这样的："是日傅少勤穿蓝色钦丹士林布旗袍，足登黄朱皮鞋，未穿袜，满面泪痕，形容憔悴，若不胜凄凉者。"② 9月18日法院第一次公审该案时基本相同："傅入庭时身衣白花布长衫，足履白胶鞋，不穿袜，腹大便便，缓步入庭，容颜憔悴。"③ 12月4日广州地方法院一审宣判时，虽然"装束尚极时髦"，但"外表观测，殊非杀人凶手"："少勤是时垂首而行，身穿花格缎旗袍，外套灰色美化绒褛，足登绣花缎鞋，装束尚极时髦，而容颜比前入狱时更丰满洁白，言动温柔，外表观测，殊非杀人凶手。既而且行且泣，频自拭泪，到堂立在犯人位中，仍然俯首含愁……"④ 她被一审判处无期徒刑，报道者也表示凄凉："当傅聆判后，战栗不已，大有欲哭无泪之势，并发言向法官哓哓置辩。旋由庭丁带返看守所收押，行时沿途饮泣，加以北风怒号，黄叶分飞，此情此景，倍觉凄凉也。"⑤

---

① 《女学生请求解除婚约》，《越华报》1936年11月11日，第9页。
② 《法院开始侦查毒杀未婚夫案情形》，《越华报》1934年7月4日，第6页。
③ 《灌毒杀夫案预审详细》，《越华报》1934年9月18日，第6页。
④ 《灌毒杀未婚夫案傅少勤处无期徒刑》，《越华报》1934年12月5日，第6页。
⑤ 同上。

第四章 自由之恶果：社会新闻视阈下的婚恋自由

表 4-4 《越华报》关于傅少勤毒夫案的报道

标题	内容	日期	版面
法院开始侦查毒杀未婚夫案情形	广州地方法院第一次侦讯此案	1934.7.4	6
再侦查毒杀未婚夫案		1934.7.5	6
法院再讯毒杀未婚夫疑案证人		1934.7.24	6
法院详询毒夫案证人		1934.7.25	6
法院再讯毒杀未婚夫疑案证人		1934.7.24	6
鸩夫疑案侦查终结		1934.8.11	6
灌毒杀夫案定期公审	检察院起诉傅少勤至广州地方法院，由冯如珍推事审理，定9月18日公审，发出旁听券300余张。	1934.9.17	6
灌毒杀夫案预审详细	庭审问答的详细记录。	1934.9.19	6
灌毒杀夫案今日第二次公审		1934.9.25	6
法院公审毒夫案详请	庭审问答的详细记录并附傅少勤照片。	1934.9.26	6
灌毒杀夫疑案第二次公审日期		1934.11.18	6
终审毒杀未婚夫控案		1934.11.22	6
灌毒杀未婚夫案——傅少勤处无期徒刑		1934.12.5	6
四大案主角狱中生活	傅氏自判刑后，抑郁终日，花容大毁……多为不安。	1934.12.17	6
灌毒杀夫疑案之近讯	傅少勤在狱中产下一男孩，"社会人士"关注婴儿抚养权归属，律师认为非婚生子应归女方。	1934.10.29	6
灌毒杀夫案正式上诉	傅少勤表示不服判决，上诉至广东高等法院。	1934.12.8	6
傅少勤毒夫案再上诉死者之母上诉最高法院	傅少勤上诉广东高等法院获改判15年有期徒刑后，受害人蔡玉池之母蔡陈氏上诉至最高法院西南分院，要求判处傅少勤死刑。	1935.3.11	9

和上一章所述的王文舒案报道相比，报道者对傅少勤的同情尤为明显，其中原因值得深究。同样是女性因男子移情别恋而杀人，报道者同情傅少勤而痛恨王文舒，除了因为傅少勤怀孕之外，笔者以为更重要原

因是傅少勤所求的是"婚姻",报道者认为具有合理性;而王文舒已有妻之身份,所求的是"情爱",报道者不认为具有合理性。同样,报道者对两案中的男子态度迥异。同样是移情别恋,已被杀死的受害人蔡玉池没有得到任何同情,活着的杨少修却被描述成一个善良多情的可怜男人,原因在于报道者无法接受蔡玉池在传统婚姻形式之外的"情爱自由",却很理解杨少修在传统婚姻形式之内的"畏妻宠妾"。两相比较,凸显出婚姻在报道者心目中的重要性。这些以"社会一般人士"代言人自居的社会新闻报道者,对于许多学界人士主张甚至实行的,正在冲击传统婚姻形式乃至任何婚姻形式的情爱自由,满怀焦虑与厌恶。

"傅少勤毒夫案"的判决结果证明广东的司法系统与社会新闻报道者共享着同样态度。该案一审判决傅少勤无期徒刑,比王文舒案判决死刑的一审判决结果轻,原因是法院采纳了以下理由:"惟念被告年仅十八,年少无知,其杀人动机系因被害人别恋王丽华,近又因未能结婚,而己又已怀孕,干此杀人举动,于法不无可原。自应依法减去本刑三分之一,俾得予以自新。"① 傅少勤上诉后,广东省高等法院更将其改判为15年有期徒刑。蔡玉池之母蔡陈氏不服广东高等法院之判决结果,上诉至最高法院西南分院,要求判处傅少勤死刑,其在上诉书上以广东当局此时提倡的"尊孔读经"为依据:"固思我国礼教之防渐溃,以致道德滑胥,逆伦惨案日多,夫妇之道愈苦,当兹提倡旧道德声中,对于此种狠毒妇人,尤应杀一儆百,以快人心而维礼教。"② 笔者尚未找到有关此次上诉结果的任何材料,但可估计到,由于蔡玉池本人的行为并不遵循"旧道德",在王文舒、罗家权案中均无所作为的最高法院西南分院,在陈济棠发起的"尊孔读经"潮流中出面支持蔡母诉请的可能性微乎其微。

正当傅少勤案侦办之时,执掌广东政局的军人陈济棠公开表达了对学界"荡检"的厌恶态度。第一章已述,1934年7月陈济棠在广东军

---

① 《灌毒杀未婚夫案傅少勤处无期徒刑》,《越华报》1934年12月5日,第6页。
② 《傅少勤毒夫案再上诉 死者之母上诉最高法院》,《越华报》1935年3月11日,第9页。

事政治学校做了一场题为"心理改造"的长篇演讲,系统分析了他认为的各种社会"心理问题",其中对学界"荡检"行为尤其批评严厉,认为"号称社会先觉的学界分子"抛弃一切礼教,正是败坏社会风气的罪魁祸首:"自从欧风东渐,一般男女青年,误解自由,把一切礼教放弃无余,道德沦胥,防闲尽溃……现在我国的社会,真是坏到不可思议。像家庭革命的怪剧,和离婚失恋、奸淫、骗盗案件,报纸腾载,几于充箱照轸,而号称社会先觉的学界分子更占了其中很多纪录。……本来我们要先学做人,才能够做事,若在学校里已把做人的基础弄坏,这就叫做'本实先拨',尚安望他日出来社会做事呢?"① 由于社会新闻对学界性爱自由的厌恶态度早已有之,并非出于陈济棠此番演讲之后,二者的耦合仍可解释为是共享相同价值观的结果。

1936 年 9 月"两广政变"之后,南京政权入主粤局,推行新生活运动,一些学界行为更被当作当局取缔的对象而现诸报端。比如 1937 年 3 月《越华报》以"禁学生两人共乘单车"为标题,刊登警察局去函教育厅,要求劝诫广州市区各校学生不得两人共乘一辆单车的消息:

> 警察局昨函教育厅略云:据汉民分局呈称,以职局三日内关于取缔二人共乘单车案共二三十宗,其中店员及机关杂役固多,而学生亦殊不少。此辈学习性已属浮嚣,干涉每多反抗,不予带案则有违功令;若带案拘留,不特荒废学业,且转贻家长误会;矧执行带案工作,警察往返需时,对固有职业不无影响。如此费力,而所收效果亦限于少数,不如转请教育厅向市区各校学生剀切晓谕,嗣后不得再有两人共乘单车情事,相应函请办理。……②

总而言之,社会新闻报道者把学界视为婚恋自由恶果的始作俑者,并且这个态度在当时社会上不是孤立的,而是与地方政治当局、社会一

---

① 陈济棠:《心理改造——在广东军事政治学校的演讲》,1934 年 7 月。载广东省档案馆编《陈济棠研究史料(1928—1936)》,1985 年,第 251、252 页。
② 《禁学生两人共乘单车》,《越华报》1937 年 3 月 19 日,第 9 页。

般人士的态度相通的。不过，回到20世纪20年代初期以来学界围绕婚恋自由主题在性、爱、婚姻之间莫衷一是、众说纷纭的状况为出发点，可以发现所谓婚恋自由在中国社会历史脉络中应当区分成性自由、恋爱自由与婚姻自由来分别讨论，本研究时段内的社会新闻着重表达了对前二者之和——性爱自由之冲击传统婚姻乃至任何形式婚姻的焦虑与反感，却在一定程度上乐于正面对待相对于家长主婚的婚姻自由。正因为如此，社会新闻在那些反对盲婚的事件报道中持积极态度，即使反对盲婚的主角是学界人士也不例外。表4-3中，1936年以"女学生反对盲婚诉请解约：两下有来往，品性不相投；怨母兮不谅，婚姻须自由""女学生解婚约案：强行结合无好果，法庭中诉拒盲婚""女学生请求解除婚约：习染不良多嗜好，应知烟赌误人多"为标题的3篇报道均属此类。至此，这时期广州报纸社会新闻所表达的对于婚恋自由的实际态度全面清晰地显现出来：反感冲击婚姻的性爱自由，却在反对父母滥权主婚的意义上支持婚姻自由，亦即在维护婚姻形式的前提下，乐见将子女本人意愿纳入为婚姻缔结与否的要素。

学界自20世纪20年代初期以来在性、爱、婚姻问题上对"自由"之边界的争论无果与行动无度，使其在以"社会一般人士"代言人自居的社会新闻文本中，总体呈现为"社会败类"的形象。拥有众多读者的社会新闻，出于对性爱自由的反感和维护婚姻的焦虑，极力突出教员、学生的婚恋纠纷报道，将教员、学生视为危害传统婚姻乃至任何形式婚姻的祸根之祸根。该现象可以进一步诠释有人指出的民国社会中新式知识分子的文化失落感：清末科举制度立废，原本由中国社会政治文化精英与下层大众之间共享的同一价值规范体系，失去了继续存在的制度环境；民国以后知识与制度体系急剧向"西"，使得新式知识分子在寻求社会发展方向、国家前途、个人价值和理想实现的过程中展现出与现实社会的严重隔膜。[①] 从1927—1937年广州报纸社会新闻报道突出

---

① 黄庆林：《近代中国知识分子的文化失落心态》，《山西师大学报》（社会科学版）2005年第4期。

强调学界在婚恋纠纷中的负面意义来看,继传统文人失势之后逐渐掌握更多社会权势的"新式"知识分子,几乎可说已成中国社会的异端。

本章小结

本书导论已述,由于中国人自办报刊的第一次高潮是迟至19世纪末中国人深受甲午战败刺激的特殊历史情境下才涌现的,因此中国人关于办报的理论深深打上了革新、求强、救亡等目标的烙印。梁启超分别发表于1901年的《清议报一百册祝辞并论报馆之责任及本馆之经历》、1902年的《敬告我同业诸君》两篇文章,奠定了报纸所应承担职能与所需社会环境的相关学说:报纸应承担舆论代表之职能,[①] 报纸需要有"思想自由,言论自由,出版自由"之外在条件;自身需具四项条件:"一曰宗旨定而高,二曰思想新而正,三曰材料富而当,四曰报事确而速。"[②] 此后,不管报业实际状况如何,各时期的报业论说者多以"舆论"为报业应当扮演的身份角色,以"自由"为报业理当争取、当局理当提供的社会环境。但是从梁启超为报业定下上述基调到南京国民政府成立伊始的三十年间,报业论说者除了始终如一地抱怨外界环境不支持"舆论自由"之外,还始终如一地关注报纸自身是否对"舆论自由"尽心尽责,第二个问题所得的答案要比前者复杂得多。从相关论述可以看出,他们看到了各个时期既有尽力争取或践行舆论自由的报刊,也有无心争取或践行舆论自由的报刊,问题在于,在政党办报与商业办报两种方式中,究竟哪一种更具有追求"自由"的动力呢?梁启超写下前述文字时,并没有专门讨论报纸扮演"舆论自由"角色的内在动力问题,但戊戌至民初报业的实际情况是政治派别办报盛极一时,最初显现出政治派别办报有利于"舆论自由"的繁荣景象,可是之后就被报业

---

① 梁启超:《敬告我同业诸君》,《梁启超全集》第4卷,北京出版社1999年版,第969页。
② 梁启超:《清议报一百册祝辞并论报馆之责任及本馆之经历》,《梁启超全集》第2卷,北京出版社1999年版,第476页。

理论界发现其明显弊端,那就是常常挟私攻讦,缺乏超越政治派系的公正之心。1927年蒋国珍出版的著作写道:"我国报纸不能充分发达的原因,则因现在报纸尚未成营业化,加之机关报色彩太浓厚……欲知其个人或党派的意见,是极便利。……凡报纸如仍为政治上的机关报,而少营业上的倾向,则其报纸仍必在幼稚时代。"①1928年初版的张静庐著作亦写道:"从戊戌变政开始……以迄于辛亥革命前后……的办报者,真正是以新闻纸为营业的很少很少,他的用意也不过是在假此以宣传其一党一系的政见罢了。"②前述两位新闻论说者表达了他们对政党办报无法"自由"表达公正立场的不满,转寄希望于商业办报,期待以报纸的经济独立来支撑其"自由"表达公正立场。

正是以部分新闻论说者的这种期待为背景,透过广州商办报纸社会新闻这个三棱镜来检视中国近现代社会史上的"自由"观,具有双重的重要意义。

第一重意义是商办报纸在报道之外如何争取社会新闻报道的舆论自由权。这时期以经营和刊载社会新闻赢得更多读者的《越华报》等广州商办报纸,大多数时候貌似对舆论自由不感兴趣,以至于广州的新闻论说者抱怨"这里的报纸……大都整天在竞争着如何去迎合低级阅报分子的心理。编辑先生的眼光,多移向到如何能使报纸成趣味化,冀做成在彼辈心目中唯一'好'的报纸",③讥讽这些报纸为"只有记载而没有言论的'名副其实的新闻纸'"④。戈公振先生梳理了全国报业历史变化的过程之后,在1927年出版的《中国报学史》一书中,也曾失望地写道:"夫自常理言之,报馆经济不独立,则言论罕难公而无私。但近观此种商业化之报纸则不然,依违两可,毫无生气,其指导舆论之精

---

① 参见蒋国珍《中国新闻发达史》,世界书局1927年版,第61、62、71页。
② 张静庐:《中国的新闻记者与新闻纸》,现代书局1932年、1928年版,第22—23页。
③ 何昶旭:《广州市新闻报纸的总检阅》,《报学季刊》第1卷第4期,上海申时电讯社1935年版,第79、82页。
④ 沈琼楼、陆邂翁:《从清末到抗战前的广州报业》,载广东省政协文史资料研究委员会编《广东文史资料》第18辑,第1页。

神，殆浸失矣。"① 新闻论说者从报纸理应担当舆论职责的期待出发，看到报纸从清末民初党派报纸的私见立场变为民初以来商办报纸的没有立场，对此深感沮丧。

不过，其实这时期令新闻论说者失望的只是商办报纸的政治舆论职能，若将"舆论"的范围放宽至社会舆论而言，则商办报纸不只是有立场，而且是在积极地表达立场。以第一章已论述的《越华报》情况为例，该报董事长、股东钟午云，同时以公安局行政课长身份执着广州报纸社会新闻的检查之权，此即商办报纸与执政当局之间的结盟。这种结盟，以小小行政课长钟午云的私人利益为基础，并未能给《越华报》等商办报纸带来政治舆论方面的自由，却在当时广东军阀陈济棠无暇顾及的社会舆论方面，为《越华报》等撑起了保护伞：《越华报》不但可以每天派三人分早、午、晚进入公安局采访社会新闻，② 还可以就社会新闻"自由"地表达立场，包括对本章论述的焦点——婚恋自由的立场。

当这种社会舆论方面的自由本身受到限制时，各报甚至不惜挑战政治当局来主张与争取。1936 年 9 月陈济棠垮台之后，新的广东当局于1937 年 5 月开始对广州商办报纸的社会新闻进行严厉查扣，广州新闻记者公会向广东省政府请求放宽控制的呈文，引用当时广东军政首脑余汉谋等人有关"解放言论"的承诺为依据，请求省政府"转令改善，以重舆论"："余总司令（指余汉谋，笔者）还粤主持军政伊始，招宴报界同人，席上宣言'解放言论'，准许尽量批评"，"李政训处长煦寰亦曾对我言论界昭示"。③《越华报》本身也在自己的版面上刊载报界辩护词："敝同业以为全国和平统一后，粤省报业不复受如从前军阀时代之非法摧残矣。本年二月间，二中全会开会，更有开放言论之决案。"④

---

① 戈公振：《中国报学史》，上海古籍出版社 2003 年版，第 29—30 页。
② 梁群球主编：《广州报业（1927—1990）》，中山大学出版社 1992 年版，第 114—115 页。
③ 广州新闻记者公会：《为抽检新闻超越中央所定标准工作无所适从恳予转令改善以重舆论事》，1937 年 5 月 24 日，广东省档案馆 2/1/74-1，第 181 页。
④ 《报界请求改善检查》，《越华报》1937 年 5 月 25 日，第 5 页。

为了争取刊载社会新闻的自由，广州报界采取了多种行动："于（1937年）5月21日下午十时召集联席会议，议决发出通电，并派代表赴党政军各机关请愿，且分呈中宣部及本省各上级机关请愿；同时市记者公会亦召开联席会议，为同样议决；各报复于23日持《全市各报反对检查所滥扣新闻及市记者公会联席会议及其呈文》违检刊出；并于（24日）下午三时派代表戴肃、黄深明……等十一人持函来（广东新闻检查）所交涉。"① 在这次失败的报业风潮中，11名报界代表向新闻检查所提出的一项要求，清楚透露出他们争取社会新闻自由权的目的，并不是为了舆论自由本身，而是为了经营利益："本省各报检扣新闻，香港各报概行登载，其于省报影响甚大，请取缔港报或禁止其进口。在未取缔港报或禁止其入口以前，请放松检扣。"②

总的来看，广州商办报纸在政治舆论自由权受到压制的情况下，确有以共谋或斗争的方法向执政当局谋求社会舆论自由权，但其争取社会舆论自由权的目的不在于舆论自由本身，而在于经营利益，为此甚至不惜谋求当局取缔竞争对手——港报相对于广东执政当局的舆论自由权。

第二重意义是社会新闻在报道之内如何使用其社会舆论自由权，比如怎样展现对婚恋自由的态度、讨论与取舍。针对这点，1927年以后包括广州在内的国民党统治区内的商办报纸特别值得检视。一方面的事实是，随着南京国民政府成立以后，两三年间包括广东在内的多数地方当局越来越强化其社会控制力，国统区内的党派办报为国民党一党的党营报刊体系所取代，琳琅满目的商业办报比政党办报更值得期待成为"自由"的旗帜；另一方面的事实是，在这种政治环境下，国统区内的商业办报在政治议题上亦没有多大挥洒空间，更值得期待在执政当局不甚注意的貌似与政治无关的社会生活议题上表现出倾向"自由"的本性。加上此时在私人生活议题上，"自由"已在一定程度上得到了国家法律的认可和支持，南京国民政府陆续修订颁行的《中华民国民法·

---

① 广东新闻检查所：《为谨将广州市记者公会推定代表戴肃等来所请改善新闻检查及本所答复详情呈请鉴核由》，1937年5月24日，广东省档案馆2/1/74-1，第157页。
② 同上书，第158页。

总则》《中华民国民法·亲属编》不同程度地规定了自然人享有自由权利、①子女相对于家长有婚姻自由权、②女性相对于男性有性爱平等权,③商办报纸在社会生活方面似乎应有高擎"自由"旗帜的内在动力。

但是商办报纸在报道之内对婚恋自由的态度,与其在报道之外对社会舆论自由的态度迥异。一方面,在政治舆论空间日益受限的情况下,1927年以后大约十年间广州商办报纸的办报旨趣确实是以婚恋家庭纠纷为主的"社会新闻",同时直接使用"自由"二字最多的也是这类报道与评论。另一方面,本章的分析显示,作为一种组织化文本,社会新闻对婚恋自由总体上说是态度消极、负面的。这主要体现在三个方面:一是社会新闻以"自由女"报道突出强调自由婚恋对"自由女"自身之弊,认为自由是一种病症;二是以两桩男子情杀的极端案件报道,描绘"三角恋"女子之风骚与无情,突出强调自由婚恋贻害他人、贻害社会;三是以形形色色的学界婚恋纠纷标题与报道,强调学界、自由与滥情三者之间的紧密联系,展现新式知识分子是"自由恶果"的始作俑者。

社会新闻对婚恋自由的如此态度,与率先提倡并实行婚恋自由的学界本身未就婚恋自由之边界形成切合中国社会实际的共识有关。在婚恋自由所包含的性自由、恋爱自由与婚姻自由三重意义中,不少学界人士追随并实行性爱自由,危及代表"一般社会人士"的社会新闻所珍视的婚姻形式,社会新闻在相关报道中表达了对性爱自由冲击婚姻形式的

---

① 1929年10月10日生效的《中华民国民法·总则》第17条规定自然人的"自由不得抛弃。自由之限制,以不背于公共秩序或善良风俗者为限"。中国法规刊行社编审委员会编:《六法全书》,上海书店出版社1948年版,第14页。

② 1931年5月5日生效的《中华民国民法·亲属编》第972条规定"婚约应由男女当事人自行订定",第975条规定"婚约不得请求强迫履行"。中国法规刊行社编审委员会编:《六法全书》,上海书店出版社1948年版,第87页。

③ 《中华民国民法·亲属编》第1052条规定"夫妻之一方以他方有左列情形之一者为限,得向法院请求离婚:一、重婚者。二、与人通奸者。三、夫妻之一方受他方不堪同居之虐待者……"不再对夫妻之间性忠诚义务要求区分男女。中国法规刊行社编审委员会编:《六法全书》,上海书店出版社1948年版,第92页。

焦虑与不满。这种焦虑与不满，使社会新闻表现出两个趋向：一是出于对性爱自由的反感而呈现出对整个婚恋自由的负面表达、消极态度；一是出于对婚姻形式的维护而向习以惯之的传统婚姻形式寻求出路。即便是为迎合国家法律的变化而表现出乐见子女反对盲婚的态度，也终以"父母作主，兼顾子女意愿"的理想范例来求得以旧纳新的妥协。总体来看，与国家法对待女子婚恋自由权的态度相比，以《越华报》为代表的广州商办报纸所持态度要消极得多。

将上述两重意义做个比较，就会凸显出这样一个颇具悖论意义的景象：商办报纸报道者积极获取到的"舆论自由"权，却被用于表达其消极甚至负面对待婚恋自由的立场。这对彷徨于政党办报与商业办报之间的新闻论说者们是一个出人意料的回应：即便是在政治舆论自由受到压制的情况下，商办报纸确实能够通过一定方法获得社会舆论方面的自由空间，但是商办报纸将这种自由空间用于挥洒其自身持有的倾向性立场，这一点与政党报纸的"挟私攻讦"毫无二致，而在婚恋自由这个议题上，商办报纸用种种方式获得"舆论自由"被用于负面突出婚恋自由，比国家法律更加保守。总之，"舆论自由"并不必然倾向于推动包括婚恋自由在内的其他自由诉求，然而1927—1937年广州商办报纸的社会新闻并非毫无作为，它作为一种趋于保守的力量参与了有关婚恋自由边界的表态与讨论，在极力突出自由之恶果的总体态度下，说出了反对性爱自由、维护婚姻形式、将子女意愿纳入"父母作主"等自诩"代表社会一般人士"的主张。

结语 求"和":社会新闻的无意识力量

社会新闻因为无意于监督政府、向导国民,而被报业提倡者、新闻研究者视为"无意识"的新闻,本书旨在阐述这种"无意识"力量。把社会新闻视为最具广泛意义的社会意识载体,置于1927—1937年广州社会内在组成部分的位置上,从知识传递与意识重构的角度,观察这种吸引着最多读者的新闻文本,在新旧规范易位又不彻底的社会空间内,一方面试图跟上新正式规范总体上确认的西化个人主义原则;另一方面力求迎合社会大众熟悉与习惯的固有家族主义原则,社会新闻发挥着妥协差异、缓解冲突、融合社会意识的重要作用。

尽管前前后后都有新闻研究者寄希望于商办报纸以自身经济独立支撑其立场独立,但这段时期内致力于以社会新闻吸引读者牟利的广州商办报纸,并不具备独立性。报纸制作者对报道对象缺乏独立来支撑其自由、平等要求的状态是十分清楚的,1935年《国华报》专载讽刺漫画的"谐画谐话"栏目,刊登一幅讽刺"男女平等"的漫画,其中对白直指女子没有经济独立就妄谈男女平等的荒唐:"男:现在男女平等了,你们女人为什么还要男人供养呢?女:说什么平等不平等,怎么你们男人还要女人生出来?男:唔……唔。"[①] 但未曾深究过自身是否真正经济独立的问题。在1936年9月"两广"事变发生之前,陈济棠治下十分宽松的社会新闻管治环境,使商办报纸暂时在政治框架之外找到

---

① 《谐画谐话》,《国华报》1935年7月7日,第4张第2页。

一条赚取利润的绝佳途径——经营社会新闻，从而赢得了经济独立。然而这个所谓"经济独立"，仅是在有限程度上相对于政治而言，而不是相对于报纸从中营利的社会而言。如果报纸独立于包括政治当局在内的整个社会，它就离开了谋求"经济独立"的土壤，也就不可能"经济独立"了。这个悖论说明，所谓报纸"独立"永远只能是相对于社会某一部分的有限独立。这是致力社会新闻之商办报纸，令寄望经济独立的新闻研究者失望的根本原因，也是美国传播学者阿特休尔（J. Herbert Altschull）在一一分析有关世界报刊"四种理论"学说后，① 结论为"在所有的新闻体系中，新闻媒介都是掌握政治和经济权力者的代言人""新闻媒介的内容往往反映那些给新闻媒介提供资金者的利益"的根本原因。②

这种不独立性使中国近现代历史上的报纸总是顺时势而为。当军政威权与社会大众的价值立场一致时，站在一致的价值立场；当军政威权与社会大众的价值不一致时，站在资金提供者的价值立场。因此，在1927—1937年国民党中央和地方各自强化军政威权，商办报纸既得不到政治资金支持又不被许可自由论政以争取读者的情况下，退而求其次，以社会新闻迎合社会大众。此时中国政治文化上层与社会大众的价值立场在根本上分属不同体系，罗志田所称近代中国的"西化"转向③至此正式固定为上层国家制度，而社会大众在如此急剧转向中，主要还是在传统价值体系中生活与思考。社会新闻对社会大众的迎合，就体现于对大众所信奉价值体系的迎合，这是本书揭示出来的社会新闻据以表

---

① 即"传媒的威权主义理论""传媒的自由至上主义理论""传媒的社会责任理论""传媒的苏联共产主义理论"。[美] 弗雷德里克·S. 西伯特（Fred S. Siebert）、西奥多·彼得森（Theodore Perterson）、威尔伯·施拉姆（Wilbur Schramm）：《传媒的四种理论》，戴鑫译，展江校，中国人民大学出版社2008年版。

② [美] J. 赫伯特·阿特休尔：《权力的媒介——新闻媒介在人类事务中的作用》，黄煜、裘志康译，华夏出版社1989年版，第336—337页。

③ 罗志田认为，若依张光直先生关于中国文明发展的连续性观点来观察相对短时段的现象，则近代中国的"西化"可以说相当彻底。以西方观念为世界、人类之准则并努力同化于这些准则之下是相当多中国近代学人普遍持有的愿望，并有着持续的努力。罗志田：《权势转移：近代中国的思想与社会》，北京师范大学出版社2014年版，第182页。

达婚姻家庭纠纷的基调。从这个意义上说，政治文化精英对社会新闻的蔑视，本质上是"西化"政治文化上层对"中国"大众社会的蔑视。

但是正如其他社会内部机制一样，报纸社会新闻虽不能绝世独立于社会之外，却也在扮演着重要的社会角色，就是在新旧、上下、中西价值分歧之间扮演"和"的角色。"和"本身就是社会新闻迎合的社会大众价值体系之终极目标与根本态度。具体来说，社会新闻之"和"包括四方面。第一，出于"和"的态度，社会新闻以迎合者而非引导者的姿态"代言"社会大众，也以合作者而非监督者的姿态服从政治当局。第二，为了"和"的目标，社会新闻把激进主义者基于平等原则对父权、男权的反对观点，收编进传统价值体系内的"父慈"和"夫和"，而传统价值体系的"父慈"与"夫和"要求，是被激烈批判"子孝""妇顺"的激进主义者刻意忽略的。为此，社会新闻附和政治文化精英对传统尊亲属在婚姻、生活方面恶待子女、妻妾现象的批评态度，但批评的依据不是政治文化精英服膺的平等原则，而是社会大众奉行的"父慈""夫和"原则。第三，为了"和"的目标，社会新闻把激进主义者基于平等原则坚持的子权、妇权自由，收编进传统价值体系内的"秩序"与"幸福"，提倡审慎行使婚姻自主权、离婚自由权。第四，从"和"的目标出发，社会新闻展现平等、自由原则解构中国社会伦理秩序的破坏力，通过负面表达反复强调重构伦理秩序的愿望。总的来说，社会新闻通过婚姻家庭纠纷报道，把已在总体上获得国家确认的西化平等、自由原则，片断地、细节地、有限程度地植入到社会大众熟悉的传统价值体系内，它所表达的价值体系在总体上、体系上仍是传统的。

但社会新闻所表达的价值体系已在基本结构上有别于传统了。和社会大众熟悉的传统价值体系相比，只有"和"的目标不变，传统礼法用于维"和"的身份差序和身份控制，却在不同方面被不同程度地取代了。就针对身份差序的"平等"而言，在夫婚离异、亲子互控、女子争产等事件报道中，"平等"原则的正义性已无疑义，有疑义的只是当事人实施平等方式方法的正确性。就针对身份控制的"自由"而言，婚恋纠纷报道显示"自由"在反对盲婚时是正义的,但在性关系中是结果悲惨的,多角恋爱时更是有害的。社会新闻这样表达的观念意识,既不纯粹新,也不纯粹旧,而是新旧掺杂、有别于新又有别于旧的新型观念意识。

社会新闻在社会意识重构中发挥的上述作用,在主张报纸应当扮演现代化革新角色的报业提倡者和研究者看来,基本上毫无作用。但是,在这么一个政治文化上层蔑视自己所统治的大众的社会空间内,社会新闻这种努力把"新酒"装进"旧瓶"的做法堪称建设性的。这种建设性可以从以下三个方面来理解。

第一,从上层制度与下层大众的角度看,社会新闻起了沟通与妥协的作用。南京国民政府时期新式规范的颁行,本质上是国民政权对清末民初以来文化转向的取舍与确认,所以制度变化的背后是文化与政治的转向。先从文化方面看,在科举停废、文化向西的时代背景之下,读书人需倡行个人主义之男女平等、婚姻自由才能算是新式"知识分子",但读书人一旦倡行男女平等、婚姻自由,就是社会大众眼中的放荡无德之人,不再是社会大众的楷模。新式知识分子这种日益脱离大众的状态,从清末民初新式知识分子自杀现象可以体现出来,也可以从本书社会新闻视教员学生为社会乱源的新闻表达中体现出来。在这种分离状态下,主要由传统文人组成的社会新闻制作者,承担起沟通新式知识分子与社会大众之间观念意识的作用,使社会意识免于分裂。再从政治方面看,南京国民政府确立新式规范时对传统价值虽然有取有舍,但在本质上是以西方理路来构建新型国家。前几年,任剑涛著书反思近代留学精英误读西方建国理念导致"整个国家的离散"等负向作用,① 循着他的思路,目光向下稍微看看南京时期的中国社会大众,即可看见新政权宣

---

① 任剑涛写道:"在中国的现代建国中,一个必须为人们明确承诺,却长期掩蔽在云遮雾障状态之中的问题是,中国处在现代转变的边沿时,整个国家的离散没有引起人们的高度警惕。这样的离散,既显现为国家旧制的解体,也呈现为社会文化的消散,更体现为个人的无所依归。"任剑涛:《建国之惑:留学精英与现代政治的误解》,中国政法大学出版社2012年版,第33页。

称的自由、平等原则，距离大众日常生活有多远。社会新闻一面通过报道"平等""自由"原则带来的社会纷扰失序，表达了这种离散状态，一面在诉诸传统价值之"和"来对抗这种离散倾向。

第二，从过去与现在的时间角度看，社会新闻起了延续与传承的作用。对于中国社会文化的传统与现在问题，罗志田清楚地论述说："清季人士在思考和对待中国传统时多试图区分而处理之，既不同程度地承认中国传统有不尽如人意的一面，然多少还希望挖掘甚至重建出可以借鉴的正面思想资源……民初人正相反……许多读书人越来越将传统视为'一家眷属'，出现一种负面意义为主的'中国整体化'趋势"，在这种中国传统走向负面整体化的过程中，为了实现"西化"目标，"不少士人试图切断历史与'现在'的关联。"[1] 在这样的潮流中，中国社会上层把"过去"与"现在"割裂、对立起来的倾向成为主流，体现在南京国民政府成立初期的社会空间中，则是代表"新"的上层与代表"旧"的下层的割裂。在这样的社会空间中，社会新闻不仅表达了"过去"的延续与存在，而且尽力在纷纷扰扰、日常琐屑的社会新闻报道中融新入旧，以求新旧弥合。

第三，从地方社会融入全球体系的角度看，社会新闻起了联结与贯通的作用。研究近代中国历史，一个不能忽视的视角，就是观察它如何融入西方以强大实力迫使它意识到的全球体系。在这个视角下，"一个非西方国家的现在，及其幸运地或倒霉地与西方相遇以前的历史的联系，也很容易被抹杀"。[2] 特别是在中国大众社会意识的层面，变化缓慢的大众意识一般被看成保守、顽固、无可救药的势力，在讨论进步的主题中被过分地忽略，又在讨论阻力的主题中却被过分地夸大。社会新闻作为最贴近社会大众的文本形式，通过词语、议题、态度等方面的新旧交融，一方面向西方元素反复强调传统价值"和"的重要意义；另

---

[1] 罗志田：《权势转移：近代中国的思想与社会》，北京师范大学出版社2014年版，第190—191、181页。

[2] 王国斌：《转变的中国：历史变迁与欧洲经验的局限》，李伯重、连玲玲译，江苏人民出版社2010年版，第82页。

一方面尽力将西方元素纳入"和"的体系，尽力使广州地方社会的表达方式与全球体系的表达方式联结起来，展示了一个既非丧失自我，亦非故步自封的社会意识变化过程。

本书阐述社会新闻在社会意识层面整合上下、新旧、中西的力量，绝不意味着全面否认报纸的现代化革新角色。在中国近现代历史中，对现代化革新使命有担当的报纸、报人，正如以往诸多报刊史研究者所揭示的那样，反映了这个社会变化的方向，鼓舞着这个社会变化的动力。但无论是有意识地致力于革新的报纸，还是"无意识"地致力于维"和"的报纸，均属社会时间脉络与空间体系的内部组成机制，需互相影响、相辅相成。中国近代社会如果没有立志革新的报纸，则少了鼓动变化与进步之力；如果没有致力维"和"的报纸，则少了防止社会断裂与离散之力。

征引文献

一 报纸

《广州民国日报》，广州。
《越华报》，广州。
《国华报》，广州。
《华字日报》，香港。
《天光报》，香港。
《香港工商日报》，香港。
《中山日报》，南京。
《申报》，上海。

二 档案

广东高等法院：《对于谭光彦重婚不服第二审判决声明上诉答辩书》，1935年3月29日，存广东省档案馆，7全宗，4目录，71卷。
广东高等法院：《对于被告郑杨氏不服本院判决共同伤害人致死声明上诉一案答辩书》，1935年8月13日，存广东省档案馆，7全宗，4目录，71卷。
广东绥靖公署：《修订检查及改善社会新闻办法》，广东省档案馆2/1/74-2，1937年。
广东省档案馆编：《陈济棠研究史料（1928—1936）》，1985年。
广东省档案馆、广东妇女运动历史史料编纂委员会编：《广东妇女运动史料》，1983年。

广州市新闻记者公会：《广州市新闻记者公会第八届委员会会员名册》，1946年，存广州市档案馆，10全宗，2目录，1149卷。

广州市新闻记者公会：《广州市新闻记者公会会员名册》，1947年，存广州市档案馆，资全宗，资团目录。

广东省会警察局：《为本省新闻检查所其检查标准及办法似有未善拟请密饬改善由》，1937年5月14日，存广东省档案馆，2全宗，1目录，74-1卷。

广东新闻检查所：《为谨将广州市记者公会推定代表戴肃等来所请改善新闻检查及本所答复详情呈请鉴核》，1937年5月24日，存广东省档案馆，2全宗，1目录，74-1卷。

广东绥靖公署：《修订检查及改善社会新闻办法》，1937年4月，存广东省档案馆，2全宗，1目录，74-2卷。

广东新闻检查所：《为谨将关于〈社会新闻及副刊检查办法〉及经过情形连同绥署令发〈修订检查及改善社会新闻办法〉呈复鉴核由》，广东省档案馆2/1/74-2，1937年。

广州市新闻记者公会：《为抽检新闻超越中央所定标准工作无所适从恳予转令改善以重舆论事》，1937年5月24日，存广东省档案馆，2全宗，1目录，74-1卷。

广州全体报馆：《为抽检过当摧残舆论恳予依法制止以维业务事》，1937年5月25日，存广东省档案馆，2全宗，1目录，74-1卷。

广州地方法院：《广州地方法院案件登记册》，存中国第二历史档案馆，7全宗，3314卷。

黄铮：《呈为奉中国童子军总会令派携同童军赴欧考察出国期间主任职务由副主任代理请查核备案由》，1937年6月29日，存广东省档案馆，2全宗，1目录，74-2卷。

黄铮：《呈报赴欧考察童军完毕于本月十三日回所视事请鉴核备案由》，1937年9月23日，存广东省档案馆，2全宗，1目录，74-2卷。

林中岳：《为奉中央检查新闻处令派暂代本所主任遵于本月二十四日就职呈请鉴核备案由》，1937年9月25日，存广东省档案馆，2全宗，

1 目录，74-2 卷。

《茂名地方法院检察处起诉书》，1935 年 4 月 25 日，存广东省档案馆，7 全宗，4 目录，62 卷。

《茂名地方法院检察处起诉书》，1935 年 4 月 25 日，存广东省档案馆，7 全宗，4 目录，62 卷。

《最高法院刑事判决》，1937 年 1 月 11 日，上字第 2150 号，存中国第二历史档案馆，7 全宗，515 卷。

三 著述

[美] 弗雷德里克·S. 西伯特、西奥多·彼得森、威尔伯·施拉姆：《传媒的四种理论》，戴鑫译，展江校，中国人民大学出版社 2008 年版。

[美] 哈罗德·D. 拉斯韦尔：《世界大战中的宣传技巧》，张洁、田青译，展江校，中国人民大学出版社 2003 年版。

[德] 哈贝马斯：《公共领域的结构转型》，曹卫东等译，学林出版社 2004 年版。

[美] J. 赫伯特·阿特休尔：《权力的媒介——新闻媒介在人类事务中的作用》，黄煜、裘志康译，华夏出版社 1989 年版。

[美] 沃纳·赛佛林、小詹姆斯·坦卡德：《传播理论：起源、方法与应用》，郭镇之等译，华夏出版社 2000 年版。

《梁启超全集》第 4 卷，北京出版社 1999 年版。

姚公鹤：《上海闲话》，上海商务印书馆 1917 年版。

戈公振：《中国报学史》，上海古籍出版社 2003 年版。

蒋国珍：《中国新闻发达史》，世界书局 1927 年版。

邵振青（邵飘萍）：《实际应用新闻学》，京报馆 1923 年版。

张静庐：《中国的新闻记者与新闻纸》，现代书局 1932 年版，1928 年初版。

黄天鹏：《中国新闻事业》，上海联合书店 1930 年版。

黄天鹏编：《新闻学名论集》，上海联合书店 1930 年版。

黄天鹏编：《新闻学刊全集》，光新书局1930年版。

管翼贤：《新闻学集成》第1辑，中华新闻学院1943年版。

徐宝璜、胡愈之合著：《新闻事业》，商务印书馆1924年版。

曹用先：《新闻学》，上海商务印书馆1931年版。

赵君豪：《中国近代之报业》，商务印书馆1940年版。

蒋介石：《蒋公训词——黾勉新闻界战士》，1930年3月23日，载赖光临《七十年中国报业史》，"中央日报"社1981年版。

戴季陶：《祝晨报周岁》，1933年3月30日，载赖光临《七十年中国报业史》，"中央日报"社1981年版。

沈琼楼、陆遽翁：《从清末到抗战前的广州报业》，载广东省政协文史资料研究委员会编《广东文史资料》第18辑，1965年。

麦思敬：《陈济棠踞粤时期的广东省会公安局见闻》，载广州市政协文史资料研究委员会编《广州文史资料》第11辑，1964年。

郭步陶：《编辑与评论》，上海商务印书馆1938年版。

张季鸾：《季鸾文存》，《大公报》1947年。

何昶旭：《广州市新闻报纸的总检阅》，《报学季刊》第1卷第4期，上海申时电讯社1935年版。

尹韵公：《中国明代新闻传播史》，重庆出版社1990年版。

方汉奇：《中国近代报刊史》，山西教育出版社1991年版。

方汉奇主编：《中国新闻事业通史》，中国人民大学出版社1996年（第一、二卷）版、1999年（第三卷）版。

方汉奇：《中国新闻事业编年史（三卷本）》，福建人民出版社2000年版。

李彬：《中国新闻社会史·代序》，清华大学出版社2008年版。

程美宝、何文平、胡雪莲、黄健敏、赵立彬：《把世界带进中国：从澳门出发的中国近代史》，社会科学文献出版社2013年版。

李秀云：《中国新闻学术史（1834—1949）》，新华出版社2004年版。

袁军、哈艳秋：《中国新闻事业史教程》，中国广播电视出版社2001年版。

杨师群：《中国新闻传播史》，北京大学出版社2007年版。

白润生主编:《中国新闻传播史新编》,郑州大学出版社 2008 年版。

李良荣:《中国报纸文体发展概要》,福建人民出版社 1985 年版。

胡太春:《中国近代新闻思想史》,山西人民出版社 1987 年版。

胡太春:《中国报业经营管理史》,山西教育出版社 1998 年版。

刘哲民编:《近现代出版新闻法规汇编》,学林出版社 1992 年版。

戴元光、童兵、金冠军:《20 世纪中国新闻学与传播学》,复旦大学出版社 2002 年版。

黄瑚:《中国近代新闻法制史论》,复旦大学出版社 1999 年版。

黄瑚:《中国新闻事业发展史》,复旦大学出版社 2001 年版。

陈昌凤:《中国新闻传播史:媒介社会学的视角》,北京大学出版社 2007 年版。

陈玉申:《晚清报业史》,山东画报出版社 2003 年版。

王天根:《群学探索与严复对近代社会理念的重建》,黄山书社 2009 年版。

庞菊爱:《跨文化广告与市民文化的变迁——1910—1930 年〈申报〉跨文化广告研究》,上海交通大学出版社 2011 年版。

孙会:《〈大公报〉广告与近代社会(1902—1936)》,中国传媒大学出版社 2011 年版。

凌硕为:《新闻传播与近代小说之转型》,浙江大学出版社 2013 年版。

李时新:《上海〈立报〉史研究(1935—1937)》,暨南大学出版社 2012 年版。

张宏伟:《中国体育新闻史研究》,博士学位论文,苏州大学,2008 年。

省港日月星班:《碎尸案二本》,粤剧研究社(出版时间不详)。

邓毅、李祖勃:《岭南近代报刊史》,广东人民出版社 1998 年版。

梁群球主编:《广州报业(1927—1990)》,中山大学出版社 1992 年版。

祖澄:《新闻界请复议修正出版法汇辑》,《报学季刊》第 1 卷第 4 期,申时电讯社 1935 年版。

尹韵公:《新闻传播史,不是什么?——改革开放 20 年新闻传播史研究的回顾与展望》,《新闻与传播研究》1998 年第 4 期。

李金铨：《新闻史研究："问题"与"理论"》，《国际新闻界》2009年第4期。

胡雪莲：《以"社会"之名：陈济棠治粤时期的社会新闻》，《新闻与传播研究》2012年第2期。

胡雪莲：《在新旧之间：民国广州王文舒杀人案的新闻表达》，《新闻与传播研究》2015年第4期。

胡雪莲：《何廷光与〈知新报〉的诞生——兼及19世纪末澳门华商的交往》，《新闻与传播研究》2011年第2期。

胡雪莲：《1930—1949年的广州律师公会》，硕士学位论文，中山大学，2001年。

胡雪莲：《〈民法·亲属编〉实施初期的妻妾身份之争》，《广东社会科学》2011年第5期。

刘影：《社会新闻报道演进与"申报"品格的形成》，《华东师范大学学报》2009年第6期。

王润泽：《近代中国社会新闻的演进与价值取向》，《国际新闻界》2006年第1期。

周玉华：《论美查时期〈申报〉社会新闻编辑猎奇性》，《编辑之友》2014年第9期。

蒋建国：《广东〈述报〉与地方新闻报道（1884—1885）》，《国际新闻界》2011年第4期。

祝兴平：《近代媒介与文化转型》，《湖北师范学院学报》2002年第2期。

宫京城：《浅论中国近代报刊对社会思潮的传播与影响》，《新闻与传播研究》2015年第2期。

高焕静：《主流媒体中"榜样女性"形象的呈现与变迁——〈人民日报〉（1960—2013）》，《云南民族大学学报》2014年11月第31卷第6期。

王仕勇、孙国徽：《主流媒体对政府议程的宣传报道研究——以近30年〈人民日报〉头版塑造的农民个体形象为例》，《昆明理工大学学报》(社会科学版) 2014 年第 1 期。

刘学照:《上海舆论、话语转换与辛亥革命》,《历史教学问题》2002 年第 2 期。

卞冬磊:《从报刊史到报刊阅读史:中国新闻史的另一种视角》,《国际新闻界》2015 年第 1 期。

李彬、刘宪阁:《新闻社会史:1949 年以后中国新闻史研究的一种可能》,《国际新闻界》2010 年第 3 期。

田中初:《规范协商与职业认同——以阮玲玉事件中的新闻记者为视点》,《新闻与传播研究》2010 年第 2 期。

谢晶:《近代中国的"公共领域"萌芽——以〈申报〉对杨月楼案之报道讨论为例》,《清华法律论衡》2014 年第 1 期。

徐载平:《申报关于杨乃武案的报道始末》,载中国社会科学院新闻研究所《新闻研究资料》第 1 辑,新华出版社 1981 年版。

韦路、鲍立泉、吴廷俊:《媒介技术演化与传播理论的范式转移》,《新闻与传播研究》2010 年第 1 期。

[法] 弗朗索瓦·多斯 (Francois Dosse):《碎片化的历史学:从〈年鉴〉到新史学》,北京大学出版社 2008 年版。

柯文:《在中国发现历史:中国中心观在美国的兴起》,林同奇译,中华书局 2002 年版。

陈济棠:《陈济棠自传稿》,传记文学杂志社 1974 年版。

孙中山:《建国方略》,华夏出版社 2002 年版。

中国国民党中央委员会、党史委员会编:《胡汉民先生文集》,1977 年。

中国国民党中央委员会、党史委员会编:《革命文献》,第 71 辑,1977 年。

肖自力:《陈济棠》,广东人民出版社 2002 年版。

朱宗震:《真假共和》,山西出版集团 2008 年版。

李长莉:《中国人的生活方式:从传统到近代》,四川人民出版社 2008 年版。

左玉河:《民国大众婚丧嫁娶》,中国文史出版社 2005 年版。

马勇:《近代中国文化诸问题》,东方出版中心2008年版。

梁景和:《五四时期社会文化嬗变研究》,人民出版社2010年版。

黄兴涛:《清末民初新名词新概念的"现代性"问题——兼谈"思想现代性"与现代"社会"概念的中国认同》,《天津社会科学》2005年第4期。

杨念群:《儒学地域化的近代形态——三大知识群体互动之比较研究》,生活·读书·新知三联书店2011年版。

关晓红:《科举停废与近代中国社会》,社会科学文献出版社2013年版。

罗志田:《权势转移:近代中国的思想与社会》(修订版),北京师范大学出版社2014年版。

王国斌:《转变的中国:历史变迁与欧洲经验的局限》,李伯重、连玲玲译,江苏人民出版社2010年版。

任剑涛:《建国之惑:留学精英与现代政治的误解》,中国政法大学出版社2012年版。

黄庆林:《近代中国知识分子的文化失落心态》,《山西师大学报》(社会科学版)2005年第4期。

左玉河:《30年来的中国近代思想文化史研究》,《安徽史学》2009年第1期。

《礼记》,辽宁教育出版社1997年版。

张荣铮、刘勇强、金懋初点校:《大清律例》,天津古籍出版社1993年版。

沈家本等编订:《钦定大清现行新律例》,载《续修四库全书·史部·政书类》,上海古籍出版社2002年版。

商务印书馆编译所编:《大清宣统新法令》,第3版第12册,1911年。

薛允升著,胡星桥、邓又天主编:《读例存疑点注》,中国人民公安大学出版社1994年版。

郭卫、元觉辑:《六法全书》,法学编译社1932年版。

郭卫编辑:《大理院判决例全书》《大理院解释例全文》,成文出版社1972年版。

郭卫编辑：《大理院判决例全书检查表》，成文出版社1972年版。
郭卫校勘：《立法院通过中华民国刑法案》，法学书局1934年版。
李鹏年、刘子扬、陈锵仪：《清代六部成语词典》，天津人民出版社1990年版。
《最高法院判例汇编》第24集，法学编译社1934年版。
余绍棠编：《法律草案汇编》，成文出版社1973年版。
《中华民国法规大全》，商务印书馆1936年版。
祝庆祺、鲍书芸、潘文舫、何维楷编：《刑案汇览三编》，北京古籍出版社2004年版。
《立法院公报》第20期，南京出版社1989年影印版。
南京政府司法行政部编，胡旭晟、夏新华、李交发点校：《民事习惯调查报告录》，中国政法大学出版社2000年版。
李文海主编：《民国时期社会调查丛编·婚姻家庭卷》，福建教育出版社。
胡汉民著，吴曼君选：《胡汉民选集》，帕米尔书店1959年版。
何勤华、李秀清编：《民国法学论文精萃》第1卷，法律出版社2003年版。
瞿同祖：《中国法律与中国社会》，中华书局1981年版。
谢振民编著，张知本校订：《中华民国立法史》，中国政法大学出版社2000年版。
李宜琛著，胡骏勘校：《民法总则》，中国方正出版社2004年版。
[美] D. 布迪、C. 莫里斯：《中华帝国的法律》，朱勇译，江苏人民出版社2003年版。
白凯：《中国的妇女与财产：960—1949》，上海书店出版社2003年版。
张生：《民国初期民法的近代化》，中国政法大学出版社2002年版。
程树德：《中国法制史》，华通书局1931年版。
陈永泽：《中华民国暂行刑律释义》，商务印书馆1913年版。
丁元普：《中国法制史》，文堂新记书局1933年版。
陈顾远：《中国法制史》，商务印书馆1934年版。

陈顾远:《中国婚姻史》,商务印书馆1966年版。

滋贺秀三:《中国家族法原理》,法律出版社2003年版。

张晋藩:《中国法律的传统与近代转型》,法律出版社1997年版。

胡长清:《中国民法亲属论》,商务印书馆1936年版。

李贵连:《沈家本与中国法律现代化》,光明日报出版社1989年版。

王健:《西法东渐——外国人与中国法的近代变革》,中国政法大学出版社2001年版。

徐忠明:《包公故事:一个考察中国法律文化的视角》,中国政法大学出版社2002年版。

李倩:《民国时期契约制度研究》,北京大学出版社2005年版。

周伯峰:《民国初年"契约自由"概念的诞生》,北京大学出版社2006年版。

程郁:《民国时期妾的法律地位及其变迁》,《史林》2002年。

罗敦伟、易家钺:《中国家庭问题》,水牛出版社1978年版。

易家钺:《家庭问题》,商务印书馆1920年版。

潘光旦:《中国之家庭问题》,新月书店1929年版。

麦惠庭:《中国家庭改造问题》,商务印书馆1935年版。

中华基督教女青年会全国协会编辑部编纂:《家庭问题讨论集》,中华基督教女青年会全国协会编辑部1927年版。

梁绍文:《家庭问题新论》,各埠大书局1931年版。

陈东原:《中国妇女生活史》,商务印书馆1937年版。

赵凤喈:《中国妇女在法律上之地位》,食货出版社1977年版。

刘王立明:《中国妇女运动》,商务印书馆1934年版。

谈社英:《中国妇女运动通史》,妇女共鸣社1936年版。

[日]本间久雄:《妇女问题十讲》,章锡琛译,开明书局1924年版。

巴金:《爱情三部曲:雾·雨·电》,人民文学出版社1988年版。

巴金:《家》,1931年。载《巴金作品集》,新疆人民出版社2006年版。

林语堂:《吾国与吾民》,华龄出版社1995年版。

曹雪芹、高鹗:《红楼梦》,文化艺术出版社1990年版。

可儿弘明：《"猪花"——被贩往海外的妇女》，孙国群、赵宗颇译，河南人民出版社 1990 年版。

阎云翔：《私人生活的变革：一个中国村庄里的爱情、家庭与亲密关系（1949—1999）》，龚小夏译，上海书店出版社 2006 年版。

张邦梅：《小脚与西服：张幼仪与徐志摩的家变》，谭家瑜译，智库股份有限公司 2000 年版。

刘正刚：《二十世纪广东婚俗大观》，广东旅游出版社 2005 年版。

余华林：《20 世纪 20—40 年代知识女性恋爱悲剧问题述论》，《首都师范大学学报》（社会科学版）2008 年第 1 期。

四　外文著述

［日］仁井田陞：《中国身分法史》，1942 年初版，东京大学出版会 1983 年版。

Barbara Mittler, *A Newspaper for China? Power, Identity and Change in Shanghai's News Media*（1872 - 1912），Cambridge: Harvard University Press, 2004.

Eugenia Lean, *Public Passions: The Trial of Shi Jianqiao and the Rise of Popular Sympathy in Republican China*, Berkeley, Los Angeles and London: University of California Press, 2007.

Henrietta Harrison, *The Man Awakened from Dreams: One Man's Life in a North China Village*, 1857 - 1942, Stanford: Stanford University Press, 2005.

Henrietta Harrison. *The Making of the Republican Citizen: Political Ceremonies and Symbols in China* 1911 - 1929, New York: Oxford University Press, 2000.

Joseph R. Levenson, *Confucian China and Its Modern Fate: A Trilogy*, Berkeley and Los Angeles: University of California Press, 1968.

Andrew F. Jones, *Yellow Music: Media Culture and Colonial Modernity in the Chinese Jazz Age*, Duke University Press, 2001.

后　　记

　　本书的写作，缘起于2002年我在新闻工作中产生的问询和思考，修改定稿于2017年1月美国斯坦福大学访学期间，先后几次推翻重来，如今得以出版，虽然很不完美，也算是圆了自己一个持续多年的心愿。

　　当年在报纸工作时，因为背过几遍现行法律，接听过一段法律热线电话，发现一些现行法律确认并且我认为理所当然的法律原则与法律条文，会受到咨询者的质疑或反对。我觉得困惑，想要从历史当中去弄清楚为什么会有这种正式规范与社会意识之间的分歧，于是回到母校去跟随邱捷教授和程美宝教授读博士。因为当时接听到的咨询电话大多是有关婚恋纠纷的，所以最初想要做一项有关婚姻家庭史的研究。后来在和导师们讨论的过程中发现，从这个角度来做这项研究不足以弄清问题，就转到从法律史的角度去探讨。博士论文答辩之后的十年间，我一边任教一边继续琢磨导师们的意见，重新思考与研究这个问题，最终写了这本从新闻史角度探讨社会新闻如何在新颁法律原则与社会传统观念之间周旋、糅和的书稿。

　　如此漫长的成书过程，凝结了两位导师和许许多多学界前辈和朋友们指导的思想与方法。在那些已在记忆中分不清次数的讨论过程中，印象最深的是我从程美宝老师那里学习从事这项研究所需的理论分析与思辩方法，在邱捷老师指导下搜集史料并学习理解作为史料背景的广东社会史。我先后在中山大学法学院徐忠明教授和美国斯坦福大学苏成捷（Matthew Sommer）教授的课堂上专门学习与探讨法律文化史。在香港科技大学访学期间，我有一次与科大卫（David Faure）教授从白天讨论至黑夜,学习怎样反复求证才下结论,本书中有几个观点都受启发于科先生的那次辨析。中山大学历史系的陈春声教授教过我怎样从貌似纷繁无序的历史细节中发现权力运行的社会机制,刘志伟教授教过我怎样选择可靠的引用文献,赵立彬教授有关谁是社会新闻制作者的追问启发我去思考社会新闻的角色定位问题,何文平教授让我分享他多年利用近代广东报刊的研究经验,温春来教授一字一句地帮我梳理过最新的研究思路。还有华南师范大学的陈金龙教授、华东师范大学的姜进教授、中国社会科学院的刘瑞生副研究员、杜丽红副研究员和吴丽平编辑等,都为这项研究或者这本书稿提出过具体建议。中山大学具有不同专业背景的前辈和同事们,通过日常工作的交往与讨论给了我许多看问题的新鲜视角。我从众多老师和朋友们那里得到的教导,已经融进了本书写作过程,在此鞠躬致谢。

感谢在这十几年间给予我精神支持的师母黄春香、我的家人和众多未能一一具名的朋友们,伴我走过这段人生中最艰难的岁月。我做博士阶段研究的时候,艰辛而苦闷,因为时时能吃上师母做的客家菜,感受着家的温暖,才撑了下来。丈夫是座伟岸的山,在最困难的时候总能靠一靠。还要专门感谢今年9岁的儿子,曾经两次长时间单独陪伴我修改书稿,是个小小年纪的同甘共苦伙伴。

胡雪莲
2017 年 9 月 10 日